英雄土地
红色辽宁

中共辽宁省委宣传部
组织编写

辽宁人民出版社

图书在版编目（CIP）数据

英雄土地　红色辽宁 / 中共辽宁省委宣传部组织编写 . —沈阳：辽宁人民出版社，2023.8（2023.10 重印）

ISBN 978-7-205-10826-7

Ⅰ . ①英… Ⅱ . ①中… Ⅲ . ①革命史—辽宁 Ⅳ . ① K293.1

中国国家版本馆 CIP 数据核字（2023）第 152020 号

出版发行：辽宁人民出版社
地址：沈阳市和平区十一纬路 25 号　邮编：110003
电话：024-23284321（邮　购）　024-23284324（发行部）
传真：024-23284191（发行部）　024-23284304（办公室）
http://www.lnpph.com.cn
印　　刷：辽宁新华印务有限公司
幅面尺寸：170mm×240mm
印　　张：21.5
字　　数：282 千字
出版时间：2023 年 8 月第 1 版
印刷时间：2023 年 10 月第 2 次印刷
责任编辑：郭　健
装帧设计：留白文化
责任校对：吴艳杰
书　　号：ISBN 978-7-205-10826-7
定　　价：76.00 元

打造红色名片　赓续红色血脉

朱　虹

如果将党的百年历史比作壮美的巨幅画卷，那么红色就是这幅画卷最鲜明的底色。红色如血液，流淌在每一名共产党人的身上；红色如火焰，点燃了信仰信念，承载着初心使命，汇聚着"革命理想高于天"的壮志豪情，是我们党永不停滞、砥砺向前的精神坐标。

2021 年，按照中央党史学习教育领导小组的安排部署，我多次参与辽宁党史学习教育指导工作，其间看了不少红色遗址和纪念馆、展览馆、博物馆，对辽宁的红色历史有了比较全面的了解。深切感受到，辽宁是一片红色的热土。作为东北地区通往关内的交通要道、地处东北亚中心地带，辽宁自古就是兵家必争之地，近代以后更成为外国列强觊觎争夺的目标，一系列改变中国命运、影响世界格局的重大事件在此发生。从新民主主义革命初期，到抗日战争、解放战争，再到新中国现代化建设的各个时期，都镌刻下了辽宁人民在党的领导下矢志不移、接续奋斗的红色印记。

——这里，成为中国人民抗日战争的起点，同时揭开了世界反法西斯战争的序幕。1931 年 9 月 18 日，日军炮轰沈阳北大营，制造了震惊中外的九一八事变。面对日本帝国主义侵略，英勇的辽宁人民奋起反抗。在义勇军基础上发展起来的东北抗日联军是中国共产党领导下的一支英雄部队，在杨靖宇、赵尚志等将军的领导下，活跃在东北各地，给予日本侵略者沉重的打击。坐落在辽宁本溪的东北抗联史实陈列馆，以大量翔实的史料和实物，全面系统地展现了东北抗日联军 14 年艰苦卓绝的斗争历史。

——这里，拉开了解放战争战略决战的帷幕。东北野战军千里奔袭北宁线，直取东北咽喉要地锦州。历时 52 天的辽沈战役，共歼灭国民党精锐部队 47.2 万人，国民党赖以生存的主要军事力量被摧毁近三分之一。从此，解放军不但在质量上占有优势，而且在数量上也取得优势。中国人民革命的军事形势达到一个新的转折点。

——这里，义勇军将士的顽强抗争凝结为新中国国歌的铿锵旋律。辽宁的抗日义勇军成立最早、抵抗最烈、牺牲最大，《义勇军进行曲》就取材于抗日义勇军的战斗生活。各路义勇军的誓词、军歌中有"起来！起来！不愿当亡国奴的人！""用我们的血肉唤醒起全国民众""中华民族到了最危险的时候""冒着敌人枪林弹雨向前冲""用我们身体筑起长城！前进啊！前进！前进！"等，为《义勇军进行曲》的词曲创作提供了第一手素材。田汉、聂耳先生正是吸收这些重要元素，创作了电影《风云儿女》的主题歌，后成为中华人民共和国的国歌。

——这里，迈出了"抗美援朝、保家卫国"的雄壮步伐。1950 年 10 月 19 日 17 时，上任仅仅 12 天的中国人民志愿军司令员兼政治委员彭德怀于辽宁安东通过鸭绿江大桥，率先奔赴朝鲜战场。当日晚，首批入朝参战的志愿军部队雄赳赳，气昂昂，跨过鸭绿江。战争期间，赴朝参战的志愿军部队大部分从安东过江，历经两年零9个月艰苦卓绝的浴血奋战，赢得了抗美援朝战争伟大胜利。

——这里，素有"新中国工业摇篮"的美誉。从第一枚金属国徽，到第一台卧式铣床、第一台轮式拖拉机，从第一架喷气式歼击机、第一艘导弹潜艇、第一艘万吨巨轮，到第一辆大功率内燃机车等大国重器，中华人民共和国工业史上1000多个"第一"，镌刻着辽宁"长子"的荣光，为中华人民共和国完整工业体系的建立作出了不可磨灭的贡献。

——这里，是雷锋精神的发祥地。1958年11月，不到20岁的雷锋从家乡来到辽宁，成为鞍钢一名推土机手。他在辽宁参军，在辽宁入党，最后牺牲在这片土地上。"人的生命是有限的，可是，为人民服务是无限的，我要把有限的生命，投入到无限的'为人民服务'之中去"。雷锋留下的感人事迹和真挚话语被广泛传颂，全心全意为人民服务、无私奉献的雷锋精神更是影响了一代又一代的中国人。

辽宁红色历史是百年党史的重要组成部分，挖掘好、记述好这段难忘的历史，既体现了对历史的尊重、对先辈的缅怀，也必将激励我们在全面建设社会主义现代化国家新征程上自强不息、开拓奋进。在中国共产党成立100周年、党史学习教育深入开展之际，中共辽宁省委宣传部组织编写了《英雄土地　红色辽宁》一书。该书撷取辽宁最突出的红色标识，从"抗日战争起始地、解放战争转折地、新中国国歌素材地、抗美援朝出征地、共和国工业奠基地、雷锋精神发祥地"六个方面，对辽宁的红色历史进行了全面梳理，这六个标识地就是辽宁的六张红色名片。每一部分都由相关领域的知名专家学者担纲主笔，取材精当、脉络清晰，在整合多年研究成果的基础上，充分吸收最新研究成果，并根据时代需要进行了整体策划。

尤为可贵的是，该书避免了一些历史著作中"见事不见人"的倾向，在对历史事件的描述中突出对英雄人物感人事迹的刻画，如第一支抗日义勇军英雄高鹏振、抗美援朝"巾帼卫士"的事迹，等等。正是有这些有血有肉的具体人、具体事作为支撑，使该书在记述最严酷斗争的时候，也始终充溢着人文的情怀、闪耀着人性的光辉。可以说，这是一部兼具思想性和故事性的读本，是一部全面反映辽宁红色历史的生动教材，必将对坚定辽宁人的自信心和自豪感发挥重大作用。

当前，中华民族伟大复兴站在了新的历史起点上。走好新时代的长征路，需要我们永远保持一种拼搏进取的精神，永远保持一种自立自强的精神，永远保持一种敢为人先的精神，永远保持一种创新创造的精神。相信这本书在给读者带来思考与启迪的同时，还会有灵魂上的触动。传承红色基因、赓续红色血脉，必将为中国特色社会主义现代化建设凝聚更加强大的奋进力量。

目　录

打造红色名片　赓续红色血脉 ················· 1

抗日战争起始地 ················· 1

北大营部分爱国官兵奋起反击 ················· 3

中共满洲省委率先发表抗战宣言 ················· 11

辽宁义勇军最早投身抗战洪流 ················· 17

辽宁抗战广泛兴起 ················· 27

中国抗战揭开世界反法西斯战争序幕 ················· 38

解放战争转折地 ················· 47

东北解放战争的大幕在辽沈大地正式拉开 ················· 52

解放战争中辽宁地区的经典之战 ················· 61

辽沈战役胜利成为全国解放战争转折点 ················· 69

辽沈战役中的英雄阻击战 ················· 84

辽宁人民在解放战争中的使命担当 ················· 90

新中国国歌素材地 …………………………………… 105

东北抗日义勇军为国歌创作原型 …………………………… 107

辽宁抗日义勇军誓词军歌为国歌素材来源 …………………… 127

国歌的民族精神传承 ………………………………………… 141

抗美援朝出征地 …………………………………………… 155

志愿军从这里跨过鸭绿江奔赴朝鲜前线 …………………… 157

中共中央决策出兵，彭德怀率先过江 ……………………… 164

中国人民志愿军战歌 ………………………………………… 168

保障志愿军空军从这里起飞 ………………………………… 171

打不烂、炸不断的钢铁运输线 ……………………………… 175

炸不断的电力生命线 ………………………………………… 182

志愿军后方医院 ……………………………………………… 186

参军参战 ……………………………………………………… 189

拥军优属 ……………………………………………………… 191

捐献飞机大炮 ………………………………………………… 193

忠诚的"巾帼卫士" ………………………………………… 197

欢迎志愿军凯旋 ……………………………………………… 202

共和国工业奠基地 ………………………………………… 207

共和国工业发端于解放战争时期辽宁工业的恢复 ………… 209

辽宁成为共和国工业奠基地的必然性 ……………………… 212

共和国工业发展史上的一千多个第一 ……………………… 230

辽宁英模薪火相传 ┈┈┈┈┈┈┈┈┈┈┈┈┈┈┈┈ 252

辽宁工业遗产 ┈┈┈┈┈┈┈┈┈┈┈┈┈┈┈┈┈┈ 266

雷锋精神发祥地 ┈┈┈┈┈┈┈┈┈┈┈┈┈┈┈┈ 275

雷锋在辽宁成长 ┈┈┈┈┈┈┈┈┈┈┈┈┈┈┈┈┈ 276

雷锋的发现和培养 ┈┈┈┈┈┈┈┈┈┈┈┈┈┈┈┈ 292

对雷锋的宣传报道 ┈┈┈┈┈┈┈┈┈┈┈┈┈┈┈┈ 301

雷锋日记的发表 ┈┈┈┈┈┈┈┈┈┈┈┈┈┈┈┈┈ 306

雷锋精神走向全国 ┈┈┈┈┈┈┈┈┈┈┈┈┈┈┈┈ 311

雷锋精神薪火相传 ┈┈┈┈┈┈┈┈┈┈┈┈┈┈┈┈ 317

参考文献 ┈┈┈┈┈┈┈┈┈┈┈┈┈┈┈┈┈┈┈┈ 324

后 记 ┈┈┈┈┈┈┈┈┈┈┈┈┈┈┈┈┈┈┈┈┈┈ 329

英雄土地
红色辽宁

抗日战争
起始地

在纪念中国人民抗日战争暨世界反法西斯战争胜利 75 周年座谈会上的讲话中，习近平总书记回顾了中国人民抗日战争和世界反法西斯战争的奋斗历程，揭示了这场战争胜利的伟大意义和深远影响。在这篇重要讲话中，总书记还对抗战起点进行了明确定位："九一八事变后，中国人民就在白山黑水间奋起抵抗，成为中国人民抗日战争的起点，同时揭开了世界反法西斯战争的序幕。"①

近代中国屡遭磨难，却也印证了多难兴邦的古训。历史的镜头摇回到 90 多年前，中国东北大地一夜之间山河变色，日本军国主义者悍然发动的九一八事变"为祸之惨，旷古未有"②，一曲传遍中华大地的《松花江上》唱出了东北人民离乡背井的满腔悲愤，也唱出了浓浓的国难沧桑。

九一八事变是日本企图以武力把中国变成其独占殖民地而采取的"严重步骤"③，给中华民族带来空前战祸的同时更催生了中国人民的抗战怒潮。从 1931 年 9 月 18 日当夜开始，身处日本侵华第一线的辽宁人民即投身此起彼伏的抗日救亡斗争，鲜血尽染辽河水，义勇忠魂谱华章。14 年抗战从辽宁走向全国，并最终与世界人民的反法西斯战争融为一体，直至取得最后胜利。

---

① 《习近平总书记在纪念中国人民抗日战争暨世界反法西斯战争胜利 75 周年座谈会上的讲话》，《人民日报》2020 年 9 月 4 日第 2 版。

② 赵杰：《血肉长城——义勇军抗日斗争实录》（上），辽宁人民出版社，2001 年版，第 85 页。

③ 刘庭华：《中国抗日战争与第二次世界大战统计》，解放军出版社，2012 年版，第 14 页。

14 年的时间跨度在历史的长河中转瞬即逝，但作为浴火求生的民族解放战争，14 年却是漫漫长路，在这场向死而生的伟大战争中，辽宁历史性坐落在中国抗战起始地的时空坐标交叉点上，"不甘作亡国奴"的中华儿女从那一刻开始绝地奋起团结自救，从而开启了近代以来中国国家地位转变和民族复兴的枢纽。《大公报》曾撰文指出，表面上日本从九一八事变中获取了巨大利益，然而，深重的国难恰如"唤醒国魂之晓钟"，终于"把中国引上一条觉醒的大道"①。辽宁则恰恰位于这条"觉醒的大道"的出发点上。今天，就让我们在"铭记历史、缅怀先烈、珍爱和平、开创未来"的主旋律下回望中国抗战起点，重温辽宁人民率先点燃的抗日烽火。

北大营部分爱国官兵奋起反击

九一八事变之夜，面对敌人的突然进犯，"北大营内中国守军虽然被不抵抗命令束缚了手脚，但并没有陷入完全被动挨打的局面，一部分爱国官兵最终奋起还击，双方发生激战"。由此，驻守沈阳北大营的东北军将士打响了反抗日本侵略的枪声。

日本关东军悍然发动九一八事变

中华文明生生不息五千多年，中国人民以非凡的创造力为人类文明进步作出了不可磨灭的贡献。但是，1840 年以后，由于列强的欺凌

---

① 《"九一八"八周年 更要坚定我们的信念》，《大公报》1939 年 9 月 18 日社评。

和封建统治的腐朽，中华民族饱经沧桑磨难。日本的持续侵略更是近代中国史上最黑暗的一页，1894年挑起甲午战争，1895年侵占台湾和澎湖列岛，1900年伙同其他帝国主义国家侵入北京，1904年发动日俄战争侵犯中国东北，1914年侵占青岛，1915年提出"二十一条"……日本通过系列侵略行径，不仅从中国获得巨额战争"赔款"等权益，更攫取了在我国东北地区政治、经济、军事等诸多方面的特权。可是，日本军国主义者欲壑难填，1931年再次策动武力侵华战争，悍然发动了震惊世界的九一八事变。

1931年9月18日夜10时20分左右，日本关东军自行炸毁沈阳北郊南满铁路柳条湖附近的一段铁轨，反诬中国军队所为，并以此为借口进攻中国东北军驻地北大营，进犯沈阳城，蓄谋已久的九一八事变由此发生。时任日本驻奉天（今沈阳）特务机关辅佐官并参与策划了柳条湖事件的花谷正在战后回忆录中写道："十八日夜，弯月挂起，高粱地黑沉沉一片；疏星点点，长空欲坠。岛本大队川岛中队的河本末守中尉，以巡视铁路为名，率领部下数名向柳条沟方向走去。一边从侧面观察北大营的兵营，一边选了个离兵营约八百米往南去的地点。在这里，河本亲自把骑兵用的小型炸药安放在铁轨下，并点了火。时间是十点多钟。爆炸时轰的一声，炸断的铁轨和枕木向四处飞散。"[1]

另一则资料也极具细节地描述："河本一边向柳条沟方向走去，一边向东侧窥望。北大营的轮廓映入他的眼帘，营房的灯火大部分已经熄灭。他走到距离营垣东南角约800米西侧有一积水沟的地段停下来，在上行线向长春方向右侧的铁路上，把事先准备好的炸药安放在

---

[1] 易显石、张德良、陈崇桥、李鸿钧：《"九·一八"事变史》，辽宁人民出版社，1981年版，第133页。

铁轨接头处。然后，他又向北大营望了一眼，迅速离开路基，伏在地上点燃了导火索。这时正是夜里 10 时 20 分左右。"①

随着柳条湖段铁路爆破声的响起，事前隐伏于北大营附近的日军独立铁道守备第二大队第三中队即在川岛大尉率领下立即奔袭北大营。驻扎在奉天驿（今沈阳站）附近的第二大队队长岛本正一也在接到"报告"后紧急集合大队主力，乘坐"满铁"临时列车快速到达柳条湖附近。事先安置在奉天独立守备队院内的 24 厘米口径的榴弹炮也在铁路爆炸声响起后即向北大营射击，这是当年 7 月份才运来的当时日本国内口径最大、杀伤力最强的大炮，被视为"日本陆军之宝"。炮声隆隆，每隔三五分钟就发射一发炮弹，爆炸声打破了秋夜的宁静，战争的阴霾迅速笼罩了沈阳城。

夜 10 时 30 分，日军从西、南、北三面包围了北大营，夜 11 时开始从西侧偷袭驻守北大营的东北军第七旅第六二一团第三营。当时，袭击北大营的日军部队主要是独立铁道守备队第二大队所辖第一、第三和第四中队，共计 600 多人。日军后援部队则快速沿南满铁路向沈阳汇集，日本对中国的大规模武装侵略拉开了帷幕。

东北军爱国官兵的北大营之战

北大营位于沈阳城北部，面积大约 400 万平方米，整个营区呈正方形，每边长约 2000 米。营区四周有 2 米高的土围子围护着，土围子上面可以并行两人，土墙两侧各有 1 米深、3 米宽的壕沟，夏季雨水流入沟内，形成天然护营河。北大营自 1907 年修建以来一直是驻兵重

---

① 赵冬晖：《"九·一八"国难史》，黑龙江人民出版社，1991 年版，第 82—83 页。

地，是保卫沈阳城的北面藩篱。据称，营区内的许多大树都呈三角形布局，于细节处体现出军事进攻与防御的充分考虑。

九一八事变前，东北军独立第七旅驻扎在这里。第七旅下属3个步兵团以及骑兵、炮兵、通信兵及特务连等4个连，共有兵力7000人左右。第七旅是装备精良的王牌劲旅，旅长王以哲少将为全旅官兵写下的"旅训"是："我民族遭受强邻压迫，危在旦夕。凡我旅士卒，务必秉承总理及司令长官之意旨，牺牲一切，努力工作，以互助之精神，精诚团结，共赴国难。"[①]第七旅还有自己的军歌，激扬的旋律时常在营区唱响："痛我民族屡受强邻压迫，最伤心割地赔款主权剥夺，大好河山成破碎，神州赤子半漂泊。有谁人奋起救祖国？救祖国，我七旅官士兵夫，快、快来、快负责！愿合力同心，起来工作。总理遗训永不忘，长官意志要研摩，乘长风直破万里浪，救祖国！"[②]

九一八事变爆发前，日本关东军一再以军事演习来挑衅和麻痹中国东北当局，中国方面则一直奉行国民政府对日"力避冲突"的原则不予反抗。当日军悍然进攻北大营的时候，第七旅旅长王以哲和三个团长都不在营区，旅参谋长赵镇藩一面命令部队进入预定阵地，一面用电话向城内的东北边防军司令长官公署参谋长荣臻请示。荣臻命令："不准抵抗，不准动，把枪放到库房里，挺着死，大家成仁，为国牺牲。"当赵镇藩向各团传达"不准抵抗"命令时，官兵们愤怒异常，"士兵各持枪实弹，怒眦欲裂，狂呼若雷，群请一战，甚有抱枪

---

① 中央档案馆、中国第二历史档案馆、吉林省社会科学院：《九·一八事变日本帝国主义侵华档案资料选编》，中华书局，1988年版，第161页。

② 赵冬晖：《"九·一八"国难史》，黑龙江人民出版社，1991年版，第86页；另参考荆绍福：《沈阳北大营》，沈阳出版社，2020年版，第80页。

痛哭者，挥拳击墙者"①。夜11时许，日军的枪炮声"有如稀粥开锅一样密集"，川岛已经率第三中队攻占了营垣西北角，六二一团第三营遭到日军近距离攻击。子夜时分，王以哲旅长从沈阳城里打来电话，仍强调不许抵抗，指令在必要时可以退出北大营，留待政府与日本交涉。19日0时30分许，日军高桥第四中队和小野第二中队相继自营垣西面及西南面跃入，向六二一团第一营和第二营实施攻击。1时30分许，六二一团各营被日军占领，北大营西侧全部沦陷。日军由西向东继续实施攻击，枪声更加密集，爆炸的闪光将营区照亮，东北军伤亡增加。

六二〇团位于营区东部位置，当晚，第三营第九连上尉连长姜明文担任营值星官，听到爆炸声后，他在十几分钟内就把全营官兵集合完毕，严阵以待。很快，重机枪连、迫击炮连、平射炮连也都进入阵地，全团进入战备状态，有士兵爬到树上警惕瞭望。军情危急之中，面对东北军参谋长荣臻"将枪弹缴库"的电话命令，北大营东北军爱国官兵义愤填膺，表示"不能持枪待毙，愿与北大营共存亡"，因为他们坚信"敌人侵我国土，攻我兵营，斯可忍，则国格、人格，全无法维持"。

这时，日军新一轮进攻已经开始，高桥第四中队等正向六二〇团围拢，大约400名日军已向着朝东卡子门运动的第二营和重机枪连猛烈攻击，阵地不断向东、北方向推进。眼看敌人逼近，六二〇团北路编队迅速进入掩体，开动迫击炮、平射炮、机枪一起射向敌人。进攻北大营的日军遭遇猛烈的炮火抵抗，新国六三伍长阵亡，上等兵佐藤

---

① 赵冬晖：《"九·一八"国难史》，黑龙江人民出版社，1991年版，第90页。

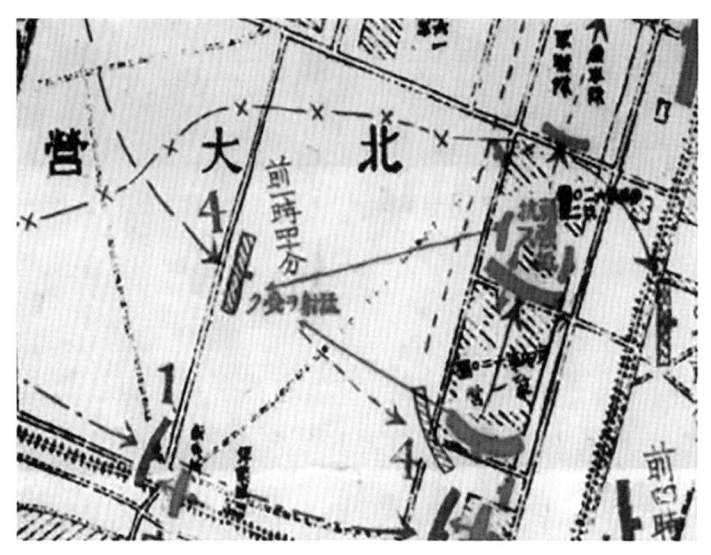

·日军手绘"九一八"之夜北大营战斗秘密地图（詹洪阁收藏）

勇夫，一等兵大内文太郎、米山政一等人受伤。日军形容进攻六二〇团时经历了"最苦战处"。日方援军不断增加，并对六二〇团形成西、南、东三面包围态势，战斗激烈地持续。1932 年，日军第二大队队长岛本正一在大连参加一场报告会时回忆说："当第四中队开始对东部营区第六二〇团第二营发起进攻时，敌人的抵抗极为顽强——他们凭借坚固的围墙，动用机枪、步兵炮予以猛烈还击。""第四中队的上等兵新国六三在弹雨中奔跑补充弹药，敌人的子弹多次从耳边掠过，在脚下乱跳，然而他心中只有任务，却忘了自己的安危，当弹药补充快要结束的时候，敌人的一颗子弹，从上等兵新国六三的右肩打入贯通心脏，他突然当场倒下了……"①

此时，日军川岛第三中队也在兵器库前遭到 200 余名中国官兵的激烈抵抗，川岛调集了预备队参战才将中国守军击退。2 时 30 分许，

---

① 荆绍福：《沈阳北大营》，沈阳出版社，2020 年版，第 166 页。

日军占领了六二〇团第三营营房。其后，川岛中队转攻六一九团营房。凌晨 3 时许，第七旅旅部也遭到日军机枪射击和手榴弹投掷，东北军将士继续在旅部附近与敌展开巷战。

面对日军进攻局势，旅参谋长赵镇藩正式下令部队突围。第六二〇团负责掩护，直战到凌晨 4 时 30 分。此时日军已形成合围之势，形势愈发危急。趁着将敌人火力压制下去的间隙，六二〇团各连队相继越垣而出。5 时 30 分，日军占领了整个北大营，不但毁坏营区设施，而且纵火焚烧营房，大火直烧到第二天，以致"居民北望，无不挥泪"。北大营之役，东北军"伤亡官士兵夫 335 员，士兵失踪生死不明者，483 名"①。这一夜的北大营之战，相比于入侵的关东军兵力而言，东北军将士的损伤是惨重的，这是"不抵抗"政策的严重后果。资料记载："第七旅官兵有 148 人捐躯，成为不抵抗政策的牺牲品……"②

事实上，日军最早的伤亡发生在其开始偷袭六二一团第三营时，有"中尉野田负重伤"，另在北部营区弹药库附近还有"士兵相泽善夫负伤""炮弹左腓肠筋切断"③。据日本《满洲事变作战经过概要》统计，北大营之战中，日军共伤亡 25 人，其中当夜死亡者是新国六三和增子正男。另据日方资料记载："昭和六年九月二十二日，工兵第二大队陆军工兵上等兵小林健治，于奉天省北大营战伤死。"④

这些记载表明，日军在进攻北大营的过程中始终都面临着部分东北军将士的抵抗和反击。北大营之役后，日军创作了《北大营之歌》

---

① 赵冬晖：《"九·一八"国难史》，黑龙江人民出版社，1991 年版，第 93 页。
② 陈觉编著《九一八后国难痛史》（上），辽宁教育出版社，1991 年第 44 页，转引自步平王建朗主编《中国抗日战争史》（八卷本）之第一卷《局部抗战》（黄道炫 王希亮著），社会科学文献出版社，2021 年版，第 99 页。
③④高建：《"九一八"揭开抗战序幕》，《中国社会科学报》，2019 年 9 月 9 日。

以"讴歌"攻打北大营的关东军："倒在齐腰深的壕沟中，被子弹击毙的战友尸体就在脚下，踏着他们继续前进，前面是敌军以坚固著称的层层铁壁，苦战之惨烈如同修罗场。不断有人被敌军射出的子弹打中……"① 该"赞歌"可谓是印证北大营之战的又一视角。

北大营之战的历史地位

日本关东军蓄意发动武力侵华战争，这是继甲午战争、日俄战争之后又一次嚣张进犯。北大营之战中，东北军将士致日军 25 人伤亡的战绩不算突出，却足以证明驻守北大营的中国守军冲破"不抵抗"命令的束缚并对敌实施了有效反击，展现了爱国军人"苟利国家生死以，岂因祸福避趋之"的崇高情怀，他们以实际行动再次彰显了中华民族"哪里有侵略，哪里就有反抗"的光荣传统。1932 年日本发行的《满洲事变关东军纪念写真贴》写道："满洲事变的首次攻击中，战斗最为激烈的是长春附近——南岭及宽城子——北大营。"② 但长春附近的战斗发生于 19 日凌晨 4 时 50 分日军偷袭宽城子、5 时偷袭南岭兵营以后，而沈阳北大营东北军的战斗时间显然更早。2011 年，人民出版社出版的《中国抗日战争史》写道："独立第七旅部分爱国官兵自卫还击的行动，成为九一八抗战的先声"③。

2015 年 7 月 30 日，习近平总书记在中共中央政治局就中国人民抗日战争的回顾和思考集体学习的讲话中强调："我们不仅要研究七七事变后全面抗战 8 年的历史，而且要注重研究九一八事变后 14 年抗

---

① 萨苏：《最漫长的抵抗》，西苑出版社，2013 年版，第 12 页。
② 谭译：《"九·一八"抗战史》，辽宁人民出版社，1991 年版，第 35 页。
③《中国抗日战争史》编写组：《中国抗日战争史》，人民出版社，2015 年版，第 58 页。

战的历史，14 年要贯通下来统一研究。"①北大营爱国官兵在九一八事变之夜的奋起还击正是印证中国 14 年抗战起点与跨度的依据之一。

当前，北大营遗址保护工程已取得初步成效，成为中国人民抗日战争起始的一处重要标志。

中共满洲省委率先发表抗战宣言

毛泽东曾指出："战略问题是研究战争全局的规律的东西"，"战争的胜负，主要地决定于作战双方的军事、政治、经济、自然诸条件……还决定于作战双方主观指导的能力"。②面对九一八事变，身处沈阳的中共满洲省委第一时间就以深刻的洞悉揭露日本侵略的本质并高瞻远瞩为中国人民指明了抗战方向。1945 年 3 月 18 日，日本东京《同盟世界周刊》写道："根据我们的见解，真正的抗日势力，始终一贯的是中国共产党。"③

中共满洲省委对日军侵略行径的洞察

中共满洲省委是中国共产党于 1927 年 10 月至 1936 年 6 月在东北地区设立的最高领导机构。中共满洲省委成立伊始，就敲响了防范日本侵略的警钟。1927 年底，中共满洲省临委书记陈为人在《关于

---

① 《习近平：让历史说话用史实发言　深入开展中国人民抗日战争研究》，《人民日报》，2015 年 8 月 1 日第 1 版。
② 《毛泽东选集》第一卷，人民出版社，1991 年版，第 175 页、182 页。
③ 中共中央党史研究室第一研究部：《抗日战争新论》，中共党史出版社，2016 年版，第 17 页。

· 中共满洲省委机关所在地福安里旧址

中共满洲省委临委工作给中央的报告》中就提出了"在满洲的反日工作，要占革命工作的大部分"。1929年，刘少奇出任中共满洲省委书记后，在其主持编印的《政治通讯》中也指出了日本侵略加剧的必然性及第二次世界大战的不可避免。1931年以后，中共满洲省委在多份报告中都列举了"日军在朝鲜北部增加驻军，进行军事布置""关东军在长春野操，在沈阳实地演习作战""日军连日不仅在该地附近加埋标识，遍树太阳旗，而且枪声拍拍（啪啪），炮声隆隆"[①]等内容，中共满洲省委机关报《满洲红旗》更进一步发声："无疑地，这些枪声，是帝国主义武装占领东三省的信号——"1931年夏，针对日本关东军制造的万宝山事件，中共满洲省委揭露"万宝山事件就是日帝国主义准备作为借口出兵满洲的一个阴谋"。

除中共满洲省委对日军动向高度警惕外，1928年底成立的以蔡伯祥为书记的中共满洲特科也收集了大量日本加紧侵略的情报。1931年九一八事变前夕，中共满洲特科人员发现沈阳站附近有许多异常现象，例如："车站的大仓库，本来已经很大了，这时又扩大了许多；原来是铁丝网围着的，现在用木板围起来，防止外面的人看；周围又

[①]《逐日本帝国主义滚出东三省！揭破国民党"革命外交"假面具》，《满洲红旗》1931年第7期。

搭了很多临时军用帐篷，还挖了不少掩体。从高处往里看，发现里面有很多日本青年在接受军事训练"[1]"重型武器运到沈阳""日本青年在'满铁'附属地接受军事训练"，等等。中共满洲特科一面向中共满洲省委报告，一面上报中共中央，为中共中央和中共满洲省委正确把握日本侵略动向、及时制定反击策略提供了更多依据。当时，中共满洲特科也曾"在事变前两周向辽宁省政府主席臧式毅打了报告"[2]，但没有得到足够重视。

发表《满洲省委为日本帝国主义武装占领满洲宣言》

据时任中共满洲省委常委、宣传部部长的赵毅敏回忆，九一八事变当夜，他正在沈阳三经街 81 号居所，听闻变故，马上意识到日军开始了大规模武装行动，他首先想到"中国共产党一定要首先发表一个宣言，要尽快告诉群众究竟发生了什么事情"。可是省委同志分住各地，时值半夜，不可能马上把大家召集起来，"考虑到自己是省委常委、宣传部长，原省委书记刚刚在哈尔滨被捕，新的省委书记又不了解情况，无论是从领导的责任，还是出于民族义愤，这个宣言必须由我来写，而且事不宜迟，必须马上着手"。顾不得日军的隆隆炮声，赵毅敏根据中共中央历来反对帝国主义

·赵毅敏（时任满洲省委宣传部长）

① 中共东北军党史组：《中共东北军地下党工作回忆》，中共党史出版社，1995 年版，第 6 页。

② 中共辽宁省委党史研究室：《中国共产党辽宁史》（第一卷），辽海出版社，2001 年版，第 182 页。

和国民党反动派的总方针，连夜奋笔疾书。

9 月 19 日清晨，北大营和沈阳城均已失守。午前，日军攻占了东北边防军长官公署、辽宁省政府机关、东三省兵工厂、东塔机场和东大营等重要的军政要地，硝烟弥漫中，敌人实行全城戒严和捕杀。大敌当前，风险倍增，但中共满洲省委依然在小西边门附近省委秘书长詹大权家秘密召开了紧急会议。省委书记张应龙、组织部部长何成湘、宣传部部长赵毅敏、秘书长詹大权、军委书记廖如愿出席。会议集中讨论骤变的形势和应对措施，做出尽快给中共中央打报告并尽早发表抗战宣言等决议。赵毅敏将连夜起草的文件交会议讨论、修改、补充并最终定稿，随即交省委秘书处刻蜡纸，油印，当天就秘密散发到工厂、学校、店铺、老百姓的院子或者直接散发给街上的行人，这就是《满洲省委为日本帝国主义武装占领满洲宣言》(简称《9·19 宣言》)。"到 10 月份，以中文、韩文、日文三种版本印发的宣言，传遍

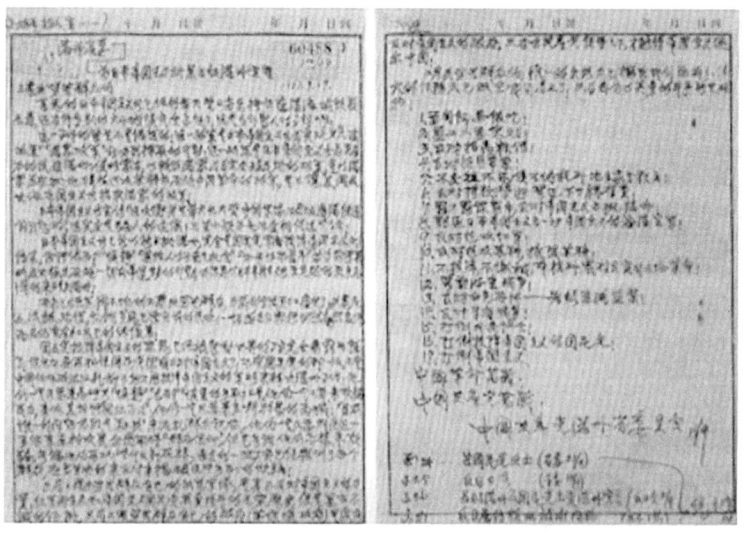

· 中共满洲省委发表的《满洲省委为日本帝国主义武装占领满洲宣言》

了辽宁的四面八方。"①

2011年9月14日,《光明日报》刊登了学者郑德荣的署名文章《中国共产党对"九一八"事变的应对》,文中写道:"中国共产党始终把民族利益放在首位。为捍卫领土主权,'九一八'事变翌日,处在最前线的中共满洲省委当即发表了中国抗战史上,也是二战史上受侵略国家向法西斯国家发出的第一个宣言——《中共满洲省委为日本帝国主义武装占领满洲宣言》,第一时间揭露了事变真相,戳穿了日本帝国主义的侵华阴谋。"②

《9·19宣言》的内容与地位

《9·19宣言》首先指出:"万恶的日本帝国主义者已经将奉天、营口、安东、抚顺、辽阳、海城、铁岭、长春,还有许多别的大小城镇完全占领了,这是何等惊人的事件啊!"

《9·19宣言》对日军的侵略行为进行深刻剖析,揭露"这一事件"的发生"不是偶然的",是日本"为实现其'大陆政策''满蒙政策'所必然采取的行动",驳斥了日本侵略者所宣传的"这次冲突是奉天北大营中国军队破坏南满铁路所引起的"的谎言,指出"这完全是骗人的造谣,三岁小孩子也不会相信这些话"。

《9·19宣言》还指出了"日本帝国主义者之所以能占据满洲,完全是国民党军阀投降帝国主义的结果",批判了国民政府所谓"镇静""忍耐""慎重"和"依靠国际正义"以及"目前唯一的问题仍然

---

① 中共辽宁省委党史研究室:《中国共产党辽宁历史简明读本》,辽宁教育出版社,2011年版,第35页。

② 郑德荣:《中国共产党对"九一八"事变的应对》,《光明日报》,2011年9月14日第11版。

是剿共"等口号和主张，指出其"必然要使日本帝国主义者更急进的更无忌惮的来占领满洲"，呼吁"应当坚决的来反对"。

尤为可贵的是，《9·19宣言》明确指出"只有工农兵劳苦群众自己的武装军队，是真正反对帝国主义的力量"，强调"只有在共产党领导之下，才能将帝国主义驱出中国"，呼吁"工农兵劳苦群众们！唯一的出路久已摆在我们面前了！伟大的任务就已放在我们肩上了！只有我们以英勇的斗争能完成它"。

在《9·19宣言》的结尾，是17个鲜明的口号和"中国革命万岁"及"中国共产党万岁"的响亮宣誓。

《9·19宣言》发表后，中共满洲省委结合形势变化连续发表重要决议，包括9月20日发表的《中共满洲省委、团满洲省委告群众书》、9月21日发表的《中共满洲省委关于日本帝国主义武装占据满洲与目前党的紧急任务的决议》以及9月23日发表的《中共满洲省委对士兵工作的紧急决议》，等等。中共中央也从1931年9月20日至1932年4月15日发布了多篇重要文件，包括9月20日的《中国共产党为日本帝国主义强暴占领东三省事件宣言》、9月22日的《中共中央关于日本帝国主义强占满洲事变的决议》以及9月30日的《中国共产党为日本帝国主义强占东三省第二次宣言》，等等。这些文件的要点是：一是分析和揭露日本占领中国东北进而侵占全中国并称霸亚洲和太平洋的阴谋；二是谴责国民党政府对日"不抵抗"政策及其要求民众"镇静忍耐"的错误立场；三是表明中国共产党坚决捍卫国家和民族独立的严正态度，号召民众广泛开展抗日救亡运动。这些宣言和决议与《9·19宣言》主旨一致，并有不同程度的发展，共同在思想理论上反映出中国共产党在14年抗战初期的政治站位和战略主张。

　　《9·19宣言》是最早揭露法西斯侵略真相的书面文件，与9月19日就张贴在沈阳街头的署名关东军司令本庄繁的"安民大告示"针锋相对，在第一时间起到了澄清真相和引导人们认知的重要作用。《9·19宣言》更是中国14年抗战史上最早的抗战宣言，是中国共产党代表中国人民和中华民族发出的第一篇抗战檄文，与国民党政府的"不抵抗"政策形成鲜明对比，当蒋介石在茫茫长江上为"剿共"失利而绞尽脑汁的时候，中国共产党已经吹响了民族抗战的精神号角，"中流砥柱作用从此发端"①。1932年4月15日，中华苏维埃共和国政府正式对日宣战，中国共产党进一步成为引领中国人民抗战的主心骨。

辽宁义勇军最早投身抗战洪流

　　东北抗日义勇军是中国抗战起点上最有代表性的民众抗日武装，而辽宁抗日义勇军更是率先举起义旗，并迅速发展成"义师如潮"的局面。他们在中国共产党及东北民众抗日救国会、辽吉黑民众后援会的指导与帮助下，万众一心，共赴国难。中国著名军事情报专家阎宝航在《东北义勇军概况》中描述："东北民众，本匹夫有责之意，披发缨冠，纷起义军，转战数月，再接再厉。……明知血肉之躯，不足以挡弹雨硝烟，然为表示民族不屈精神，任何牺牲，均所不惜。"②

---

① 张洁：《中国共产党是"九一八"抗战的中流砥柱》，《光明日报》，2018年9月20日第11版。
② 赵杰：《血肉长城——义勇军抗日斗争实录》（上），辽宁人民出版社，2001年版，第85页。

第一支抗日义勇军诞生在辽宁

辽西义勇军的杰出代表、满族抗日英雄高鹏振，是最早率众走上抗日战场的义勇军将领。1898 年，高鹏振出生于辽宁省黑山县英城子乡朝北营子，家有土地三四百亩、房屋 30 余间，兼有两处商号，生活无忧。高鹏振少年时就开始学文习武，父母教育他要从小学好本领，长大报效祖国。后因家庭变故，高鹏振投身"绿林"，报号"老梯子"。他爱护百姓，疾恶如仇，被视为"民间英雄"，在辽西、热河①东一带颇有威望。1929 年 7 月，共产党员杨靖宇到抚顺任特支书记后，与高鹏振曾经多次会面，并成为挚友。

九一八事变发生时，高鹏振正在沈阳北郊文官屯车站附近疗伤。当天深夜，他被隆隆的炮声及密集的枪声惊醒。因住处距离北大营不太远，他起身观看，发现北大营方向炮火连天。他立即出门探查究竟，得知日本人正在攻打北大营，以他的见多识广，立刻明白这是日本关东军蓄谋已久的动作，大义豪情瞬间在心中升腾，恰好他的伤也基本痊愈，遂连夜召集弟兄走上了杀敌报国的抗战之路。1933 年，国民党中央军事委员会主办的《军事杂志》第 56 期刊登的《高鹏振血战倭敌》中记载："九一八事变后，（高鹏振）即在沈阳集合部属 14 人，击死日兵 3 人，得大枪 12 支、手枪 9 支、子弹 2000 发，送到新民柳河沟一带，召集旧部，迨有 3000 余人……"②这段文字简要说明了高鹏振率众抗击日军的最初情形，其深远意义却在于中国民间抗战力量

---

① 热河是民国时期东北四省之一，含今河北省、辽宁省和内蒙古自治区部分地区，1955 年撤省，分别划归河北省、辽宁省和内蒙古自治区。
② 李明：《高鹏振，东北民众最早奋起抗战的人》，《党史纵横》，2016 年第 6 期。

自此兴起。

首战之后，高鹏振连夜返回家乡。他派人深入各地联络旧部亲友，同时广泛开展宣传动员工作。九一八事变后第9天，即1931年9月27日，高鹏振组建起有200余人参加的第一支抗日义勇军。据《黑山县志》记载："1931年9月27日，在朝北营子建'镇北军'，同年10月改称'东北国民救国军'。"

高鹏振在东北民众抗日救国会派来的王立川（1932年12月加入中国共产

·义勇军将领高鹏振

党）等人协助下，发展迅速，1931年末队伍就达到2500多人。高鹏振率领的骑兵支队，骁勇善战，被誉为"义勇铁骑"，曾与日伪军进行无数次交锋，沉重打击了辽西地区的日伪政权，"老梯子"名号威震敌胆。日本媒体也发出了惊呼："辽西抗日义勇军是和七百年前成吉思汗的名字一起，以剽悍、敏捷、勇猛而震动全世界的了不起的民族。"高鹏振本是博学多才之人，戎马间隙，也曾多次赋诗抒怀。"孰知土匪能御辱，哪晓百姓也杀敌。保卫家乡当义勇，轻骑纵马战辽西。"正是他所率义勇之师的生动写照。

高鹏振的队伍转战新民、阜新、黑山、彰武等地抵抗日军，先后取得了攻打新民县城、五台子大捷、梁家烧锅围歼日军等战斗的胜利。其中1932年1月的五台子大捷打破了日军不可战胜的神话，在当时影响非常大。两个多小时的激烈战斗中，计"打死敌人73人，其中有大尉1名，中尉1名，医官1名，缴获长短枪76支，子弹两车，战马 64 匹（其中 31 匹死伤），钢盔 76 个，呢子大氅、药品等战利品很多"，日军中队长不破直治被击毙，敌人恨之入骨，派兵闯入高鹏振家，焚毁了高家的房屋和家产，逮捕了他的父亲高品仲，老父亲不堪毒刑折磨，惨死狱中。高鹏振的儿子高小山在乡亲的掩护下才免遭杀害，后被送到彰武县的亲属家改名张汝才得以幸存。面对血雨腥风和家破人亡的残酷现实，高鹏振作《无题》诗以寄悲壮情怀："草泽非我志，转战十里霜。抗日军兴后，宿愿始有偿。首战传捷报，骨肉连祸殃。宁为义勇死，节烈永芬芳。"

1933 年初，高鹏振率部参加了热河抗战、长城抗战，之后继续在辽北蒙边和热东等地区坚持抗日。这支抗日武装一直坚持到 1937 年，7 年间，与敌战斗数百场，仅大型战斗就有百余场，歼敌数千人，高鹏振先后 6 次受伤，全家多位亲人献出宝贵生命。1937 年 6 月 23 日，高鹏振被叛徒杀害于彰武西北的哈拉哈，虽英年早逝，却万古流芳，一片丹心洒热血，义勇精神满乾坤。

血肉长城始筑成

在中国抗日义勇军发展史上，黄显声将军被誉为"血肉长城第一人"。他曾在印章上刻下"骑富士山头展铁蹄，倭奴灭，践踏樱花归"[1]以明志。1930 年，黄显声出任辽宁省警务处处长兼沈阳市公安局局长，因为对日本素有警戒，所以他在情报、武器、组织和思想动员等多方面制定了应敌预案。其中包括 1931 年 9 月初"紧急通知全省五十八县公安队到沈阳领枪，将沈阳库存原东北军历次入关作战所获枪支约二十万

---

[1] 黄显声印章，辽宁省档案馆馆藏。

支尽数发到各县"[1]等筹备工作。这些未
雨绸缪之举不仅使沈阳城公安警察能够在
九一八事变发生第一时间主动迎战进犯入城
的日军，也是损失最小而且比较有序撤出沈
阳的一支有生力量，许多公安警察后来成为
辽宁义勇军的领导人，所分发的枪支也成为
义勇军的主要武器。

· "血肉长城第一人"黄显声

1931 年 9 月 23 日，张学良电令将东北
军政中心迁往锦州，黄显声被任命为实际
的前敌总指挥。因为国民政府推行"不抵抗"政策，黄显声就在秘书
刘澜波（中共党员）的协助下，组织起"东北民众自卫义勇军"，转
战辽南、辽西。9 月末，黄显声在辽宁军政两署所在地（原东北交通
大学）主持召开锦西、义县、兴城、绥中、北镇、黑山、盘山、台安
8 县公安局局长会议，要求各县积极加强和训练民众武装抗日。10 月
上旬，黄显声、刘澜波又制定了鼓励各界人士投身武装抗战的纲领性
文件《收编加委方案》。此后，各地义勇军纷纷投奔而来。此时"黄
显声主持的辽宁省临时政府，实际上已经成为以组织义勇军抗战为主
要使命的抗日政府"[2]。到 1932 年 4 月，辽宁抗日义勇军已扩大到 56
路 27 个独立支队，6 路骑兵。此外还有特种编制的义勇军如辽西第二
军、辽南义勇军、辽东义勇军，等等[3]。到 1932 年 5 月，东北民众抗
日救国会进一步加强了对义勇军的规划和指导，将几乎覆盖了辽宁全

---

① 温永录：《东北抗日义勇军史》（上），黑龙江人民出版社，1987 年版，第 72 页。
② 谭译：《"九·一八"抗战史》，辽宁人民出版社，1991 年版，第 50 页。
③ 中共辽宁省委党史研究室：《中国共产党辽宁史》（第一卷），辽海出版社，2001 年版，
    第 199 页。

境的义勇军划分为"五大军区"①。尽管"国危如累卵",辽宁义勇军却呈现了"三十万人不解甲""誓死不当亡国奴"的慷慨壮烈之势。

因为有黄显声坐镇锦州的号召力和高鹏振率先起兵的影响力,辽西抗战形势发展最快。这里有原东北军中下级军官高文彬、朱霁青、冯国安、张海涛、耿继周、郑桂林、潘贯儒、苏振声等人组建的义勇军,他们以北宁铁路、大通铁路为中心,进攻敌人占领的城镇,破坏其通信,袭击火车站,扒铁路、炸桥梁,同日军频繁激战,使敌人终日疲于奔命。辽西战场上还涌现了王显庭、潘士贤、马子丹等赫赫有名的义勇军将领。辽西义勇军也在锦州保卫战中积极配合东北军,一次次灵活出击,令日军颇为忌惮。中国共产党高度重视辽西义勇军的发展与斗争,1932 年 1 月 15 日、22 日,中共满洲省委先后发出号召,倡议"全满洲以至全国劳苦群众起来,与辽西劳苦兄弟一致斗争"。

辽北地区义勇军也发展起来。1932 年 1 月下旬,东北军蒙古族将领高文彬向张学良请缨,成立辽北蒙边民众义勇军。辽北还有赵亚洲、于德霖、栾法章、刘塑桐、方振国等在铁岭等地组织的义勇军。开原地区的乡绅富户白子峰拉着亲信 30 余人毁家纾难的事迹广为人知,尤其可贵的是,他的侄儿白朴林和儿子白朴珍两位大学毕业生也共同走上抗日战场,但因叛徒告密,最后全部牺牲,满门英烈。

辽南义勇军发展迅速,并与辽西义勇军紧密呼应。九一八事变后,盘山人张海天(报号"老北风")与项青山等在盘山、营口一带组织抗日救国军。据民间传说,九一八事变中,日军占领沈阳的消息传到时,张海天正在打麻将,他霎时目射寒光,满脸杀气,冷冷地说

---

① 赵杰:《血肉长城——义勇军抗日斗争实录》(上),辽宁人民出版社,2001 年版,第 91 页。

道："不打麻将了，扯旗打日本！"
他的队伍不到两个月就扩大到 5000
余众，成为辽南地区重要的抗日武
装。张海天所部行动神速，作战勇
猛，转战台安、海城、盘山一带，先
后取得智擒汉奸凌印清、九台子阻击
战、夜袭田庄台、围攻沙岭、攻袭耿
庄、三打牛庄、火烧海城日军兵站等
数十次战绩，"老北风"名震东北。
活跃在辽南战场的义勇军将领还有赵
殿良、白广恩、李纯华等，李纯华对
促成辽南义勇军联合抗日起到重要作
用，辽阳、海城、营口、盘山、盖

· 义勇军将领张海天

平、复县（今瓦房店）等地义勇军或分散行动或相互策应，神出鬼没
般打击敌人。

　　辽东地区也点燃了义勇军的抗日烽火。起兵较早的有孙铭武、孙
铭宸兄弟。1931 年 10 月 19 日，他们在抚顺清原起义，组建"血盟救
国军"，相约"与其坐以待毙，不如奋起杀敌，民族兴亡在此一举"。
同在 1931 年 10 月，凤城县公安局局长邓铁梅在凤岫边界建立起东北
抗日民众自卫军，仅两个月就聚集起 2000 余人。1934 年 5 月 30 日晚，
邓铁梅因叛徒出卖而被俘，他在酷刑面前坚贞不屈，"七尺身躯何足
惜，四省失土几时收"是他慷慨赴死的悲壮和死不瞑目的挂牵，时人
赞叹他"人与河山同玉碎，世无兰麝比名香"。此外，"铁血夫妻"赵
庆吉和关世英的故事也是辽东凤凰山下的一段抗日传奇，唐聚五、李

春润、王凤阁等辽东抗战名将也都永载史册。唐聚五司令指挥的辽宁民众抗日自卫军迅速发展至十余万众，气势如虹。麾下各路总指挥无不奋勇杀敌：李春润在新宾，王凤阁在辉南、柳河，唐玉振、张宗周在宽甸，郭景珊在辑安（今集安）、临江等地，分别率队和敌伪展开对抗。李春润常以"文官不爱钱、武将不怕死"自勉，在出任辽宁民众自卫军第六路军司令时表示"誓愿领导民众，讨逆杀贼，与我全体武装同志，共赴危难，同受甘苦，将此身交诸国家，以死御责"①。

· 辽宁民众抗日自卫军成立誓师大会现场

辽宁大地上无数义勇军将士投身抗战洪流，他们以"宁为义勇死，节烈永芬芳"的信念践行了"国人有志，救亡驱虏。壮士悲歌，烽起揭竿。烈士舍身筑起血肉长城，英雄洒血奋战荒野山关。……扬国魂于中外，留希望于人间"②。

---

① 李燕光、关捷：《满族通史》（修订版），辽宁民族出版社，2003 年版，第 745 页。
② 摘自辽宁省新宾满族自治县北山抗日英雄纪念碑碑文。

辽宁义勇军的战绩和影响

东北抗日义勇军是中华民族抵御外侮的历史上民众性集体英雄的典范。辽宁抗日义勇军是东北义勇军的重要构成，且于中国抗战史上最早兴起，这也是 14 年抗战始于辽宁的重要标志之一。辽宁义勇军以高度自觉、广泛参与、规模宏大、牺牲惨重等特征体现出蕴含在民众中的磅礴伟力，印证了民族血性的复苏。

义勇军牵制、消灭了敌人大量的有生力量，延缓、迟滞了敌人的西进、南下、北上战略的展开。至 1932 年春夏，东北抗日义勇军已经发展到 30 余万人，活动遍及东北三省及热河省 172 县中的 102 县，被义勇军攻下的县城就有 40 余座。其中辽宁义勇军人数最多，规模最大，对敌人打击范围最广。日伪当局污蔑义勇军称"残匪多如牛毛，溃而复聚"。关东军三宅参谋长 1932 年回东京的途中哀叹："关于东北暴徒之根本讨伐，实为极难之事，因其集团作乱，不易治平，非一朝一夕所能收效。自奉天事变发生后，我军对安奉线附近暴徒中心地之讨伐不下 62 回之多，结果收效甚微。"[①] 据日方统计：1932 年 3 月，义勇军袭击南满地区 115 次，安东（今丹东）地区 128 次，辽阳地区 48 次。一年之中，义勇军袭击沈阳 11 次，袭击长春 6 次，连同袭击其他重要城市，共 30 次以上。同时烧毁沈阳、哈尔滨等地飞机场，破坏抚顺日本发电所。1932 年 8 月，义勇军进攻沈阳，占领东塔机场并点燃机场油库，焚毁敌机 27 架。另据奉天总领事馆调查，从 1931 年 11 月 1 日至 1932 年 12 月 20 日，义勇军袭击

---

① 《申报月刊》（第一卷第 3 号），1932 年 9 月 15 日。

· 抗日义勇军拆毁日本军用列车

铁路附近的日军就达 1529 次。据日伪官方报告所载，从九一八事变到 1933 年 2 月，日伪军伤亡人数为 6541 人；日军运回国内的死尸，每月平均达到 50 具。① 九一八事变一周年之际，《华北日报》刊文称："自九一八以来，东北民众用义勇军的名义，施行游击的方式，已把乐土的东三省，给日本人造成鬼国了，现在呢，继续努力，必使鬼国普遍成为泥地狱。"② 然而，东北义勇军也付出了巨大牺牲，史料记载：从抗战兴起到 1933 年春，仅一年多时间，"义勇军伤亡 13 万人左右"，他们前仆后继，"卒使强敌步步荆棘，四面楚歌；十万甲兵，疲于奔命"③。

　　东北抗日义勇军万众一心，以血肉之躯和顽强意志对抗侵略者的铁蹄，为中华民族实现凤凰涅槃、浴火重生奠定了重要基石，也为抗战精神的形成注入了鲜活内涵。义勇军的光芒照耀千古，他们血染的风采凝结在《义勇军进行曲》里久久回响。1941 年，周恩来在《新华

① 王秀鑫、郭德宏：《中华民族抗日战争史》，中共党史出版社，2005 年版，第 42 页。
② 庄静：《怎样纪念九一八》，《华北日报》1932 年 9 月 19 日。
③ 赵杰：《血肉长城——义勇军抗日斗争实录》（上），辽宁人民出版社，2001 年版，第 85 页。

日报》上刊文指出："海可枯，石可烂，义勇军的民族大义，是永远不会磨灭的。"①

辽宁抗战广泛兴起

九一八事变后，辽宁人民即站在全国抗日斗争的最前线，他们中有前文所述的东北军爱国官兵奋起御侮、中国共产党大义担当、广大义勇军将士毁家纾难，此外，还有公安警察冷静对敌、知识分子运筹帷幄、青年学生投笔从戎、名流政要多方斡旋……辽宁抗战不仅在第一时间开始，而且以多点多线之势汇成中国抗战的复合开端，并在中国共产党的领导下日益凝聚在抗日统一战线的旗帜下持续向纵深发展，直至取得最后胜利。

社会各界共赴国难

辽宁人民素有反侵略的传统，从两次鸦片战争到甲午战争、日俄战争，辽宁人民反侵略斗争从未停止过。面对日军悍然发动的九一八事变，辽宁人民再次义无反顾投入抗战洪流。除了前述几个具有重大起始意义的节点性标志性事件外，辽宁人民的抗战还具有广泛兴起的特点，工农兵学商，纷纷上战场，人人奋起"对国难负责"。

公安警察的抗战始于保卫沈阳城的战斗。九一八事变之夜，继关

---

① 周恩来：《"九一八"十年》，《新华日报》，1941年9月18日。

东军在南满铁路柳条湖段路轨实施爆炸后，日军步兵第二十九联队平田幸弘大佐接到了板垣攻打沈阳城的命令，率部于19日凌晨"1时许到达沈阳小西门外"①，"至午前4时30分，第二大队已经占领沈阳内北侧地区，联队本部抵达小西门外日本侨民会馆附近，伺机行动"②。沈阳城公安警察在黄显声指挥下展开保卫沈阳城的战斗，战斗在南市场的警士高曙光成为当夜第一个为国捐躯的警察。③ 战至9月21日下午，黄显声才组织撤退，沈阳县公安局局长张凤岐率部断后，22日深夜撤出沈阳。随后，黄显声在锦州发展义勇军。为能获得更多情报，9月25日晚，张凤岐率可靠部下60余人秘密潜回沈阳，打入到敌人内部，他还设法当上了伪沈阳县警察局局长。张凤岐利用职权之便，名为在沈阳周边组织民团，实是壮大抗日义勇军。1932年5月初，黄

·爱国警察张凤岐

显声向张凤岐传达做好8月份里应外合攻打沈阳城的计划，此时张凤岐可调动的巡警、公安及民团等武装力量已达8000余人，枪支弹药也较为充足。然而消息败露，张凤岐等10余人被日本宪兵队逮捕。敌人多番诱降，软硬兼施，张凤岐都不屈服。7月下旬，敌人把张凤岐押至沈阳故宫大正殿后，用铁丝捆在石柱上进行最后劝降，张凤岐坚定地

---

① 王秀鑫、郭德宏：《中华民族抗日战争史》，中共党史出版社，2015年版，第8页。
② 马越山：《"九·一八"事变实录》，辽宁人民出版社，1991年版，第163页。
③ 萨苏：《最漫长的抵抗》（上），西苑出版社，2013年版，第28页。

说："我为国捐躯，死而无憾！"①敌人看劝降无望，遂将一桶汽油从其头上浇下，宪兵小川将火扔到张凤岐身上，瞬间腾起的烈火吞噬了这位年仅45岁的爱国警察。壮士殉国，长歌当哭，当年8月，辽宁义勇军踏着英雄的足迹继续打响攻打沈阳城的战斗。

辽沈知识界面向国际社会发起揭露九一八事变真相的斗争。1931年9月19日，九一八事变作为重大议题正式进入国际联盟（简称国联）日程。多次调停无果的情况下，国联决定组成调查团进行实地调查。沈阳"爱国小组"为代表的有识之士遂从1931年底开始冒着生命危险搜集、编辑日军侵华铁证"*TRUTH*"②。他们坚信："如果能够通过调查团之口，给世界一个是非判断，也是知识分子报国的一种方式。"他们虽没有大刀长枪，但却有"经邦济世"的社会责任感。到1932年1月底，一份全面揭露日本军国主义侵略和炮制伪满洲国的罪证材料准备完毕，纸质材料和实物证据计有300多份，分列为75条目录。巩天民等九位仁人志士为了"给历史作证、给真理作证"而郑重备注了真实姓名，他们还用英文说明："人们也许记得，满洲的人口中95%以上是中国人，中国人自然要当中国人，并且永远是中国人。世界有可能被蒙骗一时，中国人可能处于当前不利的状况之中。但是，任何依靠武力和欺骗得到的东西，早晚会遭到惩罚。因此，为了国际的和平与世界秩序的稳定，为了正义和公理，我们诚挚地恳请您的关注，并且恳请您公正地调查和研究并处理中国和日本的争端。"字里行间饱含温润大气与坚定自信。在国际

---

① 张大庸：《七十一年前日本宪兵制造的"焚杀割舌惨案"——沈阳县警务局长张凤岐、督察长杨春元殉国纪实》，《党史纵横》，2003年第10期。
② 联合国欧洲总部：日内瓦图书馆藏 *TRUTH* 档案，编号 Box S 37.32NO1。

友人鼎力协助下，*TRUTH* 得以辗转递交给国联调查团，并成为国联仲裁的重要依据之一。1932 年底，《国联调查团报告书》发表。报告书对九一八事变和伪满洲国予以了客观定性，指出日军 9 月 18 日的军事行动"不能（被）认为合法之自卫手段"[①]，也指出"'满洲国政府'者在当地中国人心目中直是日人之工具而已。"[②]1933 年 2 月 24 日，国联特别大会召开，以 42 票赞成，日本 1 票反对，暹罗（泰国）一票弃权通过了 19 国委员会关于基于李顿调查团报告书而形成的决议。国联仲裁虽没有效制止日本扩大侵略，但借助国联这个平台，中国在唤起世界舆论、争取国际支持方面还是取得了较大收获的。时至今日，*TRUTH* 依然被收藏在联合国欧洲总部的图书馆内，并作为国联调查档案的重要组成部分被列入了世界记忆遗产名录。

青年学生投笔从戎御侮救国。国难当头之际，青年学生迅速觉醒与担当，成为中国抗战中的年轻生力军，冯庸大学的师生就是其中的典型。当年，"浊世佳公子"冯庸与张学良并称为东北双"汉卿"，他散尽家财创办了冯庸大学，只为"造成新中国的青年"。冯庸大学洋溢勇武氛围，就连门口的一对儿石狮子也是面向南满铁路作怒吼状。九一八事变发生后，冯庸大学被日军占领，冯庸也遭软禁。关东军司令本庄繁企图胁迫冯庸取代张学良组织"东北独立"，冯庸断然拒绝说："因此若杀我，我亦死得光明磊落！""死耳，誓不为卖国贼！"冯庸还秘密嘱咐冯大师生速到北平，他也在日籍教授冈部平太郎的帮助下逃离虎口，赶到北平。旋即，"冯庸大学抗日义勇军"成立，并在 1931 年底南下参加向南京国民政府的请愿活

---

① 橘秀一：《国联调查团报告书》，满洲报社出版部，1932 年版，第 76~77 页。
② 橘秀一：《国联调查团报告书》，满洲报社出版部，1932 年版，第 120 页。

动；1932 年初淞沪抗战打响后即奔赴上海，在杨林口等地奋勇抗击日军，更有冯庸夫人龙文彬带领 16 名女学生组成女子中队，被称为"抗日花木兰"[1]；热河抗战开始后又继续北上参战。冯大师生总是奔向战斗最激烈的战场，从不退缩。东北大学、奉天医专等学校的许多学子也都积极投身抗日救亡，宋黎、车向忱、苗可秀以及白朴林、白朴珍等都是国魂民气系于一身的天之骄子，国难降临之际都义无反顾地投身抗日战场。

名流、政要发起各种抗日组织推动抗日救亡运动。1931 年 9 月 27 日，爱国人士阎宝航、杜重远、卢广绩、高崇民、车向忱、王化一等组织的著名的"东北民众抗日救国会"在北平（北京）奉天会馆宣告成立，其宗旨是"抵抗日人侵略，共谋收复失地，保护主权"[2]。救国会的活动得到张学良的大力支持，除了解决经费外，还通过救国会向义勇军提供武器弹药、被服及现款等军需品。救国会多次派出车向忱、黄宇宙、宋黎、张雅轩、魏兴华、苗可秀、高鹏、纪廷榭等赴东北联络和发展义勇军，张学良也数次亲自写密信带给东北的抗日志士。辽南义勇军将领李纯华曾到北平请求军火，张学良就"拨给他轻重机枪、弹药十几吨"[3]。张学良还曾在北平德国饭店亲自召见擒拿了汉奸凌印清的辽南义勇军将领项青山，并以自己所戴手表相赠。 1932 年 4 月 26 日，爱国名士朱庆澜在上海成立"东北义勇军后援会"，后迁至北平与救国会联合组建"东北抗日义勇军总司令部"，朱庆澜担任总司令。朱庆澜既对义勇军的发展产生重要

---

① 赵焕林等：《冯庸和冯庸大学》，辽宁民族出版社，2012 年版，第 6 页。
② 中国人民政治协商会议全国委员会文史资料研究委员会：《文史资料选辑》（第 6 辑），中国文史出版社，1961 年版，第 89 页。
③ 方正等：《张学良和东北军》，中国文史出版社，1986 年版，第 218 页。

·朱庆澜

影响，也与辽宁有着密切渊源，他在锦州生活38年，现在锦州还保存着他的宅邸，称为"朱家大院"。

此外，商界、金融界、妇女界、教育界也都有各种各样的抗战组织或抗战形式。沈阳爱国商人刘凯平，坚持实业救国，以物美价廉的老火车头牌牙粉和地球牌牙粉来抵制日货，他经营的"同昌行"坚决不用"满洲国"的"国旗"而坚持保留"沈阳"字样。很多和刘凯平一样的实业家都积极为抗日义勇军提供资金、药品、粮食等支持，他们都在"义"和"利"之间做出了无愧选择。前文所述"爱国小组"中同仁药房老板刘仲宜也曾多次保护宋黎等进步学生，帮他们隐藏抗日宣传品等，巩天民也以志城银行为掩护在秘密情报线展开持久的斗争，其他如爱国僧侣、海外华侨等力量也都以各自的方式参与到辽宁抗战的行列之中。

中国共产党对抗日救亡运动的领导

自中共满洲省委第一时间发表《9·19宣言》起，辽宁各地党组织就积极担当起组织抗日救亡的责任。《9·19宣言》中明确指出："只有在共产党领导之下，才能将帝国主义逐出中国！"依据中共中央精神，中共满洲省委领导各地党团组织积极发动"罢工、罢课、罢市"斗争，沈阳、抚顺、锦州、大连、营口等各街头都出现了中国共产党的宣传标语和传单。据不完全统计，"到1931年10月，满洲省委共印发 3 种语言的宣传品 440 余份。其中告青工群众百二十份，告韩国群众一百份，告日兵一百份，告学生百二十份"①。这一时期，党对工人运动的领导和对义勇军的指导尤见成效。

在省委直接领导下，1931 年 9 月 21 日，奉天兵工厂党支部书记梁永盛即组织工人开展抢粮斗争，并在斗争中发展了吴国发、孙熙凤、韩庆生等人入党。痛心的是，1932 年 7 月，梁永盛在日伪警察署地下牢房中遇害牺牲。皇姑屯铁路工厂工人在共产党员李春华等人指挥下包围厂长办公楼，强烈要求"涨工资"并取得初步胜利。奉天英美烟草公司的工人、奉天纺纱厂的工人以及北宁路的铁路工人也都在基层党支部领导下展开抗日斗争。共产党员陈德森、李繁华深入到新民县群众自发组织的联庄会、大刀会、红枪会等组织中，还发展了张星飞、王繁兴、程惠忠、赵华封等人入党。党建基础较好的大连支部号召全市人民必须与敌人做坚决斗争，把庄河等地抗日斗争推向高潮。1932 年"五一"节，中共奉天特委向全市基层党支部散发《告奉天工农劳苦群众书》，激励各界抗日。1932 年 8 月 7 日，辽阳纺纱厂工人尚元吉为接应城外义勇军吴保丰部攻打辽阳，将车间焚烧。日警前往阻截，尚元吉毫无畏惧，壮烈牺牲。

同时，中国共产党对辽宁义勇军的发展起到了重要的"组织、支持和领导"②的作用。满洲省委在《告满洲各地义勇军书》中强调"我们党的任务是加入这一战争，夺取这一战争的领导"。从 1931 年 10 月起，党组织先后派遣 200 余名党、团员到各部义勇军中工作，"其

① 参考中共满洲省委旧址纪念馆展示板。
② 中共辽宁省委党史研究室：《中国共产党辽宁史》（第一卷），辽海出版社，2001 年版，第 197 页。

中有半数左右被派到辽宁义勇军中"①。许多党员在义勇军中担任重要职务，发挥骨干作用。如前所述，刘澜波被派到辽宁省政府工作，作为秘书襄助黄显声组建抗日义勇军，功劳显著，被称为"血肉长城幕后第一人"。共产党员李宇明、李震东、李荣昌成为"老梯子"高鹏振的得力参谋。辽西建平县高体乾组织的义勇军与党组织取得了联系，在热河特支领导下发展迅速。1932年初，中共满洲省委原常委邹大鹏去找邓铁梅，被任命为司令部政治部主任。1932年5月20日，奉天特委要求台安、辽中地区中心县委动员党团员打入一切义勇军中去，特别指出要派得力干部到战斗力较强的义勇军中去。共产党员许中午、赵甫堂、李凯臣、张雪轩、侯维民、王子明、田玉林都被派到了辽宁义勇军队伍之中。资料显示，这一时期，中共北平市委书记刘德成（顾卓新）、共青团北平市委书记李绩刚、北平团市委委员胡乔木等都直接主持过向辽宁义勇军派送党团员和抗日骨干的工作。著名

·九一八事变后，中国共产党满洲省委员会发表的《告满洲各地义勇军书》，号召抗击日本侵略

---

① 中共辽宁省委党史研究室：《中国共产党辽宁史》（第一卷），辽海出版社，2001年版，第210页。

抗日斗争领导人冯基平、李兆麟、白乙化、魏拯民等都是经他们派到辽宁义勇军中的干将。到 1932 年 3 月，辽西、辽北、辽南、辽东各地义勇军中不同程度地有了党的工作，而这个时间也正是辽宁义勇军斗争渐入高潮的阶段。"从 1931 年末到 1932 年夏秋之交，由于党对义勇军的支持、帮助和领导，辽宁各地义勇军迅速发展，有力打击了日本帝国主义的侵略势力。"①

融入全民族抗战的历史洪流

九一八事变后，中共满洲省委坚持党的抗日主张，在推动各界民众抗战浪潮的同时积极创建党直接领导的抗日武装，使"辽宁人民从群众自发的以义勇军为主的抗日斗争，走上了在中国共产党直接领导下以抗日武装为主更加自觉的抗日斗争道路"②。

早在《9·19 宣言》中中共满洲省委就已指明："只有工农兵劳苦群众自己的武装军队，是真正反对帝国主义的力量。"其后，中共中央在《日本帝国主义占领满洲与我党当前任务》等文件中继续强化这一思想。"到 1933 年初，由共产党直接领导的巴彦、南满、海龙、东满、宁安、汤原、海伦等抗日游击队相继成立，逐渐成为东北的主要抗日武装力量。"③

需要指出的是，由于辽宁地区党组织遭到的破坏比较严重，这一时期党对辽宁地区武装斗争的领导主要是通过向义勇军派送党员干

① 中共辽宁省委党史研究室：《中国共产党辽宁史》（第一卷），辽海出版社，2001 年版，第 210 页。

② 中共辽宁省委党史研究室：《中国共产党辽宁史》（第一卷），辽海出版社，2001 年版，第 178 页。

③ 中共中央党史研究室：《中国共产党的九十年（新民主主义革命时期）》，中共党史出版社、党建读物出版社，2016 年版，第 144 页。

部，以帮助和指导义勇军进行反日斗争来实现的。比如前文所述李兆麟到辽阳组建和领导了第二十四路义勇军，邹大鹏到邓铁梅的义勇军中去，等等。

到1933年初，东北各地义勇军在日伪的打击下遭受了重大损失，因而党组织更加注重推动和促成联合抗战的局面。从1933年9月到

1936年1月，东北人民革命军第一军到第六军先后得以组建，活动区域包括辽宁东部、吉林东南部和黑龙江省部分地区共50余县境。[①]1934年初，杨靖宇两次率部南下到辽宁桓仁、宽甸一带考察，最终选定以老秃顶子、和尚帽子为中心建立新的抗日根据地。1934年春，杨靖宇率领的抗日队伍进入辽宁东部，转战于清原、新宾、桓仁、宽甸、本溪、凤城、西丰、岫

· 民族英雄杨靖宇

岩等地区，很快控制了方圆数百公里区域，成为全东北抗日斗争最活跃的地区之一，对日伪当局在安奉一带的统治构成严重威胁。

随着国内外反法西斯战争形势的发展，1936年2月20日，以杨靖宇、王德泰、赵尚志、李延禄、周保中等和汤原游击队、海伦游击队的名义发表了《东北抗日联军统一军队建制宣言》，宣布将东北所有抗日武装统一改编为东北抗日联军。抗联成军后，开辟了东

①《中国抗日战争史》编写组：《中国抗日战争史》，人民出版社，2011年版，第106页。

满、南满、吉东、北满四大游击区，活动范围覆盖东北 70 余县域，在南起长白山、北至小兴安岭、东起乌苏里江、西至辽河东岸的广大地区，抗联战士打响的战斗为 1936 年 3617 次、1938 年 13110 次、1939 年 6547 次、1940 年 3667 次，创造了歼敌 18 万，牵制日伪军 80 万的纪录。

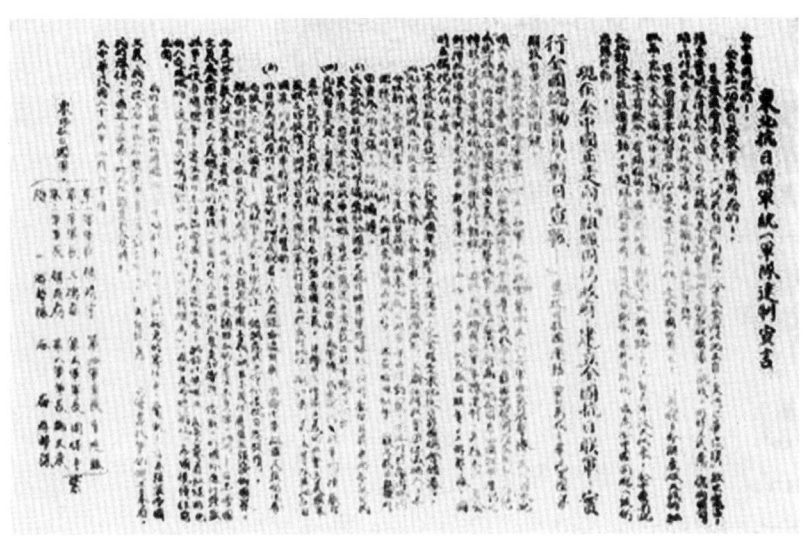

·《东北抗日联军统一军队建制宣言》

以辽宁本溪桓仁为中心的游击区是杨靖宇所部抗联队伍的重要根据地。1936 年 4 月，痛歼伪军邵本良（时任伪满洲国陆军少将）部，1936 年 6 月和 11 月杨靖宇向辽西、热河地区组织两次西征，扩大了抗联的影响。7 月 15 日在本溪、抚顺交界的摩天岭战斗中，一举歼灭今田大尉等日军 140 余人。杨靖宇在《西征胜利歌》中赞道："摩天高岭，一场大战，惊碎敌人胆，盔甲枪弹，胜利无算，齐奏凯歌还！"[①]

① 李剑白：《东北抗日救亡人物传》，中国大百科全书出版社，1991 年版，第 387 页。

胜利总是以鲜血为代价的，一师参谋长李敏焕壮烈牺牲，年仅 23 岁。两次西征宣传了党的抗日主张，打击了日伪的嚣张气焰，成为抗联史上光辉的一页。杨靖宇这个河南籍汉子，曾率领抗联队伍艰苦卓绝地战斗在辽宁这片土地上，成为中国抗战史上的一个闪亮符号。

　　全面抗战开始后，中国共产党广泛建立敌后抗日根据地。其中，凌（源）青（龙）绥（中）根据地位于长城以北，是冀热辽根据地的重要组成部分，根据地在日伪的疯狂扫荡下顽强斗争，为 1945 年八路军队伍挺进东北起到重要铺垫作用。

　　鉴于党的组织和抗日力量不断遭受严重破坏的现实，中共中央确定了针对东北的"隐蔽精干，长期埋伏，积蓄力量，以待时机"的政策，成立了中央东北工作委员会。从 1942 年到 1945 年，秘密派出韩昌和、于宝琪、孙玉明、张绍先、边江、王桢、刘升、张子云、徐有才、张紧、王晋、李秋来、苏东、赵子卿等大批党员干部到沈阳、营口、抚顺、鞍山、盘山和沟帮子等地[1]，开展各种形式的地下斗争。辽宁抗战的火种始终不熄，直到全国抗战取得最后胜利。

中国抗战揭开世界反法西斯战争序幕

　　20 世纪三四十年代进行的世界反法西斯战争是正义与邪恶、光明与黑暗、进步与反动、文明与野蛮之间的一场大决斗。在这场大战中，中国抗战最早开始、最后终结，是贯穿始终的重要组成部分，因

---

[1] 中共辽宁省委党史研究室：《中国共产党辽宁历史简明读本》，辽宁教育出版社，2011 年版，第 44—46 页。

此"中国人民的抗日战争从开始就具有为维护和平正义、拯救人类文明而战的世界性意义"①。

九一八事变是日本推行"大陆政策"的"严重步骤"

日本的"大陆政策"指的是近代日本军国主义对朝鲜半岛与东亚大陆进行侵略扩张的政策，这一政策在日本对外侵略扩张的过程中不断强化。九一八事变就是日本军国主义推行"大陆政策"，企图独占中国、争夺亚洲、称霸世界的一个"严重步骤"②，具有深刻复杂的国际性特征。

早在16世纪，丰臣秀吉统一日本后，就处心积虑要在亚洲建立以日本为中心的大帝国，勾画了攻占朝鲜、进取北京、占领华北等拓土封疆的战略构想，并基于此发动两次早期侵略朝鲜的战争。丰臣秀吉之后，日本军事思想家佐藤信渊发展了"大陆政策"思想，提出"天皇大御国乃大地最初生成之国，世界万国之根本。若能以其根本为经纬，则全世界悉为郡县，万国君长皆为臣仆"③。他在《宇内混同秘策》中提出："出皇国开发他邦，必由吞并中国而肇始——当今世界万国之中，皇国最易攻取之地，莫过于支那国满洲。——故皇国之征服满洲，迟早虽不可知，但其为皇国所有，则属无疑，满洲一得，支那全国之衰微，必由此开始。"④

1853年，美国用炮舰打开了日本国门，日本虽陷入民族危机之中，却被西方工业文明迅速唤醒。1868年起，日本开始了以学习西方

① 中共中央党史研究室第一研究部：《抗日战争新论》，中共党史出版社，2016年版，第10页。
② 刘庭华：《中国抗日战争与第二次世界大战统计》，解放军出版社，2012年版，第14页。
③④ 刘庭华：《中国抗日战争与第二次世界大战统计》，解放军出版社，2012年版，第4页。

为主要内容的明治维新，明治天皇在《天皇御笔》中"大定国是"，即"继承列祖列宗伟业，开拓万里波涛，使国威布于四方"①。

经过明治维新，日本成为后起的资本主义国家。在国力发展的基础上，处在日本军事权力核心圈的山县有朋（1838—1922）不但迅速推进日本军队近代化，还从理论上继续发展"大陆政策"，他把日本本土疆域称为"主权线"，把朝鲜、中国等邻国疆土视为日本的"利益线"②，他坚称在列国争雄的时代，"仅仅防守主权线已不足以维护国家之独立，必须进而包围利益线——朝鲜、中国"③。

1927年4月20日，日本侵华急先锋、政友会总裁田中义一出任首相兼外相。田中义一上台伊始就召开了旨在对中国采取强硬手段的东方会议，东方会议后形成的《对支政策纲领》中露骨地表明："惟欲征服支那，必先征服满、蒙，如欲征服世界，必先征服支那。倘支那完全可被我国征服，其他如小中亚细亚及印度、南洋等异服之民族，必畏我敬我而降于我。使世界知东亚为我国之东亚，永不敢向我侵犯，此乃明治大帝之遗策，是亦我日本帝国之存立上必要之事也。"④会议确立的指导思想得到了天皇首肯，于是"先攫取满蒙，再占领整个中国，进而称霸亚洲和世界的总构想，成为20世纪三四十年代日本对外发动侵略战争的总纲领"⑤。

循着"大陆政策"的粗略轨迹可知，九一八事变实质是日本企图称霸世界的一个步骤，是日本推行"大陆政策"的一个重大节点。"日

① 《中国抗日战争史》编写组：《中国抗日战争史》，人民出版社，2011年版，第20页。
②③ 刘庭华：《中国抗日战争与第二次世界大战统计》，解放军出版社，2012年版，第5页。
④ 王芸生：《六十年来中国与日本》（第八卷），生活·读书·新知三联书店，2005年版，第373页。
⑤ 《中国抗日战争史》编写组：《中国抗日战争史》，人民出版社，2011年版，第32页。

本的这一行动，既是侵略中国的局部战争的开始，又是世界法西斯侵略战争的第一把战火。"①《文汇报》撰文称："'九一八'是历史上划时代的一天，它不仅觉醒了沉醉的中国人，同时也把全世界和平的幻梦击碎了！"②

亚洲战争策源地的形成

第一次世界大战后，国际秩序在凡尔赛—华盛顿体系下出现短暂和平，为20世纪20年代经济发展创造了相对稳定的环境。然而，德、日、意三国在国力恢复的同时，法西斯势力也得以抬头。1919年，大川周明在日本建立了第一个法西斯组织"犹存社"，其后日本法西斯势力不断强化。1922年，墨索里尼出任意大利总理，标志法西斯统治在意大利确立。1933年，狂热的法西斯分子希特勒当上德国总理，德国转向法西斯战争轨道。

1929年，席卷资本主义世界的经济危机爆发。危机使资本主义世界工业总产值下降近二分之一，工业生产倒退20—30年，失业人口达4000万—4500万。经济危机引发政治危机，西方大国忙于应对危机而无暇他顾，崛起中的法西斯势力则加紧扩军备战，企图通过战争手段改变凡尔赛—华盛顿体系下的国际关系格局，建立由他们主宰的世界新秩序。

1930年，本庄繁这个出生于1876年，被日本军界称为"厚道老头儿"③的陆军中将指出："只有抓住时机，迅速占领东北，进而征服

① 《中国抗日战争史》编写组：《中国抗日战争史》，人民出版社，2011年版，第32页。
② 《永不忘的一天》，《文汇报》，1938年9月18日。
③ 荆绍福：《沈阳北大营》，沈阳出版社，2020年版，第214页。

支那全土，以及全亚，才能进而征服全欧及非洲，掌握东半球大地以与美平分世界。"1931 年，关东军高级参谋板垣征四郎在《关于满蒙问题》的报告中提出，帝国国土狭小，资源匮乏，解决满蒙问题，使之成为日本领土乃当务之急。"满铁"副总裁松冈洋右在《动荡的满蒙》中强调"满蒙是日本的生命线""要牢固地确保和死守这条生命线，而不必害怕任何国家和任何人"[1]。跃跃欲试的关东军最终得出了综合判断："即使出兵满洲，苏联也不会出兵，国联也好，列强也好，都没有干涉满洲事态的实力。"[2]

可见，九一八事变既是中日矛盾演变的产物，也是世界性经济危机的产物，更是日本"藐视和破坏国际协定和条约所奠定的'集体安全'体系"[3]，并在远东向美、英公开挑战以争夺亚洲乃至太平洋霸权的重大行动。九一八事变使得借以限制日本在远东扩张的华盛顿体系崩溃了，亚洲战争策源地在世界的东方形成，日本"开辟了世界性侵略的新时代"[4]。

伴随日本在中国侵略的不断扩大，1935 年，意大利入侵埃塞俄比亚，非洲战事拉开帷幕。1936 年，德、意法西斯联合干涉西班牙内战，欧洲开始战火纷飞。1936 年 11 月，德、日缔结《关于反共产国际的协定》，1937 年 9 月意大利加入该协定，三个国家正式结成法西斯轴心集团，目的是以"广泛的紧密合作"来瓜分全球、称霸世界。由此，局部战争升级的危险性持续加剧。1937 年，日本发动七七事

① [美] 唐德刚、[美] 王书君：《东北王传奇——张学良口述实录》，中国文艺出版社，2002 年版，第 434—435 页。
② 孙邦：《"九一八"事变》，吉林人民出版社，1993 年版，第 143 页。
③ 洪岚：《南京国民政府的国联外交》，中国社会科学出版社，2010 年版，第 82 页。
④ 周恩来：《第十一年的"九一八"》，《新华日报》，1942 年 9 月 18 日。

变，开始了全面侵华战争。1938 年，德国吞并奥地利，1939 年 3 月，控制了捷克斯洛伐克，9 月，突袭波兰，英、法对德宣战，第二次世界大战全面爆发，凡尔赛体系也在战争冲击下走向瓦解。1941 年 6 月，德国出动 190 多个师的兵力以狂风暴雨之势闪击苏联，实施"巴巴罗莎计划"，苏德战争爆发，全世界再次震惊。1941 年 12 月 8 日，日本偷袭珍珠港，太平洋战争爆发，美国终于被卷入战争。至此，日本于 1931 年点燃的战火终于演变为空前规模的世界大战。时人评论九一八事变是"历史巨变的燎原星火"[1]"世界大战之祸根"[2]。

历史的脉络往往是在回望的时候才更加清晰，有识之士会得出比较相似的结论。在美国史家的全球史观中，日本法西斯制造的"东北事件引起了一连串的侵略"[3]，日本学者也认为九一八事变是对第一次世界大战后之和平时代的巨大冲击，苏联检察官克伦斯基 1948 年在远东军事法庭上说："如果我们可以指出一定的日期作为第二次世界大战的这段血腥时期的开端的话，1931 年 9 月 18 日恐怕是最有根据的。"[4]

中国抗战揭开世界反法西斯战争序幕

第二次世界大战是从局部蔓延到全球的过程，世界反法西斯战争也经历了从局部发展到全面的过程，中国抗战从一开始就进入了世界反法西斯战争体系，并成为东方主战场。中国抗战发生在法西斯逆流成为世界和平的最大威胁、人类文明面临严重挑战的时刻，因此

---

① 《九一八的教训》，《大公报》，1940 年 9 月 18 日。

② 允恭：《牢记着九一八》，《东方论坛》，1934 年第 31 卷第 18 号。

③ [美] 斯塔夫里阿诺斯著、吴象婴等译：《全球通史：从史前史到 21 世纪》(下)，北京大学出版社，2006 年版，第 704 页。

④ [日] 日本历史学研究会编、金锋等译：《太平洋战争史》(第四卷)，商务印书馆，1962 年版，第 150 页。

当"辽阔的白山黑水成为抗日武装直接对日作战的第一个战场"的时候，中国人民就已经同时肩负起捍卫世界和平、拯救人类文明的艰巨使命。美国总统罗斯福曾经说："中国人民在这次战争中是首先站起来同侵略者战斗的。"①

从中国战场看，1931年，局部抗战开始，1937年，全面抗战开始。从世界范围看，1935年，非洲埃塞俄比亚开始反法西斯战争，1936年，欧洲西班牙开始进行反法西斯战争。1939年后，波兰、英国、法国等国家陆续开始了反法西斯战争进程，1941年后，苏联、美国被卷入反法西斯战争阵营。

法西斯战祸不断扩大，世界人民越来越意识到反法西斯战争不是哪一个国家单打独斗可以完成的，世界各国的反法西斯联合不断走向纵深。1942年1月1日，以美、英、苏、中为首的26个国家发表了《联合国家宣言》，这标志着世界反法西斯统一战线正式建立，也"标

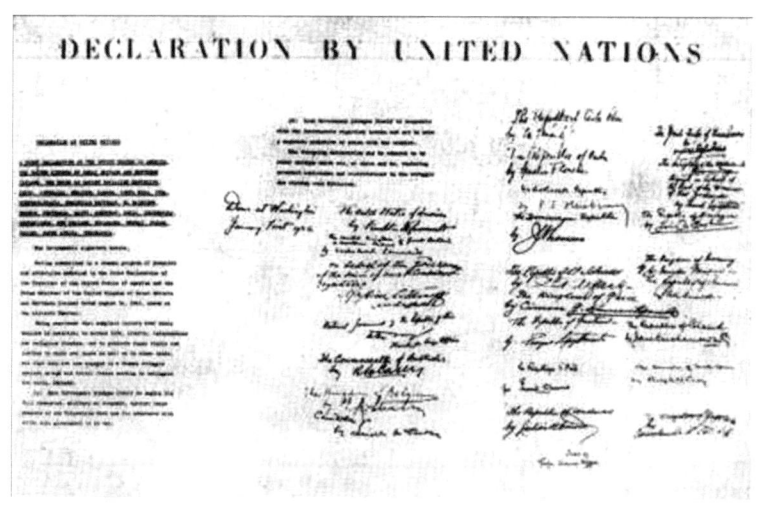

· 1942年1月1日签署的《联合国家宣言》

---

① ［美］伯恩斯著、马继森译：《罗斯福传》，商务印书馆，1982年版，第361页。

志着世界格局完成了向有利于反法西斯国家的转变"①。由于正义力量日益携手共进，于是曙光再现。1942 年 9 月 18 日，周恩来在《新华日报》发文指出："十一年的漫漫长夜，经过东北人民的流血牺牲，经过全中国人民的流血牺牲，经过全世界人民的流血牺牲，方才打出了全世界反法西斯斗争的一个确定的胜利前途。"②

世界反法西斯力量结成了命运共同体后，各大战场相继迎来了战争的转折，1942 年非洲战场的阿拉曼战役和太平洋战场的中途岛海战，1943 年苏德战场的斯大林格勒保卫战，1944 年盟军开辟欧洲第二战场的诺曼底登陆战，反法西斯战场上捷报频传，直到 1945 年日本投降，世界反法西斯战争取得全面胜利。其间，苏联、美国的反法西斯战争进行了 4 年，英国进行了 6 年，中国则坚持了 14 年。"中国战场共毙伤俘日军 155 万余人，占日军在第二次世界大战中军队伤亡总数的 75% 以上，日本战败后，向中国投降 128.3 万余人，占日军海外投降总兵力的 50% 以上。"③1936 年 12 月，毛泽东总结中国革命经验时指出："人类的大多数和中国人的大多数所举行的战争，毫无疑义地是正义的战争，是拯救人类拯救中国的至高无上的荣誉的事业，是把全世界历史转到新时代的桥梁。"④

中国抗战作为世界反法西斯战争的重要组成部分，是从辽宁到东北，从东北到全中国，从中国到世界，空间上不断扩大，时间上未曾断裂。中国抗战和世界反法西斯战争是站在同一起跑线和同一

① 胡德坤等：《中国抗战与世界历史进程》，社会科学文献出版社，2015 年版，第 327 页。
② 周恩来：《第十一年的"九一八"，《新华日报》，1942 年 9 月 18 日。
③ 刘庭华：《中国抗日战争与第二次世界大战统计》，解放军出版社，2012 年，第 76 页。
④《中国革命战争的战略问题》（1936 年 12 月），《毛泽东选集》第一卷，人民出版社，1991 年版，第 174 页。

落脚点的。

立足世界反法西斯战争的宏大视角，我们可以更深刻地理解习近平总书记关于世界反法西斯战争序幕的历史内涵。辽宁作为中国抗战的起始地，毫无异议为世界反法西斯战争的揭幕作出了重大贡献。1931 年 9 月 18 日深夜，北大营东北军爱国官兵打响的抗战枪声和 9 月 19 日中共满洲省委发表的第一篇抗战宣言以及最早兴起于辽宁的抗日义勇军都应该置于更广阔的国际反法西斯背景下去审视。事实表明，从实施武装反抗到扛起精神旗帜，中国都站在了世界反法西斯战争的最前沿。最早兴起于辽宁大地的中国抗战从一开始就代表了国际反法西斯战争的方向，继而又与各国反法西斯战争形成密不可分的整体，为世界和平、为人类文明和社会进步都作出了不可磨灭的贡献。

英雄土地
红色辽宁

解放战争
转折地

1948 年 11 月 2 日，东北全境解放。辽沈战役胜利后，解放军的总兵力增加到 310 万人，国民党军队的总兵力下降到 290 万人，中国人民革命的军事形势达到一个新的转折点。辽宁在解放战争中光辉灿烂的一页，已载入《中国共产党一百年大事记》。

· 位于锦州市的辽沈战役纪念馆

走进辽沈战役纪念馆展厅，一组名为"决战决胜"的浮雕撼人心魄。浮雕上战士们目光坚定、高举旗帜，冒着枪林弹雨向敌人据守的城垣发起冲锋。浴血奋战的场面，记录着那场事关中国前途命运的伟大战役。

战争的硝烟已散去，但那段风云激荡的烽火岁月、气壮山河的英雄史诗，深深镌刻在党史、军史中，永远为人民所铭记。正如习近平总书记所强调的："我们从八一南昌起义到井冈山斗争，从艰苦卓绝的长征、抗日战争，再到解放战争、抗美援朝，是革命烈士的鲜血铸就了革命成功，我们一定要牢记新中国来之不易。"[①]

回望历史，人民军队历经硝烟战火，一路披荆斩棘，付出巨大牺牲，取得一个又一个伟大胜利。在中国共产党的领导下，人民军队用三年多时间解放东北，辽宁是辽沈战役的主战场，在解放战争中具有特殊地位。辽沈战役的胜利，使东北成为巩固的战略后方，为此后进行的淮海战役、平津战役、渡江战役和全国的解放创造了有利条件。

东北有多重要？ 1945 年 6 月，在中共七大上，毛泽东指出："如果我们把现有的一切根据地都丢了，只要我们有了东北，那末中国革命就有了巩固的基础。"[②]1948 年秋，解放战争进入夺取全国胜利的战略决战阶段。为了夺取解放战争的最后胜利，中共中央、中央军委审时度势，把握战机，指挥东北野战军同国民党军在辽宁西部和沈阳等地区进行了一次关键性的战略决战——辽沈战役。

"战争的伟力之最深厚的根源，存在于民众之中。"东北解放战争是一场人民战争，战争的胜负取决于民心的向背。

"锦州那个地方出苹果，辽西战役的时候，正是秋天，老百姓家里很多苹果，我们战士一个都不去拿。我看了那个消息很感动。在这个问题上，战士们自觉地认为：不吃是很高尚的，而吃了是很卑鄙的，因为这是人民的苹果。"[③]毛泽东所提到的"不吃老百姓苹果"的

① 习近平参观四平战役纪念馆：守住中国共产党创立的社会主义伟大事业，世世代代传承下去，新华社，2020 年 7 月 23 日。
②《毛泽东文集》第三卷，人民出版社，1996 年版，第 426 页。
③《毛泽东文集》第七卷，人民出版社，1999 年版，第 162 页。

事迹，就是在辽沈战役中发生的。"不吃老百姓一个苹果"的故事教育了几代人，党的作风正，人民的心气顺。

"当时，我党在东北进行剿匪、推动土地改革、建立根据地，使广大人民群众拥有稳定的生活环境和看得见的物质利益，当家作主，安居乐业。"辽宁省委党史研究室研究三部部长王锐说，广大人民群众倍加珍惜来之不易的幸福，激发出潜藏许久的革命热情，喊出了"一切为了战争，一切为了前线胜利"的口号，在人力和物力上全力支援人民解放军，积极参军参战。

从 1947 年 11 月至 1948 年 1 月，辽宁地区先后三次扩兵，形成了父送子、妻送夫的参军热潮。辽沈战役开始前，辽宁地区共组建了 61 个独立团，计 17.5 万余人，是全东北参军人数最多的地区。正如习近平总书记在庆祝中国人民解放军建军 90 周年大会上发表的重要讲话所指出的那样，有了民心所向、民意所归、民力所聚，人民军队就能无往而不胜、无敌于天下。人民军队必须牢记全心全意为人民服务的根本宗旨，任何时候任何情况下都做人民子弟兵。

随着解放军的不断发展壮大，1948 年秋，东北战场上敌我力量对比发生了根本性变化。当时，东北野战军主力 70 万人，而国民党军方面 55 万人被分割孤立在沈阳、锦州、长春等地区。这说明，解放军在兵力上已经具备进行战略决战的有利条件。

在东北战场，解放军人数已超过国民党军，解放战争拖不得。在这种情况下，党中央决定，将决战地放在辽沈大地进行，打一场前所未有的大歼灭战。1948 年 9 月 7 日，毛泽东起草了中央军委《关于辽沈战役的作战方针》的电报。历史证明，党中央作出了一个极其重要的正确决策。

　　决战地首先选在哪里，将是达成战略意图的关键。毛泽东和中央军委决定先打锦州、控制北宁线，关上东北大门，封闭国民党军向华北的退路。1948 年 9 月 12 日，辽沈战役打响。国民党军组成"东进兵团"和"西进兵团"，企图东西对进，增援锦州，东北野战军对敌人的援军进行了顽强阻击。

　　东北野战军于 1948 年 10 月 14 日对锦州发起总攻，经过 31 个小时激战，全歼锦州国民党守军近 9 万人。攻克锦州促使长春一部分守敌起义，其余投降，10 月 19 日，长春宣告和平解放。东北野战军主力部队随即从锦州挥师东进，于 10 月 26 日至 28 日在辽西黑山、大虎山一带围歼国民党"西进兵团"10 万余人。辽西会战后，东北野战军乘胜追击，11 月 2 日解放沈阳、营口。至此，东北全境解放，历时 52 天，歼敌 47.2 万人的辽沈战役胜利结束。

　　辽沈战役胜利后，中国的军事形势进入一个新的转折，即战争双方力量对比已经发生根本的变化。辽沈战役结束后的第五天，毛泽东为新华社撰写的评论《中国军事形势的重大变化》指出："这是中国革命的成功和中国和平的实现已经迫近的标志。"①

　　辽宁全境解放后，党在辽宁地区开始了接管和建设城市的伟大实践，尤其是成功接管东北最大的工业城市——沈阳，为全国新解放城市的接管与改造提供了有益经验。

　　辽宁人民迅速恢复社会秩序发展经济，开始进行生产建设，掀起了空前的支前高潮，为加快全国解放作出了重要贡献。以大连建新公司为例，它是共产党在东北组建的第一个大型军工联合企业，建新公

---

① 《毛泽东选集》第四卷，人民出版社，1991 年版，第 136 页。

司仅 1949 年就生产炮弹 54 万发、子弹 3000 余万发、火药 300 吨等军用物资，全部运往关内战场。

以史为鉴，开创未来。习近平总书记强调，要让 14 亿人民、9000多万名共产党员特别是各级领导干部很好地学习中国共产党党史、新中国史。创业难，守业更难，我们一定要守住中国共产党创立的社会主义伟大事业，世世代代传承下去。而 70 多年前那场伟大战役所记载的老一辈无产阶级革命家的丰功伟绩，及其所展现的中华英雄儿女矢志不渝的共产主义信念、不畏牺牲的英雄气概和严守纪律的优秀品格，将永远激励我们为实现中华民族伟大复兴的中国梦而不懈奋斗。

东北解放战争的大幕在辽沈大地正式拉开

抗日战争胜利后，东北地区一度成为"政治真空地带"，争夺东北成为中国共产党的首要战略目标。根据党中央的部署安排，冀热辽

·位于沈阳市的
东北解放纪念碑

军区十六军分区于 1945 年 9 月 5 日进入沈阳，并将东北情况向党中央作了详细汇报，为党中央决策东北问题提供了重要参考依据。从抗战胜利后变化了的形势出发，中共中央决定成立东北局（全称为"中国共产党东北中央局"，习惯上称为"东北局"），作为党中央的派出机关全权领导东北地区的革命斗争。

中共中央东北局在沈阳成立

中共中央对开展东北地区的工作极为关注。早在 1945 年 4 月，中国共产党第七次全国代表大会上，即提出了争取东北的战略任务。会上指出，如果取得了东北，中国革命就有了巩固的基础。国际形势的发展，为共产党实现中共七大任务，提供了良好时机。冀热辽军区所属部队，配合苏联红军，击破长城内外日伪军多次抵抗，攻占山海关、锦州、承德等地，率先进入东北，与在长期抗日斗争中保存下来的共产党领导的东北抗日联军一起，配合苏军解放了东北。曾克林、唐凯率领的冀热辽军区十六军分区一部于 1945 年 9 月 5 日进入沈阳，受到沿途群众的夹道欢迎。

进入辽宁境内后，冀热辽前方工作委员会认为有必要将进军东北以来的情况速报中央，但因我军电台功率小，联系不上，决定请苏军派飞机从沈阳送曾克林赴延安汇报。9 月 14 日，由长春苏军总部派其代表同曾克林乘机赴延安。他们还受冯仲云委托，向中共中央汇报了中共东北委员会和抗联接收东北等情况。曾克林向刘少奇、朱德、任弼时、彭真、陈云等汇报了冀热辽部队出关情况，这为党中央决策东北问题提供了重要参考依据。刘少奇得知情况后，指出，目前我党在东北的任务，就是要迅速地、坚决地争取东北，在东北发展我党的力量。随后，党中央改变了原定的南进方针，作出"向北发展，向南防御"的战略决策。为此，党中央决定：原来南下的部队、干部返回，转赴东北，向东北派遣十万大军和几万干部。同时决定建立中共中央东北局，由彭真、陈云、程子华、伍修权、林枫、叶季壮为委员，以彭真为书记，作为党中央的派出机关全权领导东北地区的革命斗争。

· 1945 年 9 月 19 日，东北局第一次扩大会议在这里（今张学良旧居）举行

1945 年 9 月 19 日，彭真主持的东北局第一次扩大会议在沈阳举行，东北解放战争的大幕正式拉开。这次会议参加人员有陈云、叶季壮、伍修权、李运昌、朱其文、曾克林、唐凯、段子俊、刘达、段苏权等 20 余人。会上，彭真、陈云传达了中共中央力争东北的决心，初步确定东北局的工作任务是：力争控制全东北，组织部队接管城市，控制交通线，接应中共中央从各路派往东北的大批部队和干部，准备

抗击国民党武装抢占东北。会议确定了当前的五大任务：第一，立即收缴敌伪武器及资财，严厉镇压汉奸、敌特，加紧剿匪，迅速安定社会秩序，恢复生产。第二，摧毁伪政权，建立各级民主政府。第三，发动群众，扩大人民武装准备同国民党军打仗。第四，在农村组织群众开展反奸反霸、减租减息斗争。第五，在广大城乡大力宣传中共中央的方针政策，肃清国民党的影响。这次会议和根据这次会议所开展的工作，为后来建立巩固的东北根据地创造了条件。

东北局第一次扩大会议后，从当时各方面的实际情况出发，东北局把工作重点和主要力量摆在南满壮大力量，大量吸收工人参军，迅速发展扩大部队，贯彻"控制东北"的各项工作紧锣密鼓地展开。党中央从关内各地派来东北的干部陆续分配到各地区去，建立地方党政组织，积极开展群众工作。

1945年9月20日晚至23日清晨，彭真和陈云用了两个昼夜的时间，听取了中共东北委员会书记、苏联红军驻长春城防副司令周保中和苏联红军驻沈阳城防副司令冯仲云的汇报。周保中等汇报了东北抗联14年的斗争和随苏军进驻东北57座城市的情况。彭真和陈云对东北抗联坚持抗战的业绩给予很高的评价，并且向他们传达了中共中央关于控制东北的指示精神。随后，周保中根据中共中央"东北局全权代表中央指导东北一切党的组织及党员的活动，东北一切党的组织和党员必须接受其领导"的指示，将东北委员会的组织工作材料及档案资料移交给了东北局。①

当时，东北处在苏联军事管制下。东北问题涉及美苏、美蒋、苏

---

① 《彭真年谱》编写组：《彭真年谱（1902—1948）》第一卷，中央文献出版社，2012年版，第301页。

蒋关系，苏我关系，国共关系等，矛盾重重，形势错综复杂，变化急剧。据此，彭真和陈云等还分头与同驻沈阳的苏联红军主要负责人接洽，初步了解了苏军对中共控制东北的态度。当时东北局面临的最紧迫任务，是迅速组织和接引山东部队和干部进入东北。为了部队顺利渡海进军东北，东北局及时与驻防大连地区的苏军将领进行了有效沟通，得到了他们的谅解和帮助。由于组织得当，工作细密，顺利地接引了山东及关内一批批部队和干部从辽东和辽西进入东北。到11月底，2万余名干部、11万余部队进入东北，为东北革命根据地的建立奠定了重要的基础。

《东北日报》在沈阳创刊

1945年11月1日，东北局的机关报——《东北日报》在沈阳创刊。东北局非常重视《东北日报》的办刊，书记彭真直接领导报社，宣传部秘书长李常青兼任《东北日报》首任社长。创刊初期的《东北日报》，办报条件极为艰苦，环境十分恶劣。依照苏联与国民党政府的协议，报纸不能在沈阳公开出版，报社地址只好对外保密，印在报头的社址假称在"山海关"，更不能悬挂报社的牌子，以避

·《东北日报》在沈阳创刊

免苏军干涉和敌、伪、顽反动势力的捣乱和破坏。

1945 年 11 月 23 日，由于战局关系和应苏军的要求，《东北日报》和东北局领导机关一道撤出沈阳，向本溪方向转移。到达本溪后，报纸于 12 月 5 日复刊，在本溪办到 1946 年 2 月 2 日，共出了 40 期日报和 8 期号外。这个时期的稿件，在地方新闻里主要报道本溪、抚顺、安东等地发动厂矿工人反奸、反霸、反特、反专制等群众运动的情况。

为了驳斥国民党的无耻谰言和揭露国民党阴谋独霸东北的行径，《东北日报》在报道反奸、反霸和地方政权建设消息的同时，从 1946 年 2 月下旬起在一个月时间里，集中发表了一批有关东北抗日联军历史的文章，进行了针锋相对的斗争。《东北日报》在 8 年零 10 个月的时间里，作为东北局的机关报向沦陷 14 年的东北人民进行爱国主义和人民当家作主教育，介绍中国共产党的光荣历史，揭露美蒋的反革命丑陋面目，宣传解放军节节胜利的大好形势，进行土地改革，对指导东北解放区、新中国成立初期东北地区的生产和经济建设，以及支援全国解放战争、抗美援朝战争，都起了极为重要的作用。

确立东北解放的正确方针

解放战争初期，由于国共争夺、美苏角力，局势复杂多变，党在东北的战略方针也不断变化。但始终不变的总方针是"控制东北"，大体上经历了"控制热、察及冀东，阻止蒋军进入满洲"的"独占东北"阶段、"主力部署在背靠苏、蒙、朝鲜边境开展持久斗争"的"分散发展"阶段、重新确立"独占东北"阶段，最后在党中央的领导下，确定"到距离国民党占领中心较远的城市和广大农村建立根据地"的正确方针。

·进入沈阳的部队

　　1945 年 8 月 30 日，冀热辽军区十六军分区司令员曾克林率部在苏军的支持下，占领了通往东北的门户山海关，并控制了所有的交通工具及各种物资仓库，取得了山海关战役的胜利。随后收复了锦西、锦州、朝阳、北票、阜新、彰武、锦县、黑山、新民等地，然后乘车向沈阳疾进，并于 9 月 5 日进入沈阳，完成了抢占东北的重要一步。与此同时，穿着苏军服装的东北抗日联军教导旅，有一部分担当向导随苏军率先挺进辽宁。根据《雅尔塔协定》，旅大地区为苏联红军驻扎地。这里也由中共地方党组织领导，建立了人民政府。

　　由于国民党军队有美军的强力支持，具有强大的海空优势，"阻止蒋军进入东北"并非易事。9 月 28 日，中共中央军委致电东北局，明确提出了共产党军队东北部署的重心是"建立持久斗争的基点"，实际上已经放弃了"独占东北"的方针。10 月 2 日，刘少奇就东北战略方针与部署问题，为中共中央连续起草两封致东北局电，明确此时东北军事部署是"分兵各地"。然而，随着时局的变化和毛泽东由重庆回到延安，中共中央对东北的战略方针再次发生了改变，重新回到了"独占东北"的方针，这与重庆谈判的结果和重庆谈判后党中央确立的"以斗争之手段达到团结之目的"这一总方针紧密相关。10 月 13日，蒋介石发布进攻解放区的"密令"。面对国民党军咄咄逼人的攻势，中共中央做出了坚决阻止蒋军登陆的决定。10 月 19 日，毛泽东在修改中共中央关于目前东北发展方针给东北局的指示稿中，加写了这样一段话："我党方针是集中主力于锦州、营口、沈阳之线，次要力量于庄河、安东之线，坚决拒止蒋军登陆及歼灭其一切可能的进攻，首先保卫辽宁、安东，然后掌握全东北，改变过去分散的方针。"①

中共中央重新确定"掌握全东北，改变过去分散的方针"之后，东北局在沈阳召开干部会议，开始全力备战，力争拒蒋军于东北大门之外。然而，中共中央和东北局此时对局势的判断显然过于乐观，因为苏军态度很快就发生了改变。国民党军队于 1945 年 11 月 16 日占领了山海关，接着就沿北宁路做"平压式"推进，连占绥中、兴城、锦西等地。美蒋又利用《中苏友好同盟条约》发起外交攻势，迫使苏军遵守承诺，不能公开支持中共军队，使共产党军队在东北处于非常不利的地位，"拒蒋军于东北大门之外"已不可能。11 月 26 日，国民党军队占领锦州，东北局势更加危急。

就东北局内部而言，陈云、高岗、张闻天较早提出放弃占领大城市而主张建立"广大的巩固根据地"。在详细分析了一个多月来东北与延安往来电报并经过深入的思考，毛泽东于 12 月 28 日为中共中央起草了致东北局的指示电，明确提出："我党现时在东北的任务，是建立根据地，是在东满、北满、西满建立巩固的军事政治的根据

---

① 《毛泽东军事文集》第三卷，人民出版社，1993 年版，第 64 页。

地。"①"建立巩固根据地的地区，是距离国民党占领中心较远的城市和广大乡村。"②"我党在东北的工作重心是群众工作……群众工作的内容，是发动人民进行清算汉奸的斗争，是减租和增加工资运动，是生产运动。……我党必须给东北人民以看得见的物质利益，群众才会拥护我们，反对国民党的进攻。"③毛泽东的指示电及时确定了党在东北工作的正确战略方针，从而统一了东北局领导层的认识，为建立巩固的东北根据地指明了方向。

抗战胜利后，从 1945 年 10 月至 1946 年 5 月，国民党反动派在美帝国主义支持下，先后集中了 7 个军 30 余万主力部队投入东北战场。为了阻止国民党军队进入东北，共产党主力部队主要分散在以沈阳、安东、锦州为中心的几个地区。1945 年 11 月起，东北人民自治军（1946 年 1 月改称"东北民主联军"）坚决阻止敌人侵犯，进行了保卫锦州地区的作战。同年 12 月 28 日，根据变化了的东北形势，中共中央发出《建立巩固的东北根据地》的指示。根据新的战略方针，共产党军队改变战略部署，开始由辽宁向吉林、黑龙江和内蒙古东部地区分兵，准备建立根据地的工作。东北人民自治军各部与各地人民政府密切配合，发动群众，收缴敌伪武器，肃清土匪，镇压汉奸、敌特分子的破坏活动，安定社会秩序，发展生产，到 1945 年末，各地工作初见成效，社会秩序明显好转。

---

① 《毛泽东选集》第四卷，人民出版社，1991 年版，第 1179 页。
②③ 《毛泽东选集》第四卷，人民出版社，1991 年版，第 1180 页。

解放战争中辽宁地区的经典之战

各根据地部队进入东北后，在中共中央与东北局发展扩大部队方针的指引下，在短时期内得到迅速扩充。从 1945 年 8 月中旬到 10 月中旬，进入辽阳、鞍山、本溪、抚顺的曾克林部，即由 2500 人扩大到 6 万余人。在东北根据地创建之初，东北人民自治军在辽宁地区发动了多个重要战役战斗，给国民党反动派以沉重打击，奠定了辽沈决战的基础，并为党领导的人民军队最终战胜国民党军队提供了宝贵经验。

秀水河子歼灭战

1946 年 2 月上旬，东北国民党军集中 4 个美械装备师，分三路沿北宁铁路沟帮子至新民段向两侧地区发动进攻，企图驱逐东北民主联军部队，维护铁路运输，为其后续部队开进东北和进占沈阳创造条件。国民党军南路新编第六军新编第二十二师和第十四师、中路第五十二军第二师、北路第十三军第八十九师，分别向辽中、新民以东和法库方向攻击前进。东北民主联军司令部决心集中兵力，寻机歼灭北路国民党军一部。2 月 9 日，国民党军第八十九师第二六七团占领广裕泉、鹜欢池；第二六五团第一营进入法库县城西南秀水河子村。11 日，该师第二六六团及师属山炮连、运输连也进入秀水河子。东北民主联军总部决定乘该部远离主力、突出孤立之机，集中兵力将其歼灭。

· 秀水河子歼灭战祝捷大会

　　秀水河子是一个有 500 余户的村镇，该镇东南地势平坦，西北地形起伏，北山和西山是该镇的制高点。13 日黄昏，东北民主联军第三师第七旅、第一师及保安第一旅第一团等部共 7 个团的优势兵力，对国民党军突然实施包围。利用夜暗，东北民主联军迅速夺占了北山等外围阵地，随即进行总攻。为迷惑国民党军，主攻方向的第七旅第十九团晚于助攻方向部队 20 分钟发起攻击，致使守军判断失误，来不及调整部署。深夜，各部队相继攻入村内，与守军展开激烈巷战，战至 14 日晨全歼守军。与此同时，担任阻援的第二十团和保安第一团于秀水河子以南小荒地，将援军第五十二军第二师第六团击溃，歼其一部，保障了攻击部队的作战。

　　秀水河子战斗，是东北民主联军实施的第一个歼灭战，打击了国民党军的嚣张气焰，锻炼了部队，鼓舞了士气，共毙伤俘国民党军 1600 余人，缴获各种炮 30 余门、轻重机枪 100 余挺、步枪 800 余支、汽车 20 余辆。

鞍海战役

1946年5月19日东北国民党军夺占四平后，以主力继续向长春、永吉等地进攻，北线形势十分紧张。当时，国民党军第一八四师守备鞍山、海城、大石桥和营口一线，兵力分散，防守薄弱，利于攻坚。东北民主联军总部为牵制国民党军兵力，迟滞其向北满的进攻，决心以辽东军区部队攻击鞍山、海城，并相机歼敌一部。据此，辽东军区司令员程世才、政治委员萧华指挥第四纵队第十、第十一师和纵队炮兵团及辽南保安第一、第二团，于24日扫清了鞍山外围国民党守军各据点，25日拂晓向市区发起攻击，全歼守军第六十军第一八四师第五五一团。接着，除留第十一师驻守鞍山外，其余各部队于27日逼近海城，29日从东城突破，同时开展政治攻势。30日晨，守军第一八四师师长潘朔端率部起义。随后，第四纵队第十师第三十团、纵队炮兵团和保安第二团进逼大石桥，守军第一八四师第五五〇团弃城向营口方向撤逃，6月2日被全部追歼于大甸子、石灰窑地区。国民

·潘朔端率部在海城起义

党军被迫急从进攻北满的部队中抽调 4 个师南援。鉴于战役目的已达成，辽东军区部队于 4 日撤出战斗。是役，辽东军区部队共毙伤俘国民党军 3300 余人，争取其 2700 余人起义，在东北战场首创了以军事打击与政治攻势相结合歼国民党军 1 个师的战例。5 月 29 日，中共中央和毛泽东来电表扬"鞍山战斗打得好"。

鞍海战役中，国民党滇系第一八四师少将师长潘朔端率师部直属队和第五五二团大部在辽宁海城举行了战场起义，这是国民党军在东北战场上战术兵团起义的开端。海城起义的端倪，是潘朔端等将领经历了国民党内部派系之间的排挤、倾轧，目睹了国共两党在政策主张、民心所向等方面的反差之后，由战场形势剧变骤然引发的。这次起义不仅振奋了滇军官兵的冲天豪气，更为东北战场的最终胜利埋下伏笔，预示了人民解放战争的最终胜利。这次起义是解放战争以来，国民党军队首次师级起义，就如同多米诺骨牌般地宣告了国民党的溃败。辽南一线被东北民主联军攻破，国民党不得不安排大量部队南下防守，而与长春以北的部队拉开了非常长的战线首尾无法相顾，为我军日后反攻各个击破创造了机会。海城起义得到了中共中央、中央军委的高度评价。6 月 6 日，朱德总司令从延安给潘朔端和起义部队发电贺勉，称赞此举"揭和平之义旗，张滇军之荣誉"①，邓小平、刘伯承的贺电说"这一光荣起义，给好战分子一当头棒喝"。

本溪保卫战

本溪是东北的主要工业基地，以盛产煤铁而著称，是沈阳东南的

---

① 中共中央文献研究室：《朱德年谱（新编本）》（中），中央文献出版社，2006 年版，第 1230 页。

门户，更是兵家必争之地。从平原区域进入本溪，歪头山、响山、阿家岭迎面横亘，挡住了平原的延伸，本溪市建在山谷之中，有太子河横穿市区，将老城区和新城区分开，平顶山雄踞其间，向东延伸进入群山连绵的长白山余脉，地势更加险要。1946 年春，国民党军在大举进攻四平的同时，又连续向本溪发起进攻。4 月初，国民党军集中 3 个师的兵力向本溪猛攻，辽东军区第三纵队奋起反击。激战两日，给予敌人重大杀伤，粉碎了敌人对本溪的第一次进攻。

4 月 7 日，国民党军又集中 3 个师多的兵力再次进攻本溪，根据中共中央和毛泽东主席关于"本溪方面，亦望能集中兵力，歼灭进攻之敌一个师"[①] 的指示，第三纵队的第七、九两个旅，向国民党军第五十二军军长赵公武指挥的第二十五师及第六十军第一八二师一部，发起坚决反击。在姚千户屯以北地区，歼灭 1800 余人，击伤国民党军第五十二军副军长郑明新、第二十五师师长刘世愚，军长赵公武仓

· 本溪保卫战

①《毛泽东军事文集》第三卷，军事科学出版社、中央文献出版社，1993 年版，第 159 页。

皇脱逃。国民党第十四师为解救第二十五师，疾速北转，企图向姚千户屯进攻，迂回第三纵队侧后，第四纵队副司令员韩先楚率第十旅赶至姚千户屯，并统一指挥第三纵队第八旅主力，在英守屯地区于运动中歼灭国民党军有生力量。经4昼夜战斗，共歼国民党军4000余人，粉碎了国民党军对本溪的第二次进攻。这次胜利震撼了东北国民党军将领，挫伤了国民党军的士气，增强了东北民主联军的胜利信心。中共中央和中央军委为这一胜利来电祝贺。

国民党军连遭惨败后，重新调整部署，加强兵力，妄图一举击溃辽东民主联军部队。4月28日，又集中5个师多的兵力，8万之众，在飞机掩护下，分三路向本溪发起第三次猛烈进攻。这时，辽东军区第三纵队主力已经北调参加四平方面作战，所余部队凭险坚决阻击。4月30日接到中央军委关于死守本溪的指示，各个部队赶修工事，坚守阵地，同进攻的敌人浴血奋战。辽东军区领导同志认真分析了当时的战场形势，认为部队防御面太宽，兵力不足，敌我力量悬殊，不宜死守。5月3日发电向中央军委请示，为避免被动，保存军力，求得在运动中消灭敌人有生力量，建议放弃本溪。中央军委接到请示电报后，批准了这一建议。5月4日凌晨，参战部队有秩序地撤出本溪。第三次保卫本溪作战，共歼国民党军2000余人。5月6日，中央军委来电指示："本溪虽失，你们牵制敌人甚多，这就是胜利。望鼓励各旅继续在本溪周围阻击敌人"。①

---

① 中共中央文献研究室：《毛泽东年谱（1893—1949）》（修订本）下卷，中央文献出版社，2013年版，第89页。

新开岭战役

胜利是用鲜血换来的，新开岭战役虽是一场胜利之仗，却十分不易。国民党反动派在发动全面内战后，对于东北战场，改变了长驱直入的方针，采取"南攻北守、先南后北"的战略战术，妄图集中兵力，首先消灭或逼退辽东、辽南我军，切断东北与华东解放区海上联系，而后向北进攻，占领全东北。当时，共产党军队在南满地区力量非常薄弱，只有从山东过来的主力部队与冀热辽曾克林部队进入南满发展起来的新部队合编成的第三、四两个纵队，计四五万人。由此，敌强我弱的基本态势在南满地区表现得更为明显，新开岭战役就是在这样的背景下组织发动的。

1946 年 10 月中旬，国民党军东北保安司令长官杜聿明集中 8 个

·新开岭战役纪念碑

师约10万人，分三路向南满解放区发起进攻。第四纵队司令员胡奇才、政治委员彭嘉庆奉命率所部，以一部兵力实施运动防御，迟滞国民党军中路的进攻，掩护军区主力集中及后方机关转移；主力则隐蔽待机。10月19日，国民党军中路第五十二军分成两路，一路从桥头出发沿铁路向安东方向攻击前进；一路从本溪出发沿公路向赛马集、宽甸方向攻击前进。国民党军第二十五师系第五十二军的王牌，曾经远征印缅，这个美式装备的蒋介石嫡系部队是国民党在东北的主力部队，号称"能征惯战"的"千里驹"，对共产党军政等后方机关转移危害最大。为了向蒋介石报头功，占领安东后，国民党军第二十五师乘装甲车快速推进，于23日下午占领了赛马集。在国民党军第二十五师主力转往凤城方向后，第四纵队于24日夜向赛马集国民党守军发起进攻，并攻占赛马集。28日，国民党军第二十五师重占赛马集，并沿赛（马集）宽（甸）公路攻击前进。第四纵队利用国民党军第二十五师恃强骄横、孤军冒进的弱点，将其诱至新开岭以东地区进行围歼。新开岭位于宽甸以西约70公里，包括碱阳边门、黄家堡子、王家堡子等地，四面皆为高山，赛（马集）宽（甸）公路和碱河穿越其间，地形十分复杂。11月1日，第四纵队第十一师攻占404高地，与第十二师主力堵截了国民党军第二十五师东进或西撤的通路，国民党军全部被压缩在老爷岭和黄家堡子地区固守。经反复争夺，第四纵队第十师于2日8时半攻占老爷岭。各部队乘胜扩张战果，将国民党军第二十五师全部围困在黄家堡子的狭长谷地内，并将其全部歼灭。

此役，辽东军区第四纵队伤亡1500余人，毙伤国民党军团长以下2100余人，内俘国民党军少将师长李正谊以下6200余人，开创了东北民主联军在一次作战中歼国民党军一个整师的先例。新开岭战役，是毛泽东军事思想的伟大胜利，歼灭了国民党军的有生力量，打乱了其"先南后北"的计划，为我军争取了战略防御的准备时间，保障了我党政军民的战略转移，鼓舞了广大军民胜利的信心，对而后坚持南满地区的斗争起了积极作用。11月3日，毛泽东亲自起草了中央军委给辽东军区的贺电："庆祝你们歼灭敌人一个师的大胜利，望对有功将士传令嘉奖。"11月5日，党中央机关报《解放日报》发表《第二十五师的毁灭》社论，指出这是对国民党进犯者的"一个沉重的歼灭性打击"。

辽沈战役胜利成为全国解放战争转折点

东北解放战争不是一个局部问题，而是一个有关革命和反革命大决战的全局问题，对于全国解放战争胜利具有决定性意义。辽沈战役胜利结束，东北全境宣告解放，使共产党获得了一个改变中国革命根据地长期被国民党军包围局面的战略支撑点。辽宁由此成为全国解放战争的转折地，在中国革命史上有着特殊重要的历史地位。

攻克锦州

1948年秋，解放战争进入第三年时，在东北战场上东北人民解放军已占压倒优势。在全国五大战场中，东北是解放军数量超过国民党军数量的唯一战场，同时，从战略上考虑，"以封闭蒋军在东北加以各个歼灭为有利"。由此，中央军委决定把战略决战的第一个战役放在东北战场。

　　在中共中央的正确领导下，经过抗战胜利后两年多的浴血奋战，东北战场上敌我力量对比发生了根本变化。当时的东北国民党军，孤立分散在长春、沈阳、锦州三个点，态势突出，地区狭小，补给困难，长春被困，无法解救。所以他们采取重点防御沈阳、锦州、长春，相机打通北宁线的方针。东北解放区已拥有97%以上的土地和86%以上的人口，并控制了95%的铁路线，东南西北满的广大地区连成了一片。东北野战军经过扩充和休整，已拥有正规军约70万人，地方部队33万人，并有一支颇具威力的炮兵部队。国民党军虽仍有55万人，但被分割在长春、沈阳、锦州等孤立地区内。由于北宁铁路若干地段和营口为解放军所控制，长春、沈阳国民党军通向关内的交通已被切断，补给全靠空运，满足不了所需，处境十分困难。从全国来看，国民党陷入了空前严重的军事、政治和经济危机之中，失败主

· 锦州配水池战斗遗址

义情绪在迅速蔓延，反蒋统一战线也在不断扩大。人民解放军进行战略决战的时机已经成熟。

如何消灭东北国民党军，是先打长春之敌，解除我后顾之忧，然后再集中全力向南发展，还是先攻取锦州，形成"关门打狗"之势，以便全歼东北国民党军？这个战略方针的确定，是经历了一个过程的。锦州是东北国民党军通向关内的咽喉，是北宁线上的战略要点，攻打锦州，就能调动敌人，迫使其作战，全歼东北守军。所以，先下锦州是战役的关键。经过5个月的折中，毛泽东多次致电东北局，至1948年9月上旬才基本解决了辽沈战役首先从北宁线打起的问题。

遵照毛泽东《辽沈战役的作战方针》和中央军委的指示，1948年9月12日，东北人民解放军发起辽沈战役，在北宁线义县至唐山段实施奔袭攻击，攻歼昌黎等各据点守敌，以切断华北国民党军增援东北的陆上交通，由此揭开了辽沈战役第一阶段锦州之战的序幕。9月21日，东北人民解放军总司令部、政治部组成前线指挥所，由林彪、罗荣桓率领，乘火车从双城出发，南下辽沈前线，指挥作战。24日，东北野战军第二纵队攻占砬子山等要点，切断锦西、兴城国民党军联系。25日，第九纵队和第八纵队一部攻克葛王碑、薛家屯两据点，切断锦州、义县间联系。27日，第七纵队和第九纵队一部攻克高桥、西海口，切断锦州、锦西之敌的联系。至10月1日，先后攻克北宁线关外段重要据点绥中、兴城、义县。至此，国民党军东北、华北两个战略集团的陆上联系被全部切断。9月26日，东北野战军司令部、政治部为进入新区城市作战联合颁布入城布告，向人民宣布约法八章。9月29日，中央军委根据东北野战军总部报告的攻锦部署，给林彪、罗荣桓、刘亚楼回电，发出了关于作战重心是攻克锦州、义县、锦西

· 东北野战军炮兵部队攻击锦州城

· 东北野战军攻城部队冲向锦州城

的指示。

　　根据毛泽东和中央军委的指示，东北野战军司令部陆续分别向各部队下达了命令。各路大军在百万民工配合和广大解放区人民支持下，展开了大规模的战役行动。通往锦州的各条道路上，前面是解放军，后面是支前民工、担架队。10月1日，东北人民解放军总部给各兵团、纵队、独立师以及各军区，发出关于准备夺取锦州，全歼东北敌人的战斗动员令。同日，锦州义县解放。10月3日，毛泽东致电林彪、罗荣桓、刘亚楼，对林彪因不很大的敌情变化而不敢打锦州，想回师打长春和指挥所尚未到达锦州地区作了批评，令将指挥所迅速移往锦州前线，部署攻锦。10月8日，东野指挥机关进至锦州城北牤牛屯，组织攻锦作战。10月10日，国民党军"东进兵团"集中重兵，在飞机、大炮和军舰强大火力支

中共中央电贺锦州大捷

援下，向打渔山、塔山、白台山一线展开进攻，塔山阻击战开始。东野第四纵队、第十一纵队和热河独立第四、第六师及炮兵旅，在第二兵团司令员程子华指挥下，血战六昼夜，以伤亡3145人的代价，毙伤俘国民党军5名团长以下7700余人，阵地屹立未动，保障了攻锦部队全歼锦州守军。10月14日，东北野战军向国民党锦州守军发起总攻。经31小时激战，至15日，锦州攻城战胜利结束，辽西重镇锦州宣告解放。是役，全歼国民党守军近9万人，俘东北"剿总"副总司令兼锦州指挥所主任范汉杰及兵团司令卢睿泉等将官35人、校以下官兵

8.8 万余人。塔山阻击战同时胜利结束。

辽西围歼战

解放军解放锦州、长春后，东北之国民党军全军覆灭的命运已成定局。但蒋介石仍想夺回锦州，打通关内外的联系，遂于 10 月 18 日再次飞赴沈阳指挥。他错误地认为解放军攻打锦州部队伤亡很大，需经一个月以上的补充休整始能再战。因而，决定将沈阳之重炮装甲部队及驻新民之第二〇七师第三旅划归"西进兵团"，严令廖耀湘率部继续南进，锦、葫国民党军猛力北犯，并由临时调任东北"剿总"副总司令兼冀热辽边司令官杜聿明统一指挥，妄图夹击解放军，重占锦州；并令第五十二军两个师抢占营口，以便东北国民党军经由陆路或海上撤退。东北野战军总部当觉察国民党军之"西进兵团"继续南下的时候，遂改变了原定的攻克锦州之后，移兵攻歼锦、葫之敌的计划，决心转用攻锦的全部兵力，首先歼灭该敌。

东北解放军及时作出了全歼廖耀湘兵团的具体部署，拟定了"拦住先头，拖住后尾，夹击中间"与分割包围、各个歼灭的作战方针。10 月 19 日，毛泽东致电东野："如果在长春事件之后，蒋、卫仍不变更锦葫、沈阳两路向你们寻战的方针，那就是很有利的。在此种情形下，你们采取诱敌深入打大歼灭战的方针甚为正确。"[①] 次日，东北野战军根据毛泽东电示，下定歼灭国民党军"西进兵团"的决心，并迅即作出部署。同时，林彪、罗荣桓、刘亚楼、谭政签署并颁发了全歼东北国民党军的政治动员令指出，东北局势已发生了新的重大变

---

① 中共中央文献研究室：《毛泽东年谱（1893—1949）》（修订本）下卷，中央文献出版社，2013 年版，第 366 页。

化，东北野战军应乘国民党军连遭惨败，极端恐慌混乱，企图作东北总撤退的时机，连续作战，全歼东北国民党军，解放全东北。为此，首先抓住沈阳出来的廖耀湘兵团，与国民党军决一死战。此战成功，不仅能引起全国军事形势之大变，还将引起全国政治形势之大变，促成蒋介石集团的覆灭。10月23日，东北野战军第十纵队在黑山、大虎山一线对廖耀湘兵团展开阻击作战。国民党军在重炮、飞机掩护下，对第十纵队阵地全线展开猛攻。第十纵队指战员顽强阻击，血战3日，以伤亡4144人的代价，毙伤俘国民党军14314人，粉碎了其南进锦州的企图，为主力全歼廖耀湘兵团创造了条件。

撤退沈阳的计划破灭后，10月25日夜，廖耀湘兵团开始向营口方向撤退。此时，东野主力部队已相继进入辽西战场。26日凌晨，东北野战军首长命令各纵及独立师，对黑山以东、大虎山东北、饶阳河以西120平方公里内的国民党军"西进兵团"展开向心突击，实施空前规模的大包围歼灭战。随着合围圈的缩小，各部队均同国民党军进行过激烈的较量，出现过一些壮烈的战斗场面。解放军乘胜猛烈扩张战果，哪里有故人就往哪里打，哪里有枪响就往哪里追。东北野战军适时下放指挥权到纵队和师，以充分发挥各部队的主动性和灵活性。至28日拂晓，全歼廖耀湘兵团指挥部、5个军部、12个师旅共10万余人。东北"剿总"中将副总司令兼第九兵团司令廖耀湘，化装逃跑到北镇南关被抓获。战役中被俘的还有新六军中将军长李涛、第七十一军中将军长向凤武、第四十九军中将军长郑庭笈、新一军中将副军长文小山及正、副师长13人。中共中央第三次发了庆祝辽西大捷的电报。如果说锦州之战是辽沈战役关键性之战，辽西围歼战即是辽沈战役中最后的决战。一战即胜，东北问题解决了。全歼"西进兵

· 辽西会战的激烈场面

· 第十纵队在黑山阻击战中向敌人开火

团"以后，东北国民党军已成残局，下一步的任务是如何不使沈阳地区的敌人逃脱。

解放沈阳、营口

辽西围歼战展开以前，沈阳的国民党军即着手打通中长路，第五十二军向营口前进，因为这一线此时东北解放军没有主力部队，国民党军顺利占领了营口。守沈阳的第五十三军，其先头部队也进到了辽阳、鞍山。廖耀湘兵团被歼灭以后，杜聿明由沈阳飞葫芦岛，部署撤退葫芦岛方面国民党军。30 日，东北"剿匪"总司令卫立煌携军政大员逃离沈阳，飞抵锦西。东北野战军在全歼廖兵团以后，遵照中央军委指示，向沈阳、营口连夜疾进。东北野战军最担心的是国民党军向营口狂跑，沈阳到营口比辽西到营口虽然路程远些，但是国民党军

·解放军进驻沈阳站

有汽车。所以，10月27日，毛泽东致电林彪、罗荣桓、刘亚楼：当面敌人解决之后，望以有力兵团（的有力兵团）不少于三个纵队，昼夜兼程东进，渡辽河，歼灭营口、牛庄、海城一带之敌，阻塞敌人向海上的逃路。如果沈阳国民党军已正式向营口逃跑，则解放军应迅速地向海城、营口方向进击。东野总部立即下令第十二纵队歼灭敌第五十三军一个师之后，由沈阳以西绕向沈阳以南，抓住沈阳之敌。同时令辽南军区立即在辽河上架桥，接引大军东渡。

10月31日，东北野战军第一纵队、第二纵队进抵沈阳西郊，与沈阳以南我第十二纵队、独立师，及沈阳以北由开原南下之5个独立师，对沈阳形成合围态势，迅速攻歼了铁岭、抚顺、本溪、苏家屯等地沈阳外围之敌；沈阳以西国民党军3个骑兵旅投降。11月1日，东北人民解放军对沈阳发起总攻。拂晓，各部队先后突破国民党军第一道防线。除所谓"党化"了的第二○七师和第五十三军部队有些抵抗之外，大部纷纷出降。守备第二纵队司令对解放军说："你们今天来缴枪也行，明天来缴也行，我们等着就是。"至2日16时，解放沈阳战斗结束，歼灭国民党军东北"剿匪"总司令部、4个兵团部、2个军部、7个整师旅、3个骑兵旅及"剿总"直属部队、地方部队等，计13.45万余人，俘敌第八兵团司令周福成以下将官106名，缴获各式火炮1658门、轻重机枪4811挺、长短枪71383支、坦克43辆、装甲车114辆、汽车841台及大批其他物资。11月2日，国民党在东北的统治中心、东北最大的工商业城市沈阳解放。同日，营口也获得解放。是役，除敌第五十二军军部率第二十五师（缺1个团）和特务团，约1万人漏网之外，该军第二师、第二十五师1个团和军直运输团等14900人为解放军歼灭。至此，辽沈战役全部胜利结束。11月

8日，杜聿明由锦西飞北平，锦、葫地区残余国民党军全部由海路撤走。11月9日，解放军收复锦西、葫芦岛。

为迎接很快到来的沈阳解放，统一领导沈阳地下党的工作，东北局决定1948年5月成立中共沈阳市工作委员会。该委员会主要任务是集中力量保护好城市，配合解放军解放沈阳。在沈阳市工委领导下，布置地下党的各系统的党员及其他地下人员，大规模宣传党的政策、主张和解放军胜利的消息，为迎接沈阳解放作了思想和舆论的准备。在保护城市方面，发动工人、技术人员，并争取了工厂中的中、上层人物，组织工人及警卫人员成立了纠察队，阻止敌人迁厂和破坏活动，完好地保护了工厂，胜利地完成了护厂任务。各大专院校及主要中学，均在地下党的领导下，组织进步学生成立护校委员会，与国民党反动当局及校内敌特分子进行各种形式的斗争，使学校完整地保存下来。同时，组织人员保护机关及其设施和档案，使共产党及其军队

·解放军抢渡辽河追歼向营口逃窜的国民党军

进入市内后利用电话联系畅通无阻。此外，我地下人员还破坏了敌人城防计划。为加快沈阳的解放，尽可能减少人民生命财产的损失和解放军伤亡，在辽沈战役后期，共产党及其军队经过多方面渠道，开展了争取沈阳国民党驻军起义投诚工作。由于解放军在辽沈战役中消灭敌军主力，解放军大军压境，并经过共产党地下人员做了大量争取国民党军起义的工作，使沈阳在基本上没有大打的情况下就解放了。

· 沈阳电报大楼保卫战旧址

辽沈战役的伟大胜利

辽沈战役历时 52 天，取得了辉煌的胜利，歼国民党正规军 4 个兵团 11 个军 33 个整师，连同其他部队共计 47.2 万余人，东北全境获得解放。这一战役不仅使东北人民解放战争取得了最后胜利，而且改变了中国战局。辽沈战役的伟大胜利，彻底完成了中国共产党第七次全国代表大会提出的争取东北的任务，并且集中体现了中国革命武装斗争已经达到了胜利转折的顶峰。

·位于锦州市内的辽沈战役纪念塔

中共中央高度评价辽沈战役胜利的伟大意义，11 月 3 日，中共中央致电东北局负责人林彪、罗荣桓、高岗、陈云及东北人民解放军、东北全体同胞，祝贺沈阳和东北全境解放。电文说：

热烈庆祝你们解放沈阳，全歼守敌，并从而完成解放东北全境的伟大胜利。东北是中国工业特别是重工业最大的中心，国民党反动政府在美国帝国主义积极援助下，从 1945年冬季以来就曾经用极大力量来抢占东北，先后投入兵力及收编伪军胡匪共达 110 万人。依靠我东北前后方全体军民团结一致，英勇奋斗，并得到我关内各解放区的胜利配合，在三年的奋战中歼灭敌人 100 余万，终于解放了东北九省的全部地区和 3700 万同胞，粉碎了中美反动派奴役东北人民并利用东北以挑拨国际战争的迷梦，奠定了在数年内解放全中国，然后将中国逐步建设成为工业国家的巩固基础。中国共产党中央委员会谨向全东北军民表示感谢与敬意，希望你们继续努力，与关内人民和各地人民解放军亲密合作，并肩前进，为完全打倒国民党反动派的统治，驱逐美帝国主义在中国的侵略势力，解放全中国而战！在东北人民解放战争中牺牲的英雄们永垂不朽！

辽沈战役的伟大胜利，具有重大的历史意义，大大地增强了革命的力量，削弱了反革命的力量。加上其他战场解放军所取得的一连串的胜利，使中国军事形势进入了一个新的转折点，敌我双方的力量对比发生了新变化。国民党总兵力由决战前的 365 万人下降到 290 万人。共产党军队则由 280 万人上升到 310 万人。由此，人民解放军在质量和数量上均已占据显著优势。1948 年 11 月 14 日，毛泽东根据辽沈战役以后敌我力量变化的新形势，在新华社《中国军事形势的重大变化》评论指出，中国的军事形势现已进入一个新的转折点，即战争双方力量对比已经发生了根本的变化，人民解放军不但在质量上早已占有优势，而且在数量上现在也已经占有优势。这是中国革命的成功和中国和平的实现已经迫近的标志。[①] 这样，就使我们原来预计的战争进程大为缩短。原来预计，从 1946 年 7 月起，大约需要五年时间，便可能从根本上打倒国民党反动政府。现在看来，只需从

---

①《毛泽东选集》第四卷，人民出版社，1991 年版，第 1360 页。

现时起，再有一年左右的时间，就可能将国民党反动政府从根本上打倒了。

· 苏家屯火车站职工登上机车庆祝解放

　　辽沈战役的伟大胜利，从根本上动摇了国民党的反动统治，加速了国民党反动统治的瓦解。对于这一点，连一直支持国民党政府的某些西方舆论也不得不承认。美联社记者写道："东北已成为勾销的问题了，华北现在能守住吗？……政府军能够守住甚至包括长江在内的任何防线，如京、沪及其他南方的沃土防线吗？"《纽约时报》写道："问题不仅是……在远东的一场内战的战败问题，世界的均势改变了，而且，它是美国朝着希望的相反方向变化的。"路透社记者写道："国民党在满洲的挫折，现在已使蒋介石政府比过去二十年存在期间的任何时候，都更加接近崩溃的边缘。"《泰晤士报》评论："中共占领东北，又将出现一个由北向南的征服形势。……以现在来看，中国如果要统一，似乎将从东北出发了。"对于中国革命给予很大帮助的苏联，也在大报的显著位置刊登了解放东北伟大胜利的消息。即使是蒋介石本人，也在 1956 年写的《苏俄在中国》一书中承认：1945 年后，"对东北问题的处置"，"更是我们政策和战略上的一个重大错误。……将我们国军精锐主力调赴东北，陷入一隅，而不能调动自如，争取主动；最后东北一经沦陷，华北乃即相继失守，而整个形势也就不可收拾了"。

辽沈战役中的英雄阻击战

在辽沈战役中，攻克锦州是最为关键的，而为了保证攻锦部队顺利攻下锦州，东北野战军分别在锦州西面的塔山和东面的黑山，进行了两场艰苦的阻击战，为最终攻克锦州及围歼廖耀湘兵团奠定了胜利基础。

塔山阻击战

塔山阻击战，直接关系着辽沈战役的战局走向，对于东北乃至全国战争的进程都具有深远影响。这是一场英雄之战。新中国成立后，人民政府在当年战争发生地建立了一座庄严的纪念塔，曾任中共中央东北局副书记的陈云亲笔题词："塔山阻击战革命烈士永垂不朽。"

1948 年 10 月初，东北解放战争进入决战阶段，东北野战军主力对锦州国民党守军形成合围之势。此种情况下，国民党由侯镜如指挥的"东进兵团"和由廖耀湘统领的"西进兵团"，意图从东、西两侧增援锦州。塔山距锦州 30 公里，距锦西 4 公里，离葫芦岛 5 公里，是国民党军驰援锦州的必经之路，也是东北解放军堵住国民党援军的必

争之地。塔山本是辽西地区的一个普通村落，无塔也无山。塔山周围
是平缓的起伏坡地，东临渤海，西靠虹螺岘山和白台山，并无大的险
阻。塔山阻击战由此展开。

塔山阻击战历时六天六夜，极为惨烈。1948 年 10 月 10 日凌晨，
国民党"东进兵团"抢先发起进攻，东北野战军奋起反击。当日敌军
共向白台山阵地发起 7 次冲锋，向塔山阵地发起 9 次冲锋，遭受了重
大人员伤亡却毫无进展。11 日拂晓，敌军通过夜袭夺取了 207 高地，
但旋即被解放军夺回。这天，敌军在两翼策应下，全力向解放军前沿
核心阵地塔山堡突击，战斗逐渐转入巷战。12 日无战事。13 日是战况
最激烈的一天，也是基本打掉敌之锐气的一天。拂晓 4 时 30 分，国
民党军炮兵开始向白台山、塔山的阵地猛烈轰击，解放军防线扛住了

·塔山阻击战纪念塔

前所未有的压力。14 日凌晨 5 时，国民党军陆地和海军的炮火开始向塔山阵地轰击。第八师采取三路密集冲锋的战法，一度攻入塔山铁路桥头堡的防御阵地。上午 10 时，锦州总攻开始，敌我双方在塔山激战到黄昏，红旗仍然在塔山阵地上高高飘扬。15 日锦州解放，国民党援军放弃进攻，塔山阻击战胜利结束。

　　塔山阻击战开创了以少胜多、以弱胜强的光辉战例，为人民军队历史增添了厚重的一页。守住塔山不是奇迹，因为有正确的策略，官兵的气魄，人民的支持，这是人民解放战争发展的必然结果。根据当时军事斗争的实际情形，东北野战军确定了全面防御和重点防御相结合的策略，坚持第一线和第二线合理配备相结合，在敌强我弱的态势下掌握战争的主动权。人民军队思想政治的优势，在塔山阻击战中再次显示出强大的威力。根据阻击战的实际情形，东北解放军确定了层层动员机制，提出了"保卫锦州胜利"等针对性口号，"立功运动"深入人心。战地人民群众被广泛动员起来，积极、热情地支持解放军作战，解决了战斗中的后勤供给问题，塔山一线阵地出现了热烈的支前场面。塔山阻击战中，解放军直接伤亡 3000 余人，敌军伤亡 6000人以上。塔山阻击战的胜利，为东北野战军主力攻克锦州赢得了宝贵时间，实现了战略上的有力支撑。在阻击战中表现出色的部队赢得了"英雄部队"的极高荣誉：第四纵队第十二师第三十四团——"塔山英雄团"；第十二师第三十五团——"白台山英雄团"；第十师第二十八团——"塔山英雄守备团"；炮兵团——"威震敌胆炮团"。这是人民子弟兵的无上荣光。

　　生为塔山虎，死做塔山秋，塔山是一个让无数人魂牵梦绕之地。1997 年，塔山阻击战革命烈士陵园建成。1998 年 3 月 24 日，743 名烈士的遗骨入葬塔山革命烈士陵园。为了永远与牺牲的战友长眠在一起，参与指挥塔山阻击战的第四纵队指挥员不约而同地决定逝世后归葬塔山。时任第四纵队司令员的吴克华将军临终遗言："我永远忘不掉塔山阻击战牺牲的战友，忘不掉塔山用鲜血染红的每一寸土地，塔山阻击战是那样的辉煌、那样的残酷，我是幸存者，死后我一定要回塔山和牺牲的战友在一起。"政委莫文骅生前表示："将来我们也要到塔山，塔山阻击战的英魂都在那里，我们要永远和他们在一起！"副司令员胡奇才的遗言也是："我是塔山之战的幸存者，做梦都梦到那地方，死后一定要回塔山，这样我的灵魂才安稳。"此外，欧阳文、李福泽、江燮元、焦玉山、江民风等参加过塔山阻击战的开国将军，也都选择归葬塔山。

塔山阻击战，是中国人民解放军战史上规模最大、时间最长、最为残酷的阵地防御战之一，其意义远远超出了一个局部战场之胜负。塔山，成为敌人不可逾越的一座"高山"，是革命英烈用生命和意志铸就的一座"精神高地"。塔山阻击战中孕育出的革命精神，也成为和平时期事业发展中攻坚克难的法宝，是中华民族进步的宝贵精神财富。

黑山阻击战

黑山阻击战，关系着辽沈战役的战局发展，对于东北乃至全国解放战争的进程都具有深远影响。这亦是一场英雄之战。1948年11月，为缅怀在黑山这块英雄的土地上壮烈牺牲的革命英烈，黑山人民在县城北部的石龙岗上修建了黑山阻击战烈士纪念塔。

力量完全不相称的一场对峙。1948年10月初，经过夏、秋、冬

·黑山阻击战烈士纪念塔

三季攻势，东北解放战争进入决战阶段。从军事地理上分析，黑山、大虎山是控制辽西走廊的两扇坚实铁门，廖耀湘统领的国民党"西进兵团"（下称"廖兵团"）无论向哪个方向行动，南出营口、北退沈阳或继续西进锦州，都以先攻占黑山为有利。为保证东北野战军攻占锦州后迅速东进围歼廖兵团的意图得以实现，东北野战军第十纵队（下称"十纵"）在司令员梁兴初、政委周赤萍的率领下，在黑山、大虎山一线建立防线，阻击并拖延廖兵团向营口撤退。从战争实际来看，黑山阻击战的难度在某些方面甚至超过了塔山阻击战。黑山防御正面达 25 公里，几乎是塔山防御正面的三倍，且需要阻击的是国民党的精锐部队。廖兵团实力强大，人员有 10 万之众且多为美式装备，战斗力非常强悍；而十纵组建不到一年，不仅兵力数量仅为敌之五分之一，武器装备更是差距极大。

敌人不可逾越的"101"高地。黑山阻击战历时三天三夜，极为惨烈。1948 年 10 月 24 日拂晓，廖兵团在 200 余门火炮和 200 架次飞机的支持下，向黑山、大虎山发动全线攻击，惨烈的黑山阻击战由此打响。敌人攻击的重点不是防线正中间地形比较平坦的黑山县城，而是东面地势更险峻的高家屯，重中之重是 101 高地。在敌人猛烈炮火的轰击下，石头山上的土木工事很快被摧毁，第二十八师守军在打退了敌人 6 次集团冲锋后全部牺牲，101 高地最终失守。随后，担任预备队的 2 个营奉命夺回阵地，经历 3 次冲锋后，占领 101 高地的国民党军留下百余具尸体退了下去。入夜后，解放军不顾白天激战的疲惫，连夜抢修工事准备再战。25 日天刚亮，国民党新六军向 101 高地发起猛攻，激战至下午 3 时左右，101 高地再度失守。解放军第三十师第八十九团前来增援，很快又收复了阵地。25 日是黑山阻击战中战况最惨烈的一天，廖兵团投入了 5 个师以及全部炮兵力量，发射的大口径炮弹近 1 万发，组织营团规模的集团冲锋数十次，连身经百战的梁兴初都说这是他一生中所经历的最残酷的战斗。从 26 日上午 8 时起，第八十三、第八十四两个团已投入对廖兵团的围歼战。第八十二团在夺回 101 高地之后，也迅猛地向敌人实行追击。在黑山阻击战的同时，东北野战军主力迅速从南、北两翼威胁廖兵团，廖耀湘被迫向营口方向撤退，辽西会战结束。十纵在黑山顽强阻击了 3 天，为全歼廖兵团作出了极为重要的贡献，也付出了极大的伤亡代价。战斗结束时，101 高地已经变成了 99 高地，被炮弹削低 2 米，弹坑数量达到 6000 余个，高地上遍布烈士的遗体。

人民军队历史上的经典战例。黑山阻击战开创了以少胜多、以弱胜强的光辉战例，为人民军队历史增添了厚重的一页。守住黑山不是奇迹，因为有正确的策略，官兵的气魄，人民的支持，这是人民解放战争发展的必然结果。东北野战军确定了全面防御和重点防御相结合的策略，坚持第一线和第二线合理配备相结合，在敌强我弱的态势下掌握战争的主动权。人民军队思想政治工作的优势，在黑山阻击战中再次显示出强大的威力。根据阻击战的实际情形，解放军确定了层层动员机制，提出了针对性口号，"立功运动"深入人心。人民群众被广泛动员起来，积极、热情地支持解放军作战，解决了战斗中的后勤供给问题，黑山一线阵地出现了热烈的支前场面。101高地由于岩石坚硬，修筑工事的进度很慢，战士和百姓商量在石头上垒出工事。往高地上运土的百姓排成长龙，老人和孩子们用簸箕一点点地往上端，妇女们把自家的粮食口袋拿来装土。一夜之间，生生地在一座石山上又堆起了一座山，这是子弟兵心中一座最坚固的堡垒。黑山阻击战中，解放军伤亡4100余人，歼敌8000余人。此战之胜利，最终阻挡住了廖兵团向锦州推进，为攻锦主力挥师北上围歼廖兵团赢得了宝贵的时间。

辽宁人民在解放战争中的使命担当

东北解放战争中，辽宁各族人民在中国共产党的领导下，不仅直接参与对敌军事斗争，而且为前线作战提供了最坚实的后勤保障。辽沈战役胜利后，辽宁人民同东北人民一道全力支援全国解放战争，争取全国革命的彻底胜利，并将建设新辽宁与争取全国胜利的任务联系起来。

辽宁人民踊跃参军参战

辽沈战役，是一场规模巨大的战略决战。要取得这一决战的胜利，不经过一系列重大、激烈的战斗，没有充足、及时的物资供应，没有适应战役发展需要的成千上万人民群众的支战工作，显然是不可能的。东北全党全军把决战胜利首先建筑在全民动员、打人民战争的基础上。决战前夕，东北局、东北行政委员会和各省党政机关作了周密的研究和部署，加强支前委员会工作，及时发布了动员人民群众支援战争的指示。地处战区的辽北、辽宁、热河等省均成立了支前委员会，负责支前的组织指挥，动员人力、物力，筹划粮草的调拨、运输，以及对作战部队的慰问工作。于是，一幅千军万马的人民支战的宏伟画卷便展现在辽阔的辽沈大地上。

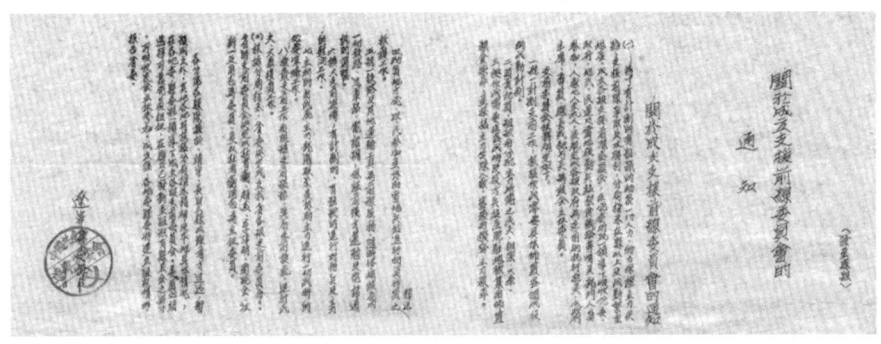

·1948年1月2日辽宁省委关于成立支援前线委员会的通知

辽宁各级党组织广泛动员人民群众积极参加战勤队伍，以县、区、村为单位，组建民工队、担架队、大车队，由县委主管书记或主管县长亲自带队，随军行动。辽沈战役打响后，成千上万的随军民工抬着担架、赶着大车，怀着"全力支援前线，一切为了决战胜利"的信念，投入艰苦的随军作战中。热辽地区仅随军担架就达6300多副，转运担架5300多副，大车4200多辆，毛驴近万头，民工8.7万余人，参战干部500余人。北镇县是野战部队、随军战勤队伍西进锦州、会师黑山的必经要道，是邻近辽西大围歼战战场的供给基地，战勤任务十分繁重。北镇县委、县政府实行全民总动员，全力以赴支援前线。

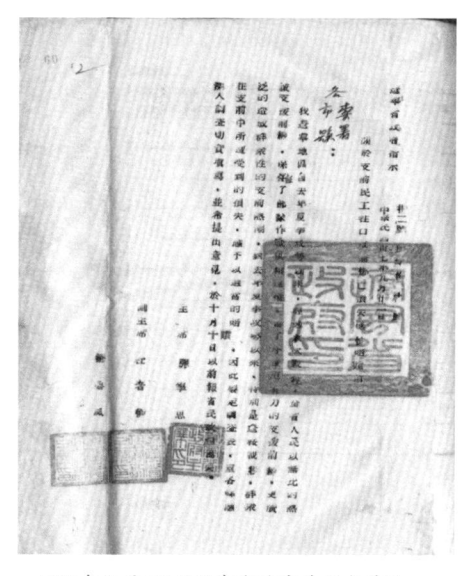

·1948年9月22日辽宁省政府关于支前民工、牲口、车辆伤亡损失抚恤赔偿的指示

仅辽西围歼战期间，全县就出担架1000多副，大车4600多辆，送信带路民工6600多人。辽宁地区的辽北省总计动员民工100多万人，担架近6万副，出动大车6.6万多辆，上千名党政领导干部战斗在支前第一线。在锦州外围战期间，绥中、兴城、北镇、阜新和义县人民在当地党组织的领导下，奋力支前，共出担架7600副，出民工11.833万人。在攻打锦州的战斗中，广大民工和担架队员在火线上奋不顾身地抢救伤员、运送弹药，有的献出了宝贵的生命。锦县午旗村担架队41名队员，有6人在参战中光荣牺牲。在锦州城内巷战中，锦州郊区二屯民工王井儒为解放军在前面带路时中弹身亡。锦州铁路民工葛占鳌为解放军带路进攻老城，最后东北野战军消灭敌军1个师，立了大功。

在辽西战场，当东北野战军主力部队集中兵力攻打锦州时，廖耀湘兵团向彰武进犯，县党政机关和战勤部队刚刚转移，前方部队即送来100多名伤员，急需立即转移到安全地区。当时情况紧急，缺少人手和担架，在留守的战勤人员号召下，城关居民立即行动起来，有的摘下自家门板当担架，乘着夜色，迅速将这些伤员转移到安全地带。伤员送完后，国民党军队进占彰武县城，切断了东北野战军的补给线，企图以此吸引东野攻锦部队回援，借以解锦州之围。当时，攻锦部队急需弹药、汽油。在这紧急关头，辽北省委书记陶铸、省政府主席阎宝航，连夜赶到通辽，协同野战军后勤部门搞好交通，保证前线供应。在他们亲自指挥下，当地政府立即在辽北的甘旗卡（今内蒙古自治区科尔沁左翼后旗）组织 400 头骆驼和驮马运送油料及其他作战物资到阜新；另动员民工从通辽经奈曼旗到北票，新开了一条 350 余公里的汽车路，很快恢复了对前线的物资供应。

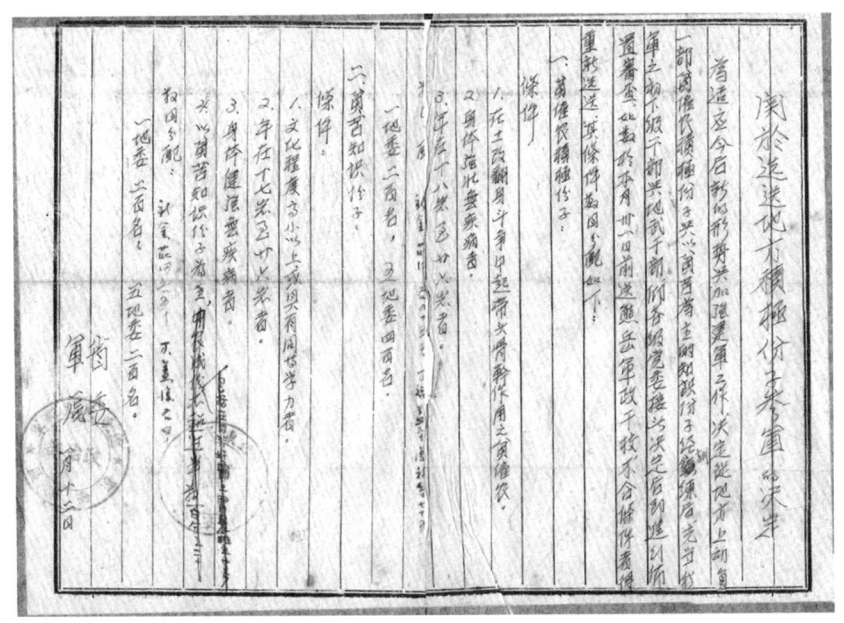

· 1948 年 1 月 12 日辽宁省委、军区关于选送地方积极分子参军的决定

塔山阻击战的胜利，也是与战地民工的英勇奋斗和锦西县人民的大力支援分不开的。战役开始前，锦西县委、县政府向全县人民发出了"一切为了前线，一切为了阻击战胜利"的口号，全力支前。构筑防御阵地工事，是阻击战的重要准备工作。在县委、县政府的领导指挥下，有车的民工赶着大车拉送枕木、铁轨、石头，无车的民工则手抬肩扛麻袋、沙石奔向阵地；塔山村周围的民工和群众，纷纷献出自

家的门板、炕沿、木箱、木柜。阵地上，军民并肩挥锹挖土、搬石，抢修工事。各种掩体、战壕、交通沟布满阵地。塔山村民工和群众200多人，还帮助部队修筑起一条东起打渔山、西至白台山8000多米长的交通壕。战斗中，敌人将大量的炮弹倾泻在塔山阵地，平地炸出了几尺深的坑，很多工事被炸毁，解放军阵地失而复得，工事毁而重修，不少支前民工受伤，甚至献出了宝贵生命。锦西县委、县政府立即将刚从绥中撤回的两个营的支前民工派往塔山阵地，连续苦战三天三夜，帮助部队抢修工事，终于和解放军一起胜利地完成了阻击敌人任务，为保证攻锦作战的胜利作出了重要贡献。

黑山阻击战打响之前，黑山县党政干部带领广大民工为阻击部队筹集了大量修筑工事用的器材及其他物资。战斗前夕，敌军压境，解放军控制的地区只有黑山和大虎山两镇及两镇之间的12个村屯。县长云戒三亲自率领支战干部和民工帮助我阻击部队修筑防御工事百余

·随军担架队在前线运送伤病员

座，挖战壕 17.5 公里，将北起大白台子、东至下湾子、南到大虎山以西的解放军前沿阵地连成一线，掩体相接，沟堑相通，形成一条可攻可守、畅通无阻的防御体系。解放军占领的 101 高地，是座寸草不生的石头山，要在极短的时间内把工事修筑起来困难重重。但是，成千上万的黑山民工不畏困难，背着土石，成群结队，装满泥土的麻袋、草包堆满山，寸草不生的秃头山，很快就变成了一座坚固的战斗堡垒。又经过两昼夜的奋战，挖成一条 17.5 公里长的堑壕。阻击战打响后，黑山县党政干部和广大民工冒着枪林弹雨，一趟又一趟地往阵地上运送弹药，昼夜同我阻击部队并肩战斗。当时全县不到 40 万人，在阻击战的几天中，出动战勤达 130 万工日，有 400 多名干部和群众献出了宝贵的生命。

· 辽宁人民踊跃支前

东北人民解放军在辽沈战役中连续取得的巨大胜利，使整个支前民工队伍受到巨大鼓舞。当解放军乘胜追击敌人进逼沈阳、营口时，广大民工也不顾疲劳，日夜兼程，随军前进，表现了高昂的革命斗志，为配合东北人民解放军解放辽宁作出了贡献。每次战斗开始前，群众热烈自愿参战，各地派得力干部，加强对战勤工作的领导。为了充分保证前方的军需供应，工人们努力生产，"用实际行动支援前线"，加班加点生产各种军需用品。农民精耕细作，积极主动地选择上等粮食缴纳公粮。辽宁各地组织了诸多前方慰问团，送去慰问信、慰问袋、慰问品等，极大地振奋和鼓舞了指战员奋勇杀敌的士气。为了给前线提供良好的后勤保障，辽宁地区各级组织妥善安置荣誉军人和复员军人，广泛开展拥军优属运动。军地医护人员，忘我地抢救治疗伤病员，细心护理，使得很多伤病员迅速恢复健康，有的很快返回了战场。对于丧失独立生活能力的伤员，辽宁成立了荣誉军人教养院来妥善安置。为了解决前方指战员的后顾之忧，在辽宁的城市和农村都广泛开展了拥军优属运动。农村主要是代耕、助耕，城市主要是物资救济和介绍工作。

全力支援全国解放战争

东北的完全解放，关内解放战争的胜利发展，使东北解放区处于战争的远后方，造成了东北地区统一的比较安定的建设局面。但是，东北党政军民深知东北解放战争的胜利，是在关内解放区及兄弟部队的支援和配合下取得的，而且对于全国来说，还是局部的。辽宁人民同东北人民一道全力支援全国解放战争，努力争取全国革命的彻底胜利，并将建设和巩固新辽宁与争取全国胜利的任务联系起来。为了支援全国解放战争，东北人民解放军主力部队约80万人，战马10万匹，分别由辽沈、辽东、辽西等地区出发，辽宁地区的民工随军入关作战，辽宁的军事和军需工业主要承担了全国解放战争兵站基地任

·东北野战军提前入关参战

务。同时，辽宁对关内新区经济、文化等方面进行了支援，并培养与派遣大批干部入关开辟新解放区。如为了保证关内迅速恢复铁路，辽宁凤城至宽甸段及至赛马煤矿段、叶柏寿至赤峰段的铁轨、桥梁器材都在拆掉后运进了关内。

·北上民主人士抵达安东（今丹东）

辽宁是北上民主人士到达东北解放区的首站，他们从辽宁出发去北平参加新政协会议。为响应 1948 年中共中央的"五一"口号，从 1948 年 8 月到 1949 年 1 月，会集在香港的民主人士先后分三批到达东北解放区，和中共代表共同进行新政治协商会议的筹备工作。1948 年 9 月 20 日，沈钧儒、蔡廷锴、章伯钧、谭平山等第一批 4 位民主党派负责人，经由安东进入东北解放区。第二批郭沫若、马叙伦、许广平、陈其尤、沙千里、翦伯赞、宦乡、曹孟君、韩练成、冯裕芳等三十余人于 1948 年 12 月初到达辽宁。这时辽沈战役已经结束，东北局已经迁到沈阳办公。1949 年除夕，李济深、茅盾夫妇、章乃器、邓初民、朱蕴山、卢绪章、洪深、彭泽民、梅龚彬、王绍鏊、马寅初、施复亮（施存统）、吴茂荪、孙起孟、李民欣等二十人，从香港秘密乘上一条苏联船只，直航大连。1948 年底至 1949 年初，北上民主人士多次在沈阳站乘坐专列往来于东北各地，考察东北的土地改革，参观东北解放区新貌。最终在 1949 年 2 月 23 日，全体民主人士在沈阳站乘车前往北平。

大连在抗日战争胜利后，由于苏联红军占领和军管，成为全国解放战争稳固的后方基地，这里曾经安置了来自华东解放区 5000 余名干部、学员、伤病员和家属，从而免除了前方的后顾之忧，保护了大批干部和家属。像当年的苏皖边区副主席李一氓、中共中央华中分局宣传部部长冯定、华东军区后勤部部长宋裕和、华中分局秘书长吴仲超等一大批高级干部，还有陈毅的夫人张茜、粟裕的夫人楚青、韩念龙的夫人王珍都是随北撤人员一同到大连的。他们在这里休养生息，为日后重返华东养精蓄锐。

成功接管沈阳，对其他战略区接收城市工作起了指导作用。东北局决定，成立以陈云为主任的沈阳特别市军事管制委员会，全权负责接管沈阳。沈阳市宣告解放的当日，沈阳市军管会和卫戍司令部分别发出公告、规定、布告，对军管期间的相关具体事宜作出明确的规定。沈阳市军管会派军事代表接收国民党在全市的军、政、警、经济、后勤、铁路、广播电台等机关单位和中国银行、中央银行、农民银行及合作金库等官僚资本，并限时收缴电台、收发报话机。东北行政委员会颁布保护城市各阶层人民利益之《约法八章》布告。沈阳市内各机关开始办公，公务人员、职工、教职员工等陆续到原单位报到，邮电线路恢复工作基本完成。沈阳特别市公安总队成立，东北野战军攻城部队全部撤出市区，沈阳市公安局破获了多起特务潜伏案。沈阳特别市政府为保障民生，安抚民心，迅速恢复和稳定社会经济秩序，针对当时市场农产品供不应求，粮米奇缺，在粮价安排上略高于周围产粮地区价格，以吸引外地粮食进城。1948 年 11 月 8 日，东北

· 沈阳特别市军事管制委员会所在地——大和旅馆（今辽宁宾馆）

银行沈阳支行成立，公布《东北九省流通券、金圆券兑换东北地方流通券办法》，一周内共计兑换出东北地方流通券 2 亿元。11 月 14 日，沈阳全市大、中、小学复课。

11 月 28 日，陈云亲自写了《关于接收沈阳的经验的简报》，向中共中央并东北局作了报告，系统地总结了接收工作中解决两大难点的经验。首先，解决了如何接收得快而完整的问题。实行了"各按系统，自上而下，原封不动，先接后分"的接收方法。其次，解决了如何迅速恢复秩序的问题。迅速恢复电力供应；解决金融物价问题；收缴伪警察枪支，徒手服务；出版报纸，宣布政策；妥善解决工资问题；处理俘虏和疏散弹药；加强入城部队纪律教育等。此外，还需要有充分的准备和各方面称职的干部。12 月 15 日，中共中央致电陈云并东北局，认为沈阳经验"甚对""甚好"，并说："已告华北、华东、中原及西北在接收和准备接收大城市中即作此准备，望东北局也准备将接收沈阳、长春两个城市的人员组成两个班子，为着明年南下接收大城市之用。目前如可能，从沈阳的接收人员中抽调二三十名得力干部给黄克诚带往天津参加接收工作，也很有必要。"

巩固东北解放区

建设巩固的东北解放区，是发挥全国解放战争后勤基地作用的基础性工作。随着辽沈战役的胜利，辽宁地区的各个城市获得完全解放，城市工作和经济建设工作占有越来越重要的地位。像接管沈阳城市那样，解放军每解放一座城市，立即成立军事管制委员会，接收敌伪企业、机关、学校，严格保护民族工商业，组织广大职工积极恢复生产；镇压反革命活动，肃清反革命残余势力，建立革命秩序，保护国家资财，防止破坏；救济灾民，组织灾民安家生产；废除伪保甲制度，建立新的街道政权。这样，经过一段不太长的时间，便把被国民党统治的残破不堪、经济破产、民不聊生的旧城市，初步改造成为市政井然、工商振兴、民生稳定的新民主主义城市。新收复城市的恢复和改造方面所取得的显著成效，对辽宁解放区的建设

·鞍钢恢复生产

和巩固起了重大的作用，也为支援全国解放战争奠定了较好的基础。它说明中国共产党是有能力领导人民，管理好和建设好城市的，大大地提高了党在各阶层人民中的威信。

·1949年7月9日鞍钢举行开工典礼

为了完成巩固东北与支援全国的双重任务，其中心环节为发展辽宁经济。根据中共中央和东北局的安排部署，辽宁的工作重心转入经济建设，开始了工业恢复、建设的新时期，工业建设成为辽宁全党压倒一切的中心任务。新民主主义计划经济也是从东北解放区开始实行的，东北解放区 1948 年起开始编制了第一部关于工业生产建设的年度计划。东北钢铁工业的恢复与重建工作的重心放在鞍山钢铁公司和本溪煤铁公司，使鞍钢成为铁路、工厂、矿山的钢铁材料制造中心，本溪成为军用和特殊钢制造中心。在恢复国营工业生产过程中，厂矿的技术人员发挥了高度的积极性和创造性。1949 年下半年开展了创造生产新纪录运动，打破了旧的"标准定额"，给实行新的定额管理、成本核算，改善管理制度与管理方法，加强工业生产的计划性，提高生产力打下了基础。在工业生产恢复和发展进程中，交通运输事业也有了相应的恢复和发展。铁路、公路和航运战线的广大职工积极投入到创造新纪录、开展爱国主义生产竞赛的活动中来。

东北全境解放以后，辽宁解放区的财政工作也随之进入了新的发展阶段，即由单纯的财政供给，转向有计划的财政建设，从供给财政，走上了建设财政。国营、合作社商业与对外贸易也取得了很大发展。同时，私营工业也在调整和发展。农业方面，普遍发动了群众施肥、选肥运动，动员群众进行作物选种、浸种消毒、发芽试验等项工作，防治病虫害，发展公营机械农场与机关生产农场，积极推广改良农具与试用新式农具，兴修水利、恢复与发展农田，发展农业互助合作组织。由于土地改革的完成，物价趋于稳定，农产品与工业品剪刀差逐渐缩小，在全国解放战争取得胜利的鼓舞下，农民的生产情绪极为高涨；又由于生产技术的改进与改良农具的初步使用，水利事业的恢复和发展，提高了农业生产力。因此，1949 年的农业生产虽在南涝北旱较为严重的情况下，仍获得较高的产量，取得了较好收成。粮

·沈阳人民庆祝解放

·1949 年 10 月，大连重工·起重集团前身企业试制成功国产第一台 5 吨 /16.4 米焊接箱型吊钩桥式起重机

食、经济作物生产的恢复和发展，改善了农民的生活，扩大了农业再生产，提高了农民的购买力，扩大了工业品市场，给工业提供了重要原料。当时的农业产量虽未达到"八一五"以前的最高水平，但由于农民负担的减轻与封建剥削的废除，农民的收入普遍增加，大多数农民的经济状况有了显著改善。

· 1952年辽宁阜新露天矿出煤了，工人们喜笑颜开

经过不懈努力，到1952年底，以辽宁为代表的东北地区在承担繁重的抗美援朝任务的条件下，提前完成了恢复国民经济的任务。经过3年的经济恢复，在工农业生产和交通运输等方面都已大大超过战前的最高水平；旧社会遗留下来的殖民地经济状况正在被改变，崭新的具有五种经济成分的新民主主义经济已建立起来。到1952年末，国营经济已占国民生产总值的61.9%，国营工业在辽宁工业总产值中已占83.1%，掌握了国家的经济命脉，居于领导地位。这就为巩固东北解放区、大规模经济建设的展开奠定了坚实的基础。

英雄土地
红色辽宁

新中国国歌
素材地

起来！／不愿做奴隶的人们！／把我们的血肉／筑成我们新的长城／中华民族到了最危险的时候／每个人被迫着发出最后的吼声／起来！起来！起来！／我们万众一心／冒着敌人的炮火前进！／冒着敌人的炮火前进！／前进！前进！进！——

这就是催人奋进的新中国国歌《义勇军进行曲》。

国歌代表一个国家的尊严和形象。一个国家无论大小都会有自己的国歌，其歌词和旋律一定反映本国的历史文化传统，并以这种艺术形式作为国家的象征。世界上影响较大的国歌如法国的《马赛曲》，诞生于18世纪法国大革命时期，法国人民高唱着《马赛曲》与外国侵略者英勇战斗。后来，这首歌传遍了欧洲，《马赛曲》成了自由的象征。国歌代表国家，凡在本国隆重集会和国际交往仪式等重大场合，通常都要演唱或演奏国歌。国歌呈现的历史，就是一个国家的历史。1949年中华人民共和国成立前夕，迫切需要自己的国旗、国徽和国歌作为国家的象征。1949年中国人民政治协商会议第一届全体会议确定田汉作词、聂耳作曲的《义勇军进行曲》为中华人民共和国代国歌，因该乐曲反映了抗日战争时期全国军民不甘被外族奴役而勇于抗击外国侵略者的英勇奋斗、不惧牺牲和追求独立自由的伟大民族精神。

该乐曲是以九一八事变后中国人民保卫家园、抗击日本侵略为背景，以东北义勇军的形象为原型创作的。辽宁不仅是九一八事变的爆发地，东北抗日义勇军的最早兴起地，也是打响抗战第一枪的地方。
构成《义勇军进行曲》的关键要素几乎都来自辽宁，因此，辽宁是新
中国国歌素材来源的当然之地。

东北抗日义勇军为国歌创作原型

《义勇军进行曲》诞生于 1935 年，是反映抗日救亡运动的电影
《风云儿女》的主题曲，由田汉作词、聂耳谱曲。当时，日军大举入
侵中国，东北沦陷，上海失守，华北危急，中华民族到了生死存亡的
关头。1934 年秋，田汉接受电影剧本和主题曲创作任务。1935 年 2 月，
就在田汉写出这部影片的故事梗概不久，便因积极从事左翼文化和抗
日宣传而被国民党当局逮捕。田汉曾撰文回忆当时写作《风云儿女》
和《义勇军进行曲》的情形，称这支歌是作为诗人辛白华《万里长
城》长诗的最后一节。这年 4 月，聂耳完成曲谱的初创，为避国民党
追捕出走日本，之后又很快将定稿寄回上海。聂耳曾对《风云儿女》
的导演许幸之谈起这首曲谱的创作：眼前仿佛展现出东北义勇军为中
华民族生存浴血奋战的画面，创作的冲动像泉水一般地喷涌而出，简
直连写都来不及，两夜工夫就把曲子谱好了。显然，东北抗日义勇军
是《义勇军进行曲》即国歌的创作原型。

伴随着救亡运动的巨浪，伴随着抗日战争的熊熊烈焰，这激昂雄
壮的旋律像插上翅膀，迅速传遍了中华大地。它如同嘹亮的号角，
如同激越的战鼓，召唤、激励着千千万万的中华热血儿女奔赴抗击
外来侵略的战场。一时间，《义勇军进行曲》成为代表中国人民最强

音的战歌。随着世界反法西斯战争的推进，它在全世界传播，享誉国际。[1]

　　这首名为《义勇军进行曲》的歌，是专门为上海电通公司拍摄《风云儿女》而创作的主题歌。《风云儿女》故事内容大致是这样的：1933年，在上海的一间三层阁楼里，住着两位因为东北沦陷而流亡此地的青年。他们一个是诗人辛白华，一个是在北方从过军的好友梁质夫。与他们临窗相对而居的是和丈夫离了婚、富有而美丽的施夫人。楼下是相依为命的阿凤母女俩。故事的纠葛是在这三户人家中展开的。在阿凤母亲去世后，两个侠义的青年资助了阿凤入学，步入生活。梁质夫因铁血团朋友牵连被捕后，辛白华投奔施夫人身边去了青岛。梁质夫保释出狱后斗志不泯，抗战中牺牲在长城古北口。辛白华得知详

·《风云儿女》

情，在阿凤的感召下沸腾了热血，也成为保卫长城的勇士，与阿凤在炮火中相见，一起高唱着《义勇军进行曲》冲向敌阵。

　　《风云儿女》的主题歌通过站在抗日最前线的东北义勇军将士，向在"最危险的时候"的中华民族，发出了"把我们的血肉筑成我们新的长城""我们万众一心冒着敌人的炮火前进"的呼喊，表现出可敬可畏的民

---

[1] 政协全国委员会办公厅：《中华人民共和国国旗国歌国徽诞生》，中国文史出版社，2019年版，第210页。

族尊严和气概。《义勇军进行曲》的激越旋律产生于抗战的铁血硝烟之中。在硝烟弥漫的战火中，东北义勇军最先高举抵抗外侮的旗帜，前赴后继，舍生忘死，用鲜血和生命谱写出一曲捍卫民族尊严的热血天歌。

· 聂耳

"万众一心"的抗日"吼声"

1931 年，九一八事变后，国民政府及东北地方军政当局采取了"不抵抗政策"，导致东北三省 100 多万平方公里的大好河山沦丧，3000 多万同胞被蹂躏。而中国共产党采取了与国民政府截然不同的政策，事变的第二天，中共满洲省委就发布了《为日本帝国主义武装占领满洲宣言》，这是二战史上第一个反法西斯的正义宣言；第三天，中共中央发表《中国共产党为日本帝国主义强暴占领东三省事件宣言》，号召全国人民一致动员起来，"反对日本帝国主义强占东三省""不作亡国奴"的吼声，唤起了全国人民高昂的爱国热忱。

九一八事变当夜，驻守在沈阳北大营的中国守军，面对敌人的炮

·抗日义勇军（油画）

火，被迫进行局部抵抗，其后，有宽城子之战、南岭之战。特别是辽宁各地的抗日义勇军斗争风起云涌，无论这些人出身如何，他们的共同目标是赶走日本侵略者，还我大好河山。抗日义勇军的将领们还向世人表明自己的抗日态度，发出抗日"吼声"。

李杜代表所部将士郑重发布抗日宣言："郑重宣言于国人曰：只有杀敌李杜，以光我中华民族人；决无降敌李杜，以污我中华战史。惟望从速起杀敌有人，而得最后之胜利耳！"[1]表达自己为了光复故土而视死如归的抗日决心。

李纯华作为辽南抗日义勇军首领，也通过发布誓约公告来晓谕自己的抗日决心和抗日志向："纯华等愿输至诚，捐贱躯，掷此头

---

[1]《李杜致东北民众抗日救国会函》，《救国通讯》，1932 年第 19 期，第 321—322 页。

颅，洒此热血，为祖国作殊死之奋斗……暴日一日不除，奋斗一日不止。……纯华等为祖国争生存，为公理争胜利，粉身碎骨所不辞也。复望我全体国民，本自信之决心，团结之精神，为长期之援工作。要知中华民族，断不能屈服于暴力下而灭亡也。"[1] 一句中华民族断不能屈服于暴力而灭亡，展现了李纯华的抗日意志和不屈的民族精神。

九一八事变后中国各界也以各种形式发出抗日吼声。

中魂创作词、谢孟刚谱曲的《赴敌战歌》中唱道："嗟彼倭奴兮何猖狂 / 戮我民兮侵我疆 / 辽东既陷兮国将亡 / 河山无色兮天如丧 / 同胞同胞莫彷徨 / 砺我戈矛兮卫祖邦 / 国若亡兮我亦亡 / 誓挥鲜血兮争荣光 / 一致前进兮赴战场 / 杀尽倭奴兮归故乡！"[2] 强调每一位中国人都与祖国共命运，国若亡我亦亡，发出"誓挥鲜血兮争荣光 / 一致前进兮赴战场 / 杀尽倭奴兮归故乡"的吼声。

漱霞作《抗日救国歌》，其歌词首先揭露日本军国主义的狼子野心："骇辽东，平地起风潮 / 日本人居心太狠毒 / 趁中原各省遭水灾 / 蓦地里兴兵压东北 / 趁人危，虎狼真不如 / 肆蛮横，到处逞杀戮 / 使强权，公法也虚文 / 茂情理，当我俎上肉 / 我中华自昔为名邦 / 到今番无端受奇辱。"他呼吁国人奋起抵抗，特别强调"亡国奴没自由，永远堕地狱"，要求国人"快醒来，决起赴国难，驱倭奴，争把主权复。哪怕他，炮大和船坚，义勇军壮气吞河岳"[3]。

《明是日报》（抗日专刊）刊《抗日救国》词，明确指出日本帝国主义的凶残面目："倭奴做事太恶毒 / 朝鲜遭蹂躏 / 罪恶甚彰明 / 朝也

---

[1] 马洪德：《辽南义勇军李纯华抗日情报》，《东方公论》，1932 年第 76—78 期合刊，第 30 页。
[2] 中魂创、谢孟刚：《赴敌战歌》，《抗日血钟》，1931 年创刊号，第 20 页。
[3] 漱霞：《抗日救国歌》，《国民革命军遗族学校校刊》，1931 年第 2 卷第 16 期，第 27 页。

· 还我山河

侵暮也侵／来到沈阳城／强占我东省／惨戮我华人／觊觎我津平／炮轰我京城／居心破坏世界和平／各国动公愤／唤醒我国民／一致向前进／与倭奴拼一命／生死安足论／雪我千年耻／消我万重恨／宁为祖国鬼／不作亡国民／争我神州堂堂华胄／一线之生存。"[1] 强调要"唤醒我国民／一致向前进"，发出"雪我千年耻／消我万重恨／宁为祖国鬼／不作亡国民"的强烈呼声。

戴秋心作《抗日歌》，指出日本帝国主义者是"杀吾军人害吾民众／强占吾东三省"的强盗："日本人手段太强狠／野蛮假文明，全不讲理情／杀吾军人害吾民众／强占吾东三省／任意来压迫／任意来行凶／倭贼真可恨／倭肉真可吞／从今以后抵制日货／经济来绝交／大中华民国／危险已临头／国如不保，家亦难留／必成为亡国奴／永远将没有生路。"强调指出，国难已到，如果国家不保，"家亦难留／必成为亡国奴／永远将没有生路"，所以发出了"宁为刀下鬼／莫做亡国奴／凡吾同胞一齐起来／同心杀倭奴"[2] 的呐喊，发出同胞一起抗日"莫做亡国奴"的吼声。

吴履逊在《抗日歌》中写道："睡狮不肯久睡受狗厄／翻然张牙威

---

① 《明是日报》（抗日专刊），1931 年 11 月，第 108—109 页。
② 戴秋心：《抗日歌》，《民智月报》1933 年第 13 期，第 15 页。

赫赫／中华好男儿／持枪向敌尽职责／遂令沪上黄浦江／潮水骤然高三尺／潭水何红红／尽是卫国保土壮士身上血／壮士奋勇杀敌人／誓把国耻一朝雪／哪怕飞机炸／大炮轰／刺刀上好把阵冲／前仆后者继／源源来不穷／人人疆场显威风／杀尽倭寇算英雄／此身有生必有死／何况一死立奇功／家家共顶礼／人人拜伟功／较之庸人死／天壤不相同／勉哉众壮士／努力争国光。"① 强调中国人应有"中华好男儿／持枪向敌尽职责""壮士奋勇杀敌人／誓把国耻一朝雪"的英雄气概。

文琴在《义勇军歌》中写道："同胞们，大家齐来，唱个歌儿听，世界古今，恨恨恨，只有日本人，日本兵，恃强欺弱，占我东三省，四万万人，醒醒醒，团体要结紧，哪怕它，弹足兵精，飞机枪炮新，义勇军人，奋奋奋，杀敌不顾身，只可恨，卖国奸臣，只顾保性命，见到日兵，退退退，无抵抗精神，更可耻，无知国民，吃饭不长进，抵抗日货，差差差，没有坚决心，战士们，武装起来，冲锋向前进，宁舍姓名，杀杀杀，杀到东京城，同志们，团结起来，把主意打定，万众一心，打打打，打倒日本军。"② 强调要"杀敌不顾身"，要"冲锋向前进"，要"万众一心"。

"不愿做奴隶"的东北人民

九一八事变后，由于国民党当局采取"不抵抗政策"，致使大片国土丧失，为了保卫家园，辽宁人民率先自发组织成立了抗日义勇军，形成了轰轰烈烈的抗日运动。高鹏振于 1931 年 9 月 27 日举起抗日大旗，在新民县成立"镇北军"（同年 10 月改称"东北国民救国

---

① 吴履逊：《抗日歌》，《南星杂志》，1932 年第 1 卷第 7 期，第 20 页。
② 文琴：《义勇军歌》，《美亚期刊》，1932 年第 111 期，第 2 页。

军"），这是在辽宁第一支举起抗日大旗的义勇军队伍。在辽西、辽北地区，黄显声组建东北民众抗日义勇军。随后，东北军原军官耿继周、潘士贤、高文斌等也纷纷举起抗日义旗。在辽东、辽南地区，活跃着凤城县公安局原局长邓铁梅领导的东北民众自卫军，东北军原军官李纯华联合抗日义勇军张海天、吴宝丰等部组成的辽南救国军，以及共产党员冯基平、共青团员林郁青和青年知识分子李兆麟（张寿籛）等联合抗日义勇军建立的第二十四路抗日义勇军等。在辽东东边道地区，辽宁省防军步兵第一团副团长唐聚五等人组建了辽宁民众抗日自卫军。至 1932 年 4 月，辽宁抗日义勇军已扩大到 56 路 27 个支队，6 路骑兵。人数在数十万之众。其中影响较大的有"首举义旗"的高鹏振、"夜闯沈阳"的李兆麟、"誓保辽西"的耿继周、"三袭海城"的张海天、"天狗吃日头"的郑桂林、"歼灭古贺联队"的亮山、"智擒石本"的李海峰、"誓师桓仁"的唐聚五、"转战不休"的李春润、"令敌丧胆"的邓铁梅、"视死如归"的苗可秀，等等，都是辽宁人熟悉的抗日英雄。在同日本侵略者进行殊死战斗中，辽宁抗日义勇

· 义勇军战士

军也创造了光辉业绩，留下了永不磨灭的荣光。锦州保卫战、热河抗战、长城抗战，辽宁抗日义勇军以劣势武器装备，同武装到牙齿的凶残日军英勇战斗，屡挫强敌。毛泽东在《论联合政府》中对九一八事变后东北地区的抗日武装斗争给予高度评价："中国人民的抗日战争，是在曲折的道路上发展起来的。这个战争，还是在一九三一年就开始了……东三省的一部分爱国军队，在中国共产党领导或协助之下，违反国民党政府的意志，组织了东三省的抗日义勇军和抗日联军，从事英勇的游击战争。这个英勇的游击战争，曾经发展到很大的规模，中间经历许多困难挫折，始终没有被敌人消灭。"① 据此可知，抗日义勇军是在血与火中产生的民族英烈，他们用鲜血和生命捍卫了自己的祖国和民族。在国难当头、民族危亡之际，毁家纾难，几十万人揭竿而起，舍生忘死、前仆后继，投身抗日战场。

辽宁各地抗日义勇军积极阻击、出击日伪军，曾多次联合作战，破坏铁路交通，袭击城镇。1932 年 1 月 9 日，在锦西歼灭古贺骑兵团日军近百人，打死打伤少尉以上军官 7 名，这

·在寒风中行进的东北抗日义勇军（版画）

---

① 《毛泽东选集》第三卷，人民出版社，1991 年版，第 1034 页。

是辽宁义勇军最辉煌的战绩之一。这一时期，仅辽东三角地区义勇军就击毙日军官兵 2500 人左右。尽管到 1933 年底，义勇军抗战几近失败，但也有一些义勇军仍然坚持抗战长达四五年时间，个别的义勇军队伍则一直坚持战斗到日本宣布无条件投降。辽宁是九一八事变后义勇军抗日运动的主要地区，因此，讲东北抗日义勇军首先就要讲到辽宁地区的义勇军抗战。在东北义勇军中，发展最快、规模最大、影响最广的是 1932 年在辽宁省桓仁县组建的辽宁民众自卫军。以唐聚五为总司令的辽宁民众自卫军，仅用了 3 个月的时间，就发动了东边道 21 个县，组织起 20 余路浩浩荡荡的抗日大军，总兵力发展到 20 万人，占东北义勇军总数的 50%[①]，是东北义勇军中最强大的队伍。辽宁民众自卫军高举"杀敌讨逆，救国爱民"的抗日大旗，横扫辽东日军，所向披靡，令日伪军闻风丧胆。该部队改称东北义勇军第三军团后，又与日军激战于长城古北口，其军威轰动全国，震惊中外。全国各地报刊、电台，以及欧洲一些国外报刊争相宣传。辽宁民众自卫军惊天地、泣鬼神的大无畏精神，体现了中华民族不屈不挠的民族魂和敢于斗争、敢于胜利的英雄气概，成为东北义勇军的典型代表。

东北抗日义勇军反映了普遍的抗日意识，体现了"不愿做奴隶"的东北人民的爱国情怀。东北抗日义勇军的崛起具有广泛的民意和群众基础。《白河》杂志刊发的《东北义勇军之调查》一文中就论述道："暴日强占我东北后，各界民众纷起抗日救国，而尤以东北民众实地组织义勇军，参加抗日最著战绩。"[②]明确表达了东北义勇军是支抗日队伍，且由东北民众自动发起组织。吴耀宗在《东北的义勇军与我

---

① 张正泽：《国歌原创素材地》，吉林文史出版社，2009 年版，第 232 页。
② 《东北义勇军之调查》，《白河周刊》，1932 年第 1 卷第 26 期，第 264 页。

们》 文中更对东北抗日义勇军的构成进行了实证性的考察和分析。
"（一）按地域区分——东北各地义勇军，以本地人为多，约占百分之八十；其间来自外乡者，约占百分之二十。（二）按身份区分——甲、曾为土匪者，约占百分之二十。乙、因农村经济破产而失业的农民，约占百分之五十。丙、曾服兵役者约占百分之二十五。丁、激于义愤，矢志救国的智识分子，约占百分之五。（三）按财产区分——义勇军固以无财产者为多，但据有良田千顷，家资钜万，因不忍见日寇暴虐，毁家纾难，执干戈以卫社稷的，亦不在少数。前者约占百分之八十，后者约占百分之二十。"[1] 可见，东北抗日义勇军队伍的构成十分复杂，几乎囊括了当时东北民众当中的所有阶层，既有无地无产的贫民阶层，也有有地有产的富人阶层，所以，"日人日日宣言，说满洲伪国是民众自动的独立运动；但是东北数十万的义勇军却是天天使日人的宣言，在全世界人的眼目中，成为一个绝大的笑柄"[2]。东北抗日义勇军构成的广泛性，说明东北人民的抗日具有广泛的群众基础，其斗争性质是民族之间压迫与反压迫的斗争，是中华民族保家卫国的战斗，并不因东北被占领而停止。

"义勇军之首领多数为热心血性，且富于情感之青年，慨于国难当头，决意牺牲一切，不顾利害，不计成败，愿尽报国义务于万一，为利禄是贪籍此号召以随个人私愿之所图者则甚少。""充当义勇军之人员，多数为由事变以来，不堪受日人之横暴侮辱，不愿作亡国奴之血性青年。"[3] 多数义勇军成员是在国难当头为了"尽报国义务"，"决意牺牲一切，不顾利害，不计成本"的人，是"不愿作亡国奴之

①② 吴耀宗：《东北的义勇军与我们》，《年华》，1932 年第 1 卷第 23 期，第 443、447 页。
③ 一心：《辽西义勇军之一般状况》，《东方公论》，1932 年 5 月第 68 期，第 15 页。

血性青年"。东北抗日义勇军的成员绝大多数是基于民族大义而举起抗日大旗的。"东北的义军，多是绿林兄弟，农村民众，他们揭竿而起，不计胜负成败，不顾身家性命，只凭不甘为亡国奴的民气，不甘受日本的统制（治）！"[①] 这些正是"起来！不愿做奴隶的人们"的真实写照。

"冒着敌人的炮火前进！"的勇士

国歌中"冒着敌人的炮火前进！"一句恰好反映了东北抗日义勇军抵抗日本侵略者的献身精神。"他们抵抗暴日，舍去了父母妻子，破产毁家，无非是为爱国热忱所驱使，为着拯救危亡的中华。他们与帝国主义肉搏拼命，身临剧烈炮火之中，血洒黑山白水之下，无非是愤日贼强蛮，以振起我们民族之魂。"[②] "我义勇军激于义愤，忍无可忍，结爱国民众，力兴抵抗，率以械弹无源，未能扫除敌氛，恢复版图，为可憾耳！然转战兼旬，毙敌数千，亦足褫倭奴之魄，为河山增

·打响抗战第一枪（雕塑）

·在冰雪中战斗的义勇军（版画）

---

① 《义勇军活跃之意义》，《白河周刊》，1932 年第 1 卷第 51 期，第 571 页。
② 《炮火饥寒夹击中的东北义勇军》，《抗日旬刊》，1932 年第 18 期，第 410 页。

色矣。"① 东北抗日义勇军是卫国的志士，是民族英雄。② 他们使国魂不坠，使山河增色。"向无义勇军，则日本当业已席卷热河，窥伺华北；向无义勇军，则日军在东北必已可长治久安高枕而卧；向无义勇军，则世界历史上占领邻国土地之易当创一新记录；向无义勇军，则国际间必将谓中国人尽为凉血动物毫无国家观念，东北伪国真为民族自决；向无义勇军，则东北将永无收复之望而并将启列强瓜分中国之渐。"③ "东北沦陷已经十个月了，幸而有那十数万奋勇杀敌的义勇军在那边挣扎着，不然更表示我们民族的精神灭亡了。"④ 东北抗日义勇军是杀身成仁、舍生取义民族精神的象征。

·郑桂林将军

郑桂林率领的救国义勇军主要在锦西、绥中、兴城一带活动，"绥中来人谈"以"风说"形式，介绍了郑桂林部在锦西地区的抗日活动。郑桂林率部抵达绥中后，打出了"郑天狗"（寓天狗食日之意）的旗号，很多有枪农民和爱国志士纷纷来附，"共计骑兵万余人，武器齐全，该军在最近两个月间，大小战共历十二次，兴城一度被该军占领，但因子弹接济缺乏关系，未能久守，此亦为义勇军不能发展之大原因，郑军子弹，更属困难，近所余子弹，每人不过三十粒，遇战事，每人不过使用十粒，且战斗器械不精，无机枪大炮，仍

---

① 《义勇军血战记》，《大道》，1932 年第 17—18 期，第 19 页。
②④ 曹伟民：《援助义勇军抵制日货》，《东方公论》，1932 年第 76—78 期合刊，第 2 页。
③ 郭甄泰：《勗东北义勇军》，《东方公论》，1932 年第 76—78 期合刊，第 1 页。

能使日军见而生畏者，厥唯作战之精神，肉体与新式战器相抵抗，其牺牲精神，至堪钦佩"[1]。该文介绍了郑桂林所率义勇军部队的人数与装备情况。在装备非常窳劣的情况下，义勇军还与日军战斗过大小战役 12 次，"义勇军则奋勇应敌，弹尽后继以肉搏"，"义军虽子弹不足，但其作战之经验与勇敢之精神，亦足与日军相抗衡"[2]。战斗中，战士们在弹尽后，乃与日军展开肉搏，这种勇敢献身精神，为时人所赞叹。《辽省义军战讯鳞爪》的报道中也以"郑桂林部正在血战"[3]来形容其惨烈的抗战场面。

于百恩、张海涛部队尽管战绩辉煌，但是这种有限战果的取得依然是非常艰难的，当时报道称："日军受此重创后，刻正调集部队进攻。我军士气颇盛，惟所有弹药经此战役耗费罄尽，弹药缺乏，又兼官兵均着单衣，天气渐寒，无法支持。即司令部一二百人之维持费，给养费，亦告断绝。刻亦陷于进退维谷之际，万分困难。"[4] 这样一支劲旅，由于缺少给养弹药，而不能给予日伪军以更大打击，这正是当时东北抗日义勇军抗战恶劣环境的典型写照。

九一八事变后，东北正规军没有经过正式抵抗即已大部撤出东北，故抵抗日本侵略者的责任便落在了东北民众身上。除少数留在东北的正规军及部分警察外，由东北民间各阶层组织起来的没有受过正规军事训练、缺吃少穿、武器窳劣、弹药缺乏的东北抗日义勇军却能以大无畏的英雄气概，抱着杀身成仁的精神，奋力抗击日军，进行"毫无抵抗能力"的抵抗，体现了中华民族宁死不屈的民族精神，也

---

① 《辽西义军苦战经过》，《中央周刊》，1932 年第 219 期，第 13 页。
② 《锦西义军郑桂林苦战记》，《东方公论》，1932 年第 76—78 期合刊，第 41 页。
③ 《辽省义军战讯鳞爪》，《中央周刊》，1932 年第 237 期，第 10 页。
④ 《于百恩张海涛部在北镇一带活动近况》，1932 年第 82 期，第 20 页。

使那些说东北人奴性十足，不抵抗、宁愿当亡国奴的谬言不攻自破。"我国为享有五千年光荣历史之优秀民族，岂肯低首下心甘愿为倭寇之奴隶。东北土地虽失，而东北民众则不顾一切与日寇誓死决斗，有进无退，此仆彼继……民族人格得藉以立，国家体面得藉以全，壮哉！义勇军之自动杀敌！血染疆土，气抑山河，惟此民族英雄所流之血，始为中华民族不亡之象征，惟此东北版图所染之血痕，始为东北不失之标帜！"① 东北义勇军的存在，使国格、族格俱存，更令"东北亡而不亡"，也使日本占领东北失去了它的合法性。更重要的还在于，东北义勇军的存在对于振奋国人的抗日士气，以及民族自信心的恢复都起到了重要作用。"东北义勇军，纯为民众之武力，乃国民激于爱国之热忱，毫未加杂他意，故不惜挺身为国牺牲，甘愿肝脑涂地，明知以卵击石，情愿与日肉搏，以尽国民之天职。"② 非正规武装的抗日义勇军却能在这种情景之下毅然奋起抵抗，恰恰代表了中华民族宁死不屈的精神。

"用血肉筑长城"的英烈

东北抗日义勇军的存在是东北不亡的重要根据，"斯东北亡而不亡"主要靠的就是东北义勇军的献身抗日精神。郭甄泰在《勗东北义勇军》一文中即高度礼赞东北义勇军的牺牲精神对于东北存亡的价值。他说："彼有子弹，我有头颅，彼有武器，我有血肉，肝脑涂地，至死无悔，前赴后继，效死弗去。卒也使日军席不安枕，疲于奔命，至今尚未能完全征服东北。为国争光允懋上赏，以视彼为军阀作走狗

---

① ② 管企仲：《东北义勇军之抗日战》,《政治月刊》, 1934 年第 1 卷第 4 期, 第 87、89 页。

·1933年天津《大公报》对郑桂林抗日的报道中的"郑桂林部抗日义勇军布告"

而牺牲，为个人作工具而内战以死者，其泰山鸿毛可以道理计耶？"[1] 义勇军以其大无畏的牺牲精神，用自己的血肉之躯与武装先进的日军相抗争，其结果虽然悲壮，"肝脑涂地，至死无悔，前赴后继，效死弗去"，但它的价值却是使日军"席不安枕，疲于奔命，至今尚未能完全征服东北"。还有舆论认为："如今东北算不得完全沦亡，所依靠的就是那般在寒风苦斗里的英勇义军！"[2] 正由于有东北抗日义勇军的奋勇抗战，才使得东北还没有完全被日本占领，东北还"算不得完全沦亡"。

高鹏振率领的骑兵支队，被誉为"义勇铁骑"，与日伪军进行大型战斗100多次，小战无数次，劫日军军列、破坏交通，沉重打击了当地的日伪政权。报刊上连续刊载辽西义勇军围攻北镇县城，歼灭日军古贺联队，参加锦州保卫战、热河保卫战以及长城抗战的战绩，"老梯子"尤其威震敌胆。1937年高将军牺牲。2005年7月13日，辽宁省人民政府颁发了"追认高鹏振同志为革命烈士"的批复文件。他的英雄业绩，使他入选中国抗日英烈名录。

在国民政府及东北地方军政当局采取"不抵抗政策"，东北三省已事实沦陷的背景下，东北义勇军的对日抗战，是"毫无抵抗能力"的抵抗，其所体现的是中国人的不屈血性，对于他们来说，生死早已

---

① 郭甄泰：《晶东北义勇军》，《东方公论》，1932年第76—78期合刊，第1页。
② 《为援助东北抗日义勇军向各界募捐宣言》，《道南》，1932年第6卷第17期，第17页。

置之度外。即使被捕也依然大义凛然地面对死亡，这方面事迹以邓铁梅烈士的故事最为典型。

邓铁梅原为辽东义勇军总司令，"拥众数万，积极抗日，日本帝国主义视为心腹大患"，"励士卒，奋战凤城、海城、辽阳三县，声势浩荡"①。然而不幸被捕，在严词拒绝日伪威逼利诱后，被敌人残忍杀害。邹健在《邓铁梅不死》一文中说："邓烈士铁梅起义于九一八事变爆发后三月，殉难于九一八第三周年纪念后十日。抗日三年，死而后已矣。"并在文中细数邓铁梅的抗日战绩，如攻凤城，攻岫岩。对此，《邓铁梅部包围凤城》中亦有详细报道。②在庄河之役中消灭日军40人，破坏交通；讨伐伪军李寿山之役，击落飞机；特别是1932年12月间在红花岭、老鹊窝、庙岭沟一带与日伪军一万余人"血战四十七日"，"击毙佐藤大佐以下，大尉三名，伪军少校一人，尉官七人，士兵五百以上"。特别是他的别动队，专门暗杀汉奸等。"邓氏起义以来，转战三载，能使日军势力，未能达到彼所谓三角地带，日本之移民计划，未能实施于辽宁东边各地。"③对邓铁梅的抗日业绩给予了高度评价。关于邓铁梅的牺牲，《黑白半月刊》1934年第2卷第7期以《抗日英雄邓铁梅死矣》为题进行了报道："辽宁东边三角地带义勇军首领邓铁梅，自被捕后，即押于伪奉天第一军管区司令部军法处内。日人屡次劝降，邓矢志不屈，乃竟于九月二十八日夜间被秘密枪杀。至日方对外宣传，则谓邓系患急性肺炎致死，亡年四十五岁。"④

---

① 《邓铁梅部据凤城山险抗敌》，《东北消息汇刊》，1934年第1卷第1期，第1页。
② 《邓铁梅部包围凤城》，《华侨周报》，1932年第21期，第34页。
③ 邹健：《邓铁梅不死》，《黑白半月刊》，1935年第3卷第2期，第57页。
④ 《抗日英雄邓铁梅死矣》，《黑白半月刊》，1934年第2卷第7期，第44页。

· 邓铁梅将军被捕时情形

《邓铁梅遇害》一文赞誉"倭人屡次劝降，邓矢志不屈"①。《民族英雄邓铁梅遇害》也称他为"舍生取义"的"民族英雄"。②彦之在《悼抗日英雄邓铁梅》一文中论述道："东变以来，我东北同胞激于爱国情绪，奋起而抗日的，曷止数十万人。但其中实力最厚抗日最久，深为日人所畏惧，而引为深忧的，当首推起义于东边，转战于三角地带之李君春润及邓君铁梅。"其中邓铁梅"转战于南满安奉两铁路沿线之间，大小历数十余战，卒使日伪军队大有顾此失彼疲于奔命之势"③。作者强调指出，邓铁梅的英雄业绩不是空嚷几声救国口号就可以做到的。特别是当他被捕之后，"日伪当局，一再诱其附逆，惟邓君心同铁石，不为少动"，"终以不肯附逆，于上月二十八日竟以身殉国。噩耗传来，闻者痛心"④。接着作者更从伟大抗战精神的高度论述了邓铁梅的精神价值："东变以来，历时三载。在此三年之中，曾有数十万之无名英雄，前仆后继，视死如归，与日本帝国主义者相抗拒，而卒赖其力，于我政府安内不克同时攘外之情势下，犹能在东北发扬我中华民族的精神。……邓氏既为抗日最力之义军首领，故其对我国家我民族之功绩，历千万世而不可磨灭。今邓氏虽死矣！但其精神固犹足

---

① 《邓铁梅遇害》，《大道》，1934 年第 2 卷第 6 期，第 4 页。

② 《民族英雄邓铁梅遇害》，《东北通讯》，1935 年第 17 期，第 2 页。

③④ 彦之：《悼抗日英雄邓铁梅》，《黑白半月刊》，1934 年第 2 卷第 7 期，第 2 页。

以杀帝国主义者的锐气，用坚国人抗日的决心！"①邓铁梅的抗战事迹不仅能够坚定全国人民的抗日意志，他的不受敌人利诱、不惧敌人淫威的大无畏牺牲精神，更能够激励国人不屈的民族精神。

在东北抗日义勇军中像邓铁梅这样被捕后，不惧日伪淫威和利诱而英勇就义的人物众多，其中前东北陆军中将王杰臣在就义前，面对死亡，也表现出了大义凛然、毫无惧色的态度。②

九一八事变后辽宁人民的对日抗战具有全国影响。全国报刊都在宣传东北抗日义勇军的事迹，这些内容田汉、聂耳都会有所了解，激发起创作灵感，构建起东北抗日义勇军的艺术形象。

在国民党政府采取不抵抗和依赖国联的政策下，日本迅速占领了东北三省的大部分地区，对东北人民进行残酷的屠杀和压迫。在期盼政府对日宣战无望的情况下，留在东北的部分东北军旧部、不甘忍受日军残酷统治的各族人民、救国军、自卫军、绿林好汉等自发组成强大的东北义勇军抗日力量。而在当时，辽宁的抗日义勇军对日军抵抗最激烈，牺牲最大，以血肉之身躯有效滞迟了日军侵略整个中国的进程。辽宁抗日义勇军抵抗日军侵略、保家卫国的精神，得到了全国舆论界的关注，受到重点报道和宣传，当时的报刊《东方公论》《白河周刊》《北洋画报》《黑白半月刊》《沪大周报》《华年》《华侨周报》《抗日旬刊》《民路》《民声周报》《平明杂志》《平旦周报》《厦门周报》《独立评论》《申报月刊》《生活周报》《十日》《时事月报》《政治评论》《中央周报》等都对东北抗日义勇军的事迹进行了报道。有学者称："东

---

① 彦之：《悼抗日英雄邓铁梅》，《黑白半月刊》，1934 年第 2 卷第 7 期，第 3 页。
② 《东北义勇军领袖王杰臣从容就义，在齐齐哈尔被伪警枪决，临刑高呼余欢喜死》，《黄沙半月刊》，1934 年第 1 卷第 3 期，第 18 页。

北何尝不抵抗呢？义勇军在那样的环境中之抵抗，真是可歌可泣的。"肯定了东北抗日义勇军的作用，"暴日强占我东北后，各界民众纷起抗日救国，而尤以东北民众实地组织义勇军，参加抗日最著战绩"。他们真正是"卫国的志士""民族英雄"。

当时最著名的上海《申报》，甚至连续组织全国支持东北抗日义勇军的募捐活动，该报仅在 1931 年 9 月至 1933 年 9 月间，就刊登了470 多条声援东北抗日义勇军的广告。抗日、救亡已成为当时中国思想文化主题，思想进步的田汉、聂耳不可能不受到全国抗日救亡运动的感染。1933 年 2 月，聂耳随同"辽吉黑热民众后援会"慰问团携带武器、弹药、给养等物品到热河抗日前线，慰问东北抗日义勇军就是最好的证明。

此外，辽宁民众自卫军在桓仁举行抗日誓师大会后，其誓师大会实况及通电等在南京国民政府广播电台播放，北平东北民众抗日救国会政治部印发了《辽宁东边民众自卫军抗日救国详记》散发平、津、宁、沪，自卫军总部及各路军司令照片、简历等送交北平救国会，唐聚五于 1932 年 12 月 20 日起，在北平 40 余所院校进行抗日演讲宣传，因此平、津、宁、沪等地抗日救国团体及进步人士如田汉等人对辽宁抗日义勇军的情况多有了解，而辽宁其他地方的抗日义勇军部队的抗日业绩也通过其他渠道为世人所知晓。上海百代电影公司于 1933 年 1月 14 日赴热河东北义勇军驻地，拍摄义勇军领导人唐聚五、郑桂林等抗战纪录片，辽宁义勇军奋起抗日的战绩和长城抗战的悲壮场面，激发了爱国进步艺术家的创作激情和灵感，催生了《义勇军进行曲》的创作成功。而田汉、聂耳等左翼进步艺术家，以义勇军长城抗战为背景，创作了反映长城古北口抗战题材的电影《风云儿女》及其主题歌《义勇军进行曲》也是应有之义。

总之，艺术反映时代主题，有义勇军之抗战，才能有《义勇军进行曲》之诞生。先有辽宁抗战，后有热河和长城抗战。电影《风云儿女》及其主题歌《义勇军进行曲》正是取材于长城古北口的民众抗战题材，而它正是东北义勇军抗战的延伸和继续。

辽宁抗日义勇军誓词军歌为国歌素材来源

《义勇军进行曲》因其典型地反映了中华民族不屈抗战的精神，才被确定为新中国国歌。辽宁各地抗日义勇军兴起最早，也最典型，其自然成为《义勇军进行曲》的创作原型。兴起于辽宁各地抗日义勇军创作的"誓词"和"军歌"，因其话语符号的现场感以及与中国人民抗战精神的高度契合性，而自然成为《义勇军进行曲》歌词的主要素材来源。

素材来源于镇北军《誓词歌》

《誓词歌》出自 1931 年 9 月 27 日高鹏振在镇北军（东北国民救国军）成立暨誓师大会上公布的抗日誓词：

> 起来！起来吧，不愿做亡国奴的人们。山河碎，家园毁，父母成炮灰，留着我们的头颅有何用？拿起刀枪向前冲！杀！杀！杀！

1931 年 10 月初，东北民众抗日救国会委派张永兴（曾化名"王立川"）前往高鹏振部协助整编队伍、严明军纪、开展活动。他将誓词配以"满江红"的古曲，作为东北国民救国军军歌。该支抗日义勇军部队坚持武装抗战达 7 年之久，军歌始终在部队传唱。战士们"在出操时唱，休息时也唱"。这首歌创作于高鹏振的镇北军建立之初，唱出了人们心头最大的关切，鼓励了很多人加入义勇军。这首歌应该是最早使用"起来！起来吧，不愿做亡国奴的人们"的表达，具有重要的开创意义。"起来"唱出了不甘心日本帝国主义侵略造成国破家亡的屈辱，唱出了身处国民政府"不抵抗政策"下的愤懑，更唱出质朴的中华儿女追求独立和自由的强烈呼声。[①]

张永兴回到救国会后，以高鹏振创建抗日义勇军为素材，撰写了中篇纪实文学《血战归来》，发表在《新中华》杂志上，详细报道了作者从 1931 年 10 月至 1932 年 2 月协助高鹏振组建、领导东北国民救国军的经历以及辉煌战绩。辽西义勇军的战绩使田汉大受鼓舞，他在《血战归来》的鼓舞下写道："最后的胜利是不决定在敌人的武器而决定在全国劳苦民众的意志。但凡他们不肯做奴隶，他们是必能把帝国主义强盗踢出去的，不管它的飞机大炮是多么厉害。因此只有组织了自己的力量，才是真正能防卫自己的家的万里长城。"[②]

影响田汉的不仅仅是义勇军的英勇战绩和壮烈牺牲，他还赞同并接受义勇军《誓词歌》的歌词，指出但凡他们"不肯做奴隶"，只要有"全国劳苦民众的意志"，那么不管敌人的"飞机大炮是多么厉害"，都可以筑起防卫自己的家的"万里长城"，这些关键语句的使

---

① 张洁：《义勇军进行曲源流叙事》，沈阳出版社，2018 年版，第 88 页。
② 董健：《田汉传》，北京十月文艺出版社，1996 年版，第 436 页。

用，已经为后来《义勇军进行曲》的歌词创作起到重要铺垫作用，说明田汉对义勇军的了解和认识已经具有符号性标识。

《义勇军进行曲》歌词与镇北军《誓词歌》相比较，其最大神似之处在于歌曲开头，"起来！起来吧，不愿做亡国奴的人们"与"起来，不愿做奴隶的人们"，"起来"是唤起民众，起来的原因是"不愿做奴隶"，这是唤起国人为国报效的悲怆呼吁，极具感染力；另一高度神似之处在于："拿起刀枪向前冲"与"冒着敌人的炮火前进"，都是表现具体动态的反抗之势；在总体风格、节奏、气势上两者也极为相似，篇幅都很短小精悍，且开头和结尾都是动员作用的呼号式歌词，"杀——杀——一二三四"与"前进，前进，前进、进"，都是反映反侵略战争中不怕牺牲、一往无前的果敢精神。歌曲雄壮有力、激昂轻快、催人奋进等特点是完全相同的。镇北军《誓词歌》不仅诞生时间早，而且和辽西义勇军一样影响大、传唱广。田汉如果没有对《誓词歌》的了解并高度认可，就不太容易发生这样的用词巧合。从创作规律上讲，《义勇军进行曲》是广泛搜集素材并再度创作而完成的一首歌。但因为《誓词歌》诞生早，故此在影响《义勇军进行曲》创作过程中的特殊地位也非同一般。高鹏振因此有"国歌奠基第一人"①之美誉。镇北军的《誓词歌》是《义勇军进行曲》歌词源泉之一。

另外，从《义勇军进行曲》谱曲者聂耳角度看，1933年2月26日，来自上海的音乐家聂耳随同东北抗日义勇军总司令朱庆澜到热河保卫战前线慰问义勇军将士，听到刘凤梧等义勇军战士正在高唱义勇军《誓词歌》，从而获得了义勇军《誓词歌》的第一手素材。所以，

---

① 李明、李新月：《高鹏振与义勇军进行曲》，《党史纵横》，2016年第9期，第57页。

在音乐表现元素上会将抗日义勇军的意象表现出来。

《义勇军进行曲》问世背后还有朱庆澜将军的作用。1932 年 4 月，为抗击日本帝国主义侵略东北，朱庆澜在上海成立了辽吉黑民众后援会，奔波于全国各地筹集 400 多万大洋资助义勇军抗战。当年 8 月，辽吉黑民众后援会迁至北平，11 月，东北民众抗日救国会和辽吉黑民众后援会联合组建"东北义勇军总司令部"，朱庆澜任总司令。1933 年春夏的热河保卫战和长城抗战失败后，东北抗日义勇军被国民党政府强令取缔，义勇军走向低潮并分化解体。朱庆澜将军回到上海募捐资金用于慈善事业，并于 1934 年担任制片人，和共产党员司徒慧敏共同担任出品人，为中共地下党领导的上海电通影片公司出资拍摄电影《风云儿女》。朱庆澜投资电影《风云儿女》，用文艺作品来宣传义勇军抗战，是其主题歌《义勇军进行曲》得以成功问世的重要前提。从一定意义上说，没有朱庆澜的投资，就很可能没有电影《风云儿女》，当然更谈不上主题歌《义勇军进行曲》的诞生了。

此外，是朱庆澜在"进行曲"前面加上"义勇军"三个字的。聂耳于 1935 年 4 月从日本寄回的《风云儿女》主题歌的词曲名称只有"进行曲"三个字。东北义勇军总司令朱庆澜将军作为电影《风云儿女》的制片人和第一出品人、摄制组的最高决策者，在"进行曲"前面加上了"义勇军"三个字，将主题歌歌名定为《义勇军进行曲》。1935 年 5 月 24 日，《风云儿女》在上海首映。此前一周，《义勇军进行曲》已由上海百代唱片公司灌制成唱片公开发行。①

---

① 《锦州——国歌创作素材的源发地》，《锦州日报》，2021 年 8 月 27 日第 B01 版。

素材来源于《血盟救国军军歌》

1931 年 10 月 19 日，辽宁清原人孙铭武、孙铭宸兄弟与辽宁新宾人张显铭等人，在清原县大苏河虫王庙宣誓成立血盟救国军，举旗抗日。起义前他们创作了《血盟救国军军歌》，由孙铭武、孙铭宸作词，张显铭谱曲。歌词内容为：

·辽东血盟救国军总司令孙铭武

> 起来！不愿当亡国奴的人们！
> 用我们的血肉唤醒起全国民众；我
> 们不能坐以待毙，必须奋起杀敌；
> 中华民族到了最危险的时候，起来！起来！全国人民团结一
> 致，战斗！战斗！战斗！战斗！

在全场爆发的阵阵欢呼声、掌声中，孙铭武、孙铭宸、张显铭训练的那支民众武装，唱起了为起义而创作的《血盟救国军军歌》。这支军歌不仅在血盟救国军内部，还在其他抗日义勇军队伍中得到传唱。1932 年年末，孙铭宸到关内宣传东北抗日活动，在关内对这首军歌进行了介绍和传唱。

目前流传的《血盟救国军军歌》歌词主要有四个版本，公开发表的有四个版本：

1. 白凤羽于 2005 年 10 月 1 日《抚顺日报》发表《用我们的血肉唤起全国民众——抚顺发现我国最早一首义勇军歌》，记载歌词如下：

起来 / 不愿当亡国奴的人们 / 用我们的血肉唤起全国民众 / 我们不能坐以待毙 / 必须奋起杀敌 / 中华民族到了最危险的时候 / 起来！起来！/ 全国人民团结一致 / 战斗！战斗！战斗！战斗！

2.《抚顺晚报》2014 年 9 月 3 日第 1 版标题文章《民政部公布 300 名抗日英烈　抚顺人孙铭武排首位　参与创作〈血盟救国军军歌〉》，记载歌词如下：

起来！起来！/ 不愿做亡国奴的人们 / 用我们的血肉唤起全国的民众 /

不能坐以待毙 / 必须奋起杀敌 / 中华民族到了最危险的时候 /

起来！起来！/ 团结一致 / 战斗！战斗！战斗！

3. 杨沛霖（清原满族自治县原副县长）于 2014 年 9 月 3 日《抚顺晚报》A2、A3 两版发表文章《烽火中，"起来，起来"的怒吼》，记载歌词如下：

起来，起来，/ 不愿做亡国奴的人们。/ 用我们的血肉，唤起全国的民众。/

不能坐以待毙，必须奋起杀敌。/ 中华民族到了最危险的时候，/

起来，起来。／团结一致，／战斗，战斗，战斗。

4. 王平鲁（时任抚顺市社科院党史研究室主任）于 2002 年 9 月 28 日采访孙超老人并听他亲自演唱后记录歌词如下：

起来！／不愿当亡国奴的人们，／用我们的血肉去唤醒全国民众，／

中华民族到了最危险的时候。／我们不能坐以待毙，必须起而杀敌。／

起来！起来！／我们要团结全国民众，／去战斗！战斗！战斗！

上述几个版本对比来看，字句方面基本一致，略有差异。

歌曲诞生于筹建血盟救国军的过程中，是孙铭武提出要创作一首军歌，以凝聚军心，提振士气，就由孙铭宸、张显铭具体执笔，在孙家大院创作出《血盟救国军军歌》。歌词完成时间是 1931 年 10 月 16 日，最早公开传唱时间是 1931 年 10 月 19 日。人民日报社原驻香港站主任魏亚南（退休记者，12 月 9 日"国歌素材诞生地研讨会"前采访过孙滦宁）受邀参加论证会，他在采访调查后提出："国歌的母本可以认定就是打响辽东抗日第一枪的血盟救国军军歌，作者应是孙铭武，执笔孙耀祖，作曲张显铭。创作时间是他们举义成立血盟救国军的前三天——1931 年 10 月 16 日，创作地点是清原县中寨子村孙家大院，唱响的时间应为血盟救国军成立的那天，即 1931 年 10 月 19 日，唱响地为誓师的大苏河城隍庙。在此基础上，有信心通过媒体宣传，可以在确认中扩大、补充、发现史料来源，充实证人、证据，进一步确认国歌的母本就是血盟救国军军歌，原创作者就是孙铭武、孙耀祖和张显铭。"①

比较来看，《血盟救国军军歌》与国歌相比歌词相近。现国歌《义勇军进行曲》一共 84 字，《血盟救国军军歌》原歌词一共 70 字，有 35 字与现国歌重合，就意味着重合率高达 50%。其中，第一句"起来"、第四句"中华民族到了最危险的时候"、第六句"起来"在两首歌中用字甚至完全相同。

格式相近。两首歌格式排布非常相近，除去《义勇军进行曲》中重复上一句的最后两句"冒着敌人的炮火，前进！""前进！前进、进！"之外，两首歌都是 8 句话，每句话长度都相似，行文递进方式也基本相同。

节奏相近。两首歌长短句排布相似，演唱节奏相近，都是进行曲节奏。

主题、主题句、意境相近。两首歌主题相同，都是歌颂义勇军在中华民族危难关头英勇抵抗，号召全国民众团结一致、奋起杀敌的爱国主义精神和革命英雄主义气概。歌曲最重要的主题句都是"中华民族到了最危险的时候"这样号召抗战的字眼；整体意境都是充溢着雄浑、悲壮的爱国主义情怀。因此，抚顺为国歌素材的重要诞生地之一。

---

① 《关于国歌素材诞生地论证情况的报告》，2014 年抚顺社科院提交抚顺市委宣传部报告存档。

素材来源于辽宁民众自卫军《告武装同志书》

九一八事变后，本溪也是抗日义勇军迅速发展且产生重大影响的地区之一，在桓仁誓师的义勇军的誓词和军歌，尤其是其"两电三书"①的关键词句也与《义勇军进行曲》的歌词有重要关联。

唐聚五在筹划举义抗战的过程中，还特别倚重东北民众抗日救国会特派员李季。李季也不负众望，几乎废寝忘食、通宵达旦地工作，先后起草《告民众书》和《告武装同志书》《起义誓言》《全国通电》等战斗檄文。李季被誉为"辽宁民众自卫军的大文豪"，他用文字吹响了辽东抗战的进行曲。

· 唐聚五将军

1932 年 4 月 21 日，唐聚五联络东边道地区爱国军官和公安局长、公安大队长，在桓仁师范学校操场召开隆重的辽宁民众自卫军成立誓师大会，唐聚五任总司令。参加誓师大会者有 70000 余众，声势浩大。上午 9 时，唐聚五、王育文和东边道地区各县诸路军事代表莅临会场，郭景珊担任会场的现场总指挥。

---

① "两电三书"，"两电"是指《辽宁救国会通电》和《自卫军各司令就职通电》；"三书"即《告民众书》《告武装同志书》《再告武装同志书》等文告。见张洁：《义勇军进行曲源流叙事》，沈阳出版社，2018 年版，第 103 页。

誓师大会后，唐聚五等领导人向全国相继发出抗战声明。在《辽宁救国会通电》和《自卫军各司令就职通电》中言道："临敌之际，弹尽则短接，刃折则肉搏，渴饮敌血，饥餐虏肉，前者赴后者继，不灭倭贼，誓不生还。"同时，还发出《告民众书》《告武装同志书》《再告武装同志书》等文告，号召军民万众一心，同舟共济，共同杀敌讨逆。

抗日宣言中讲道："同胞们，我们已经忍无可忍。我决心顺应社会之舆情，应民众之邀请，率领本部将士和广大民众，共襄义举，自卫图存，讨逆救国。同胞们，国难当头，今不奋起，更待何时？为了国家民族的生存，我决心率领全军与敌人决一死战，前赴后继，不灭敌寇，誓不生还！"

《告武装同志书》文字较长，其核心词语如下：①

（1）"刻为国讨逆，枕戈待命而动。有不得不为同志告者。现义勇军、救国军、抗日军风起云涌。"

（2）"东北数十年来受倭奴之压迫蹂躏，无以复加，虽三尺童子，莫不切齿。全国军人咸欲一战，党国要人，精诚团结，在野名流，群策群力，一致对外，所谓同舟共济，万众一心者也。"

（3）"我们亲爱的同胞们，要精诚团结起来，振起杀敌卫国的精神，和倭奴作殊死战斗。这才是我们中国人的天职。"

（4）"现在我们已经兴师救国卫民。……和我们响应起来，一定会把日本打倒的，一定会把伪国打倒的。现在关里出兵讨逆，关外的自卫军、义勇军、抗日救国军，风起云涌的起来了。"

---

① 北平东北民众抗日救国会：《辽宁东边民众自卫军起义救国详记》，1932年9月18日，第48—57页。

（5）"亲爱的同胞，要知道现在是中国存亡的关头，……哪能甘心作亡国的奴隶，倒戈反正，翻然归来……同胞们，我亲爱的武装同胞们啊，响应响应，归来归来。"

（6）"不畏炮火，故喊杀愈烈，冒弹雨直进。"

把辽宁民众自卫军《告武装同志书》等内容与《义勇军进行曲》歌词作比较如下：

起来	响应起来 精诚团结起来 风起云涌起来
不愿做奴隶的人们	哪能甘心做亡国奴
把我们的血肉筑成我们新的长城	皆以血肉之躯驰于硝弹之中奋勇杀敌
中华民族到了最危险的时候	国难当头现在是中国存亡关头
每个人被迫着发出最后的吼声	我们东北民众已以义愤填膺 我们已经忍无可忍 国难当头，今不奋起更待何时？
我们万众一心	万众一心者也
冒着敌人的炮火前进！	不畏炮火，……冒弹雨直进！

通过上述比较可知，《告武装同志书》等与《义勇军进行曲》在歌词的意象上具有同构性。《风云儿女》电影表现流亡上海的青年男女在日本侵略者进攻平津地区的危急时刻，毅然奔赴抗日战场，参加东北义勇军的长城保卫战，在古北口的战役中和古北口的军民一道打击日本侵略者。《义勇军进行曲》表现了中国人民高举铁拳与刀枪，向侵略者进行斗争的英雄气概。由此可见，《风云儿女》电影剧本正好反映了九一八事变后中国军民抗击日本侵略者的激烈斗争场面。

《风云儿女》电影里人物梁质夫在古北口战役牺牲前给朋友辛白华留下一封遗书，其中"要为国家争土地，为民族争自由"一句话，正是出自唐聚五在1932年4月致上海华侨代表何永贞信中的句子。

可见，唐聚五的话已成经典抗战意象，在三年后运用到《风云儿女》剧本之中。唐聚五桓仁誓师抗日激战古北口，牺牲在长城脚下。1932年8月北平东北民众抗日救国会印发的《辽宁东边民众自卫军起义救国详记》一书，在《义勇军进行曲》产生之前，就已经流传全国各大城市，包括上海各界人士中间。全国有名的上海文化界抗日救国会也一定看到了这本书，上海文化救国会的领导人田汉不但看到，并且还从书中搜集到他创作《义勇军进行曲》歌词的素材。唐聚五总司令于1932年4月23日发布《告武装同志书》，这些文告上的语言和田汉所写的国歌歌词相似，这绝不是偶然或巧合；《告武装同志书》发布在《义勇军进行曲》前两年，唐聚五文告内容在社会上流传，记忆在田汉头脑里，为他的歌词创作提供了很大的想象空间。

辽宁民众自卫军誓师抗日会经南京政府广播电台播放，成为天下重要新闻；唐聚五将军和东北义勇军第三军团血战长城保卫战的古北口战役，是《风云儿女》电影故事的历史背景，而且在人物对白（遗书）上还采用了东北义勇军第三军团总指挥唐聚五的名言"要为国争土地，为民族争自由"。北平东北民众救国会政治部印发《辽宁东边民众自卫军起义救国详记》，由政治部部长杜重远、副部长阎宝航带到上海，在与上海各界组织及人士接洽时分发。上海文化救国会田汉对桓仁抗日情况应当是完全了解的。上海百代电影公司于1933年1月14日派人亲临东北义勇军驻地、战地，拍摄冯占海、郑桂林、唐聚五纪录片，田汉、夏衍时任上海左翼电影负责人，他们派队从影片上对唐聚五等抗日首领进行现场录制，也说明田汉对辽宁义勇军情况是很关注的。1932年12月18日，唐聚五在北平召集欧美同学会人士座谈会，李春润、孙秀岩陪同；唐聚五从1932年12月20日起，经车向忱联络，先后为北平 40 多所院校作抗日报告；1934 年，东北义勇军被蒋介石、何应钦解散。唐聚五到武汉找张学良，其间拜见《抗战日报》主编田汉，谈话内容是长城抗战情况；辽宁民众自卫军军事委员会常委会第二次会议决定派秘书长李季赴北平、天津、南京、上海颁发誓师大会及通电文告，并将自卫军总部各路司令照片、生平简介送交北平救国会政治部在报刊上发表；救国会高崇民、阎宝航专程到上海向各抗日团体宣传东边道抗日，杜重远以记者身份与上海文化界救国会接洽，介绍唐聚五创建辽宁民众自卫军举旗抗日；田汉、夏衍组织拍摄《义勇军大血战》纪录影片，在北平首映时特邀唐聚五、冯占海观看；1933 年 3 月，热河会战前，聂耳出席上海抗日救国会组织的 800 人慰问团，到热河省会承德慰问东北义勇军官兵。唐聚五、郑桂林等观看文艺节目，慰问团还向大家赠送瓷杯、毛巾及其他衣物。上述这些信息皆说明辽宁东部抗日义勇军唐聚五部队在全国的影响，并且已受到上海左翼文化人士的关注。

除了《告武装同志书》和《告民众书》中的内容在字面上与《义勇军进行曲》有重要相似之处外，唐聚五领导的辽宁民众自卫军成立的节点特殊，使命重大。1932 年 4 月，义勇军已经呈现风起云涌之势。因此，辽宁民众自卫军的宣言、誓词和组织建设方面都更加成熟，中华儿女"万众一心，血肉筑长城"的声势已经更加鲜明地体现出来。唐聚五能够举行场面宏阔的誓师大会，正是义勇军浩浩荡荡共赴国难的具体影像。誓师大会不仅需要规模，而且思想上、组织上也都更加充分和系统，唐聚五部是对之前义勇军斗争经验和战斗思想的发展和完善，以十余万众的气势，转战东边道二十多个县区，上百次战斗，多次收复失地的战绩，恰恰是"血肉长城"的直接体现。辽宁民众自卫军军歌虽然在歌词上与《义勇军进行曲》没有直接关联，但在整体上"民众为后盾""为我民族求生存""尝胆卧薪"的精神面貌与《义勇军进行曲》"起来""不愿做奴隶""万众一心"也都是异曲同工。可以说，镇北军的《誓词歌》与血盟救国军的军歌创作于九一八事变之初，更加具有宣誓性和号召性作用，而辽宁民众自卫军已经是他们精神的载体和印证，"血肉长城"的具象已经形成。

辽宁义勇军孕育了《义勇军进行曲》的旋律，辽宁抗日义勇军的英雄事迹和爱国情怀不但鼓舞了全国人民，而且深深感染了著名词曲作家田汉、聂耳，促使他们亲临抗战前线随军采访，为后来创作《义勇军进行曲》提供了可资借鉴的内容和来源。尽管辽宁多地在《义勇军进行曲》缘起之地上颇有争议并各执一端，但对"《义勇军进行曲》缘起于辽宁义勇军抗战"观点一致、理由充分、论证翔实。这也恰恰说明，风起云涌的辽宁抗日义勇军救亡图存的抗战精神与辉映千秋的不朽业绩，孕育并奠定了《义勇军进行曲》的架构和旋律，成为《义勇军进行曲》取之不尽、用之不竭的创作源泉。辽宁义勇军与《义勇军进行曲》之间的联系并非辽宁地域独立存在，也绝非东北义勇军抗日斗争业绩单方面的因素，而是包括中国共产党的号召和领导、全国各地抗日救亡运动、一·二八事变等对抗战的影响、田汉和聂耳创作的生活体验等内容。但毋庸置疑，以东北义勇军为代表的中华民族不屈外侮、浴血奋战的"民族魂"，为《义勇军进行曲》的创作提供了主要素材，具有重要地位。《义勇军进行曲》发端于辽宁义勇军抗战过程中，这是辽宁弥足珍贵的历史与文化遗产。辽宁人民在中国共产党领导下奋起反抗日本侵略者的光辉业绩，在中华民族反抗外来侵略的斗争中留下了永不磨灭的印记。从《义勇军进行曲》到国歌，凝

结着、汇集着整个中华民族的血肉与呐喊，是中华民族的精神力量的
源泉。①

今天看来，《义勇军进行曲》歌词的架构和基调，一定程度上源于
义勇军的军歌、誓词和宣言等。《义勇军进行曲》的创作者田汉从这
些军歌中汲取了灵感和营养。"起来！起来！不愿当亡国奴的人！""用
我们的血肉唤醒起全国民众""我们不能坐以待毙，必须奋起杀敌""中
华民族到了最危险的时候""冒着敌人枪林弹雨向前冲！""用我们身
体筑起长城！前进啊！前进！前进！"等等，这些语句都与《义勇军
进行曲》歌词高度相似，且其时间在先，具有明显的信息链承继性，
而且都是当时中国人感同身受的抗战话语意象，无疑是其重要的素材
来源之一。

国歌的民族精神传承

《义勇军进行曲》蕴含民族抗战精神

1931 年九一八事变爆发，中国人民抗日战争拉开帷幕，东北大地
掀起大规模义勇军抗日的热潮，"不做亡国奴"的吼声唤起了全国人
民高昂的爱国热忱。1934 年春，田汉决定写一个以抗日救亡为主题，
歌颂义勇军抗日斗争的电影剧本。他在刚完成故事梗概和主题歌《义
勇军进行曲》的歌词时，就被国民党反动派逮捕入狱。另一名共产党

---

① 赵杰：《辽宁义勇军谱写了〈义勇军进行曲〉乐章》，《友报》，2020 年 9 月 18 日第 6 版。

·代国歌

员、戏剧家夏衍接手将这个故事梗概写成了电影剧本《风云儿女》。同为共产党员的聂耳，主动要求为《义勇军进行曲》谱曲，并于1935年，在中华民族生死存亡的关头，在抗日烽火中创作出了《义勇军进行曲》，喊出了一个民族、一个国家不屈服外侮的怒吼。这首由田汉作词、聂耳作曲的歌曲，被称为中华民族解放的号角。①

由于这首歌集中地概括了《风云儿女》的主题，深刻地反映了全国各阶层强烈要求抗日救国的爱国主义精神，1935年5月24日，电影《风云儿女》在当时的上海金城大戏院首映，唱出了中华民族心底"最后的吼声"的主题曲《义勇军进行曲》之后，这首歌就像一根导火索，点燃了人们心中的爱国热情，迅速传遍全国，成为激励四万万同胞奋勇抗战的号角。著名画家、音乐家丰子恺曾回忆说："我从浙江经过江西、湖南，来到汉口，在沿途各地逗留时候，

① 刘岩：《从电影插曲到中国国歌》，《金桥》，2021年第7期。

抗战歌曲不绝于耳。连荒山中的三家村也有'起来！起来！前进！前进！'的声音出自村夫牧童之口，都市里自不必说，长沙的湖南婆婆、汉口的湖北车夫，都能唱中华民族到了最危险的时刻。"伴随着救亡运动的巨浪，伴随着抗日战争的熊熊烈焰，这激昂雄壮的旋律像插上翅膀，迅速传遍了中华大地。它如同嘹亮的号角，如同激越的战鼓，召唤、激励着千千万万的中华热血儿女奔赴抗击外来侵略的战场。一时间，《义勇军进行曲》成为代表中国人民最强音的战歌。

《义勇军进行曲》的歌词是散文式的自由体新诗，鲜明地表现了中国人民处于水深火热的民族危急时刻，誓死不做亡国奴，坚决与日本侵略者血战到底，捍卫民族尊严和国家领土及故有家园的英雄气概，表达了人民的呼声、民族的怒吼。聂耳用 6 个长短不等的乐句，组成单段体的一部曲式。整首歌曲激昂雄壮，义愤填膺，气势磅礴，战斗性极强。它以号角式的音调作为全曲旋律发展的基础，壮怀激烈而稳健豪迈。它是时代绝唱式的不朽作品，全歌如此短小，内容的表达和形式的完善是如此高度统一，浑然天成为一曲不可模仿的时代强音，在当时成了动员中国人民起来抵抗日本帝国主义侵略最响亮的号角。它强烈的节奏，激昂的曲调，永远鼓舞着中华民族奋勇前进。

《义勇军进行曲》作为广为流行的抗战歌曲，对于团结各界一致抗战，起到了巨大的鼓舞作用。在一二·九运动中，全国各地的学生、工人、爱国人士都演唱了该曲。1935 年 12 月 9 日，北平高校上千名大学生在寒冷的冬天上街游行，齐声高唱《义勇军进行曲》，进行抗日救国活动。1936 年 6 月 7 日，在上海公共体育场由上海基督教青年会总干事刘良模指挥演唱《义勇军进行曲》，活动有近千人参加。在抗日军队中,《义勇军进行曲》是八路军和新四军高唱的战斗之歌。1936 年 10 月 21 日,在鲁迅的追悼会上,上演了千人齐唱该曲的振奋人心的场面;1937 年 7 月,任光在法国组织华侨合唱团演唱《义勇军进行曲》,为中国抗日战争募捐;抗战期间,国民党广播电台定期安排播放该曲,国民党的军校把《义勇军进行曲》定为军歌,该曲成为傅作义军团的 15 首抗战歌之一,并被戴安澜的国民革命军第二〇〇师定为该师军歌。抗日战争全面爆发后,这首歌更成为全民族不屈抗日的心声。

1937 年,因主张抗日救亡而被捕的沈钧儒、邹韬奋、李公朴等救国会七君子获释时,他们和数百名前来迎接的群众一起高唱了《义勇军进行曲》;1938 年,台儿庄战役中,中国官兵在观战的美国驻华海军副武官卡尔逊的带领下高唱了《义勇军进行曲》;1938 年 4 月 8 日,田汉主持了在武汉汉口北郊跑马场举行的歌咏大会,冼星海指挥了十多万群众合唱《义勇军进行曲》,这是抗战时期最大的演唱阵容。

此歌不仅传唱中国,还随着中国人民反对日本法西斯的英勇事迹传遍全世界,激励许多国家的革命者为争取解放而斗争。美、英、法、印度及南洋各广播电台也常播放。

1940 年,上海各界救国联合会执委刘良模流亡美国,他把《义勇军进行曲》带到了美国;1940 年夏天,美国黑人演员、歌唱家保罗·罗伯逊在纽约七千人露天音乐会上演唱了该曲,保罗·罗伯逊说:“我知道数以百万计的中国人都在唱这首歌(指《义勇军进行曲》),彰显着中华民族不可战胜的精神,我能演唱是一种殊荣。”1941 年,太平洋战争爆发,《义勇军进行曲》在东南亚地区被广为传唱;1944 年,马来西亚一支由青年组织起来的抗日队伍将《义勇军进行曲》作为抗日游击队队歌传唱^①；1945 年，联合国成立时，《义勇军进行曲》作为代表中国的歌曲演奏。

《义勇军进行曲》唱出了中华儿女的不屈和抗争，凝聚起中国人的精气神，激昂的旋律跨越时空，催人奋进，历久弥新。这首让每一个中国人热血澎湃的《义勇军进行曲》，铭刻着一个国家和民族永远不能忘却的历史记忆。"这首诞生于抗日战火硝烟中的战歌，早已成为中华民族不屈不挠精神的象征，也时刻提醒着我们有些历史不该忘记，中华民族要往前走，永远往前走。"^② 国歌是表现一个国家民族精神的歌曲，是被政府和人民认为能代表该国家和人民意志的歌曲，是用来歌颂与鼓励一个民族的信心与凝聚力的歌曲。它能唤起人们内心深处的家国情怀，使人产生庄严感和使命感，也浓缩着对国家和民族的热爱和自豪。

《义勇军进行曲》被确定为代国歌

国歌代表一个国家的尊严和形象。其歌词和旋律一定反映本国的历史及文化传统，并以这种艺术形式作为国家的象征。

国歌代表国家，凡在本国隆重集会和国际交往仪式等重大场合，通常都要演唱或演奏国歌。国歌呈现的历史，就是一个国家的历史。新中国刚刚成立，迫切需要自己的国旗、国徽和国歌作为国家的象征。

1949 年 6 月 15 日，新政治协商会议筹备会首次会议在北平召开。为了迅速完成召开新政治协商会议及建立民主联合政府的各项必要准

---

① 孟红：《〈义勇军进行曲〉发出中华民族最强音》，《天津日报》，2021 年 3 月 22 日第 010 版。
② 王慧峰：《"起来！起来！起来！"》，《人民政协报》，2021 年 8 月 12 日第 4 版。

备工作，周恩来主持召开筹备会常委会第一次会议，决定在常委会领导下设立六个小组。其中第六小组任务是研究草拟国旗、国歌及国徽等方案。组长是我国著名教育家、中国民主促进会负责人马叙伦，副组长是北平军管会主任叶剑英。不久，又增加了沈雁冰（茅盾）主持日常工作。组员有张奚若、田汉等16人。本组承接的工作事关开国大业。

7月4日下午，叶剑英在中南海勤政殿第一会议室主持召开了第六小组第一次会议。为加速小组工作和广泛听取全国人民的意见，会议决定：（一）以新政治协商会议筹备会名义公开向全国人民代表启事，征集意见和方案。（二）设立国旗、国徽图案评选委员会及国歌词、谱评选委员会。推选郭沫若、田汉、沈雁冰、钱三强、欧阳予倩五人组成国歌词、谱初选委员会。聘请马思聪、贺绿汀、吕骥、姚锦新为顾问。会后，征集启事经周恩来审批，报送新政治协商会议筹委会批准，在《人民日报》《北平解放报》《新民报》《大众日报》《光明日报》《进步日报》《天津日报》上连续刊载8天。

·《人民日报》刊载关于国歌讨论的介绍

国内外报刊也都予以转载。

9月17日，新政治协商会议筹委会召开第二次会议，决定将国旗、国徽、国歌工作移交政治协商会议第一届全体会议主席团领导。

为此，当时向全国各界进行了广泛的国歌征集动员活动。在来稿中，涉及国歌有 632 件，涉及歌词有 694 件。在如此短暂的时间里，要创作出理想的国歌词、谱的确是一件很困难的事。当时，郭沫若、马叙伦、欧阳予倩、冯至、柯仲平等知名人士也都有投稿。第六小组成员和专家们认真评选，并组织乐队演奏，但效果均不理想。第六小组在请文艺专家继续拟制的同时，还是挑选出 13 件，制作成《应征国歌歌词复选集（一）》征求意见。但第六小组在 9 月 21 日的《本会议拟制国旗国徽国歌方案组报告》中明确表明：国歌一项，"经本组慎重研讨，认为此次征集之稿，足以应选者尚少"[①]。

9 月 23 日，新政协全体代表分为 11 个小组，与会的 600 多人进行了热烈而认真的讨论。在 1949 年 9 月 25 日丰泽园座谈会上，大家在国歌问题上基本取得一致意见。《国旗国徽国歌纪年国都协商会座谈会主要发言摘录》真切地记录了这一过程。

    马叙伦：我们政府就要成立，而国歌根据目前情况一下子还制做（作）不出来，是否我们可暂时用《义勇军进行曲》暂代国歌。

    ×××（原记录如此）：曲子是很好，但词中有"中华民族到了最后关头"（原词为"中华民族到了最危险的时候"）不妥。最好词修改一下。

    梁思成：我觉得该曲是历史性的产物，为保持她的完整性，我主张曲词都不要改。

---

① 政协全国委员会办公厅编：《中华人民共和国国旗国歌国徽诞生》，中国文史出版社，2019 年版，第 168 页。

徐悲鸿：该进行曲只能暂代国歌。

郭沫若：我赞成暂用她当国歌。因为她不但中国人民会唱而且外国人民也会唱，但歌词修改一下好些。

黄炎培：我觉得词不改好些。

田汉：我觉得该曲是好的，但歌词在过去它有历史意义，但现在应让位给新的歌词。这词并不是聂耳写的，我们（"们"应为衍字）因写完了一段词就被捕，因此就用聂耳名义发表。

周恩来：要么就用旧的歌词，这样才能鼓动情感，修改后唱起来就不会有那种情感。①

从上述讨论的倾向性来看，都主张采用《义勇军进行曲》暂代国歌，只是对个别具体歌词有争议。

9月25日晚8时，毛泽东、周恩来在中南海丰泽园召开了协商国旗、国歌等问题的会议。关于国歌，毛泽东说，大家认为以《义勇军进行曲》作国歌最好，意见比较一致，我看就这样定下来吧。马叙伦说，我们第六小组都同意用《义勇军进行曲》作国歌，完全赞同主席意见，但也有个别人要求修改某些歌词。周恩来接着说，这支歌曲很雄壮，很豪迈，有革命气概，而且节奏鲜明，适合演奏。他认为"中华民族到了最危险的时候"这句歌词有丰富的历史内涵，能够激励感情，修改了唱起来就不会有那种感情。我们面前还有帝国主义反动派，我们的建设愈进展，敌人愈嫉恨我们，想法破坏我们。你能说就不危险了吗？倒不如

---

① 政协全国委员会办公厅编：《中华人民共和国国旗国歌国徽诞生》，中国文史出版社，2019年版，第200页。

留下这句词，使我们耳边警钟长鸣的好！

毛泽东认真听取了大家的发言，最后他综合各方意见说，我国人民经过艰苦斗争，虽然全国快解放了，但还是受帝国主义的包围，不能忘记帝国主义对我国的压迫。我们要争取中国完全独立、解放，还要进行艰苦卓绝的斗争，所以还是保持原有歌词好。他的话音一落，大家热烈鼓掌表示赞同。"座谈会在与会者高唱的《义勇军进行曲》歌声中结束。"①

9月27日，在中国人民政治协商会议第一届全体会议上通过的四个决议案中确定："在中华人民共和国的国歌未正式制定前，以《义勇军进行曲》为国歌。"29日，《人民日报》在刊登国旗图案、《国旗制法说明》的同时，刊登了《义勇军进行曲》。10月1日，中华人民共和国开国大典在天安门广场举行。随着新中国的五星红旗冉冉升起，庄严雄壮的《义勇军进行曲》响彻广场上空。②

1949年11月15日《人民日报》刊文，对采用《义勇军进行曲》为国歌作出如下说明：

《义勇军进行曲》是十余年来在中国广大人民的革命斗争中最流行的歌曲，已经具有历史意义。采用《义勇军进行曲》为中华人民共和国现时的国歌而不加修改，是为了唤起人民回想祖国创造过程中的艰难忧患，鼓舞人民发扬反抗帝国主义侵略的爱国热情，把革命进行到底。这与苏联人民曾

① 政协全国委员会办公厅编：《中华人民共和国国旗国歌国徽诞生》，中国文史出版社，2019年版，第200页。
② 政协全国委员会办公厅编：《中华人民共和国国旗国歌国徽诞生》，中国文史出版社，2019年版，第210页。

在长期间以《国际歌》为国歌，法国人民今天仍以《马赛曲》为国歌的作用是一样的。①

十年动乱期间，《义勇军进行曲》曾一度被禁唱。1978 年 3 月 5 日，第五届全国人民代表大会第一次会议决定修改国歌，采用《义勇军进行曲》原曲，由集体填写新词。1982 年 12 月 4 日，第五届全国人民代表大会第五次会议通过决定：恢复《义勇军进行曲》为新中国国歌。2004 年 3 月 14 日，第十届全国人民代表大会第二次会议通过宪法修正案，正式将《义勇军进行曲》作为国歌写入《中华人民共和国宪法》第四章第一百三十六条第二款："新中国国歌是《义勇军进行曲》。"

1995 年 12 月 1 日上午，在庄严的人民大会堂，首都文艺、教育、体育等各界代表济济一堂，中国文联在这里举行座谈会，纪念新中国国歌《义勇军进行曲》创作 60 周年。对《义勇军进行曲》诞生后产生的意义，全国政协副主席万国权在会上说，这是一首凝结着中国人民血肉、精魂，汇集了整个中华民族的呐喊与意志的歌曲。它在中华民族最危险的时刻，像火山爆发一样，从中华大地喷薄而出，并传遍全世界。它不仅是中国人民反对日本帝国主义侵略的战歌，而且是中华民族大义大勇，充满智慧与尊严的颂歌。每当唱起它的时候，总是自然而然地在心底升腾起一种庄严、一种神圣、一种自豪和一种一往无前的强大力量。

田汉的长子田申介绍自己所了解的创作经过；中国音协名誉主席

---

① 政协全国委员会办公厅编：《中华人民共和国国旗国歌国徽诞生》，中国文史出版社，2019 年版，第 211 页。

吕骥回忆起20世纪30年代与聂耳一起在上海开展左翼音乐文化活动的情景。他们深情的回忆将人们的思绪带回到那60年前走过的烽火历程。老音乐家周巍峙说,这首歌几乎成了群众集会必唱的"会歌"或"队歌"。一二·九运动,北平学生在这歌声之中和国民党警察搏斗;抗战时期,无数革命志士就是唱着这首歌走上战场的。解放军艺术学院原院长、年届八十的魏传统也深有同感地说,在艰苦的抗战岁月中,第一次听到《义勇军进行曲》的情景,其巨大的震撼力量,至今使他难忘。与之共鸣的跳高运动员郑凤荣、天安门国旗护卫队队长陈洁等,也讲述了国歌所表现出的"万众一心"拼搏精神,对自己的鼓舞和在他们人生道路上留下的深刻印象。

2005年12月4日,新中国国歌纪念音乐会在庄严雄伟的人民大会堂拉开帷幕。当《义勇军进行曲》的歌谱在巨大的台幕上洪流一般涌过时,鲜艳的五星红旗和高耸的长城背景下,阵容强大的管弦乐队奏响了激动人心的最强音。台上、台下激情汇流在一起,不时爆发出阵阵热烈的掌声。最后,国家领导人与全场观众同声高唱国歌:"起来,不愿做奴隶的人们!把我们的血肉筑成我们新的长城……"

2005年12月5日,《人民日报》发表评论员文章《高唱国歌向前进》,文章中谈到60年前,当日本侵略者的铁蹄践踏我们可爱的祖国,中华民族到了最危险的时候,由田汉作词、聂耳作曲的《义勇军进行曲》,向全中国人民发出了挽救民族危亡的最强音。唱着她,无数中华儿女告别亲人,告别家乡,奔赴抗日的战场;唱着她,多少仁人志士宁死不屈,慷慨捐躯;唱着她,四万万同胞热泪盈眶,仰望五星红旗冉冉升起;唱着她,社会主义的新中国阔步前进;唱着她,昔日的"东亚病夫"在世界民族之林中巍然屹立!如果问,在近现代中国的历史上，乃至在整个中华民族的历史上，哪一首歌激励、鼓舞、团结、凝聚的人最多？哪一首歌对我们民族的命运产生的影响最广泛、最深远？哪一首歌将会世世代代永镌亿万人的心田、融入亿万人的血液？那就是《义勇军进行曲》！那就是我们的国歌！

·《国歌法》

《中华人民共和国宪法》明文规定了《义勇军进行曲》为新中国国歌，然而在新中国成立后几十年一直没有正式的《国歌法》。在社会各界人士的呼吁下，为了彰显国歌的严肃地位，2017 年 9 月 1 日，第十二届全国人民代表大会常务委员会第二十九次会议表决通过了新制定的《中华人民共和国国歌法》，自 2017 年 10 月 1 日起正式施行。这标志着我国继《中华人民共和国国旗法》《中华人民共和国国徽法》之后，又一部维护国家象征尊严的法律出台。国歌与国旗、国徽一样拥有自己的专门法律，享有其应有的法律地位。①

---

① 政协全国委员会办公厅:《中华人民共和国国旗国歌国徽诞生》，中国文史出版社，2019 年版，第 212 页。

国歌的历史价值

《义勇军进行曲》重塑了中国人民反抗帝国主义侵略的民族精神，以及要做国家主人的共同体意识；又因歌词简明有力、旋律饱满深沉，完美地表征了这一共同体意识。《义勇军进行曲》成为代国歌的过程也是中华民族共同体最终形成的过程。"而广泛传唱《义勇军进行曲》本身又不断地强化了这一意识，进而参与了这个共同体的再造过程。"① 空前的民族危机唤起中国人对百年来受外族压迫凌辱的痛苦记忆，共同承受的历史命运将其紧紧连在一起，使中华民族认同及民族精神在反抗异族侵略中获得高度提升。在内忧外患的情况下，国人需要一种使人情绪高涨、斗志昂扬的歌曲传唱来振奋人心。《义勇军进行曲》恰好反映了全民族的这种要求，是中华民族爱国精神的写照，是近代中国文化史上第一首获得广泛认同的精神文明产品。它能够激励国民的爱国热情，唤起中华民族的觉醒。同时，它也是世界反法西斯国家对中华民族精神文化的认同，是反法西斯战争的凯旋之歌。

《义勇军进行曲》自诞生那一刻起，就承担了伟大的使命。在革命烽火与时代风云的激荡中，《义勇军进行曲》以其慷慨激越、铿锵有力的旋律和催人奋进、鼓舞人心的歌词，表达了中国人民反抗日本帝国主义侵略的坚强决心，体现了中华民族在外侮面前英勇顽强、团结一心共赴国难的英雄气概。它诞生于中华民族生死存亡之刻，在重大节点屡次吹响救亡图存的号角，成为凝神聚气的时代强音，激发了中国人民的爱国主义热情。它见证了中国抗日战争的伟大胜利，见证

---

① 唐文娟：《〈义勇军进行曲〉的传播接受史——以〈申报〉为中心的考察》，《新闻知识》，2019 年第 12 期，第 62 页。

了中华民族的解放，见证了新中国的成立。

《义勇军进行曲》是最好的国歌。因为国歌是表现一个国家民族精神，是被政府和人民认为能代表该国国家政府和人民的意志，是用来歌颂与鼓励一个民族的信心与凝聚力的歌曲。国歌是主权国家声音的标志，是民族精神的集中体现，是国家文化的结晶和历史见证，是公民爱国主义的载体。《义勇军进行曲》体现了中华民族的光荣传统，产生了推动中国社会前进的巨大力量，它是各族人民共同的精神支柱，是社会主义精神文明建设主旋律的重要组成部分。

英雄土地
红色辽宁

抗美援朝
出征地

　　抗美援朝战争是中华人民共和国成立初期，中国人民在中国共产党领导下，为维护正义、反对强权，保卫国家安全而被迫进行的一场反侵略正义战争。1950 年 6 月，朝鲜内战爆发，美国杜鲁门政府立即进行武装干涉，发动对朝鲜的全面战争，并不顾中国政府的一再警告，悍然越过"三八线"，将战火烧到鸭绿江边。1950 年 10 月，在朝鲜人民处于极端困难、中国安全受到严重威胁的情况下，中共中央和毛泽东根据朝鲜劳动党和政府的请求，作出抗美援朝、保家卫国的战略决策，组成中国人民志愿军，开赴朝鲜战场，同朝鲜军民并肩抗击侵略者。经过两年零九个月的浴血奋战，中国人民志愿军以劣势装备赢得了抗美援朝战争的伟大胜利。这场战争，打出了中华人民共和国的国威和军威，保卫了朝鲜民主主义人民共和国和新中国的安全，深刻影响和改变了亚洲乃至世界的政治格局，奠定了中华人民共和国在亚洲和国际事务中的重要地位。

　　习近平总书记在纪念中国人民志愿军抗美援朝出国作战 70 周年纪念大会上发表重要讲话时指出："伟大的抗美援朝战争，抵御了帝国主义侵略扩张，捍卫了新中国安全，保卫了中国人民和平生活，稳定了朝鲜半岛局势，维护了亚洲和世界和平""抗美援朝战争伟大胜利，将永远铭刻在中华民族的史册上！永远铭刻在人类和平、发展、进步的史册上！"

志愿军从这里跨过鸭绿江奔赴朝鲜前线

从 1950 年 10 月开始，与朝鲜一江之隔的安东（今辽宁丹东）成为志愿军总后方基地的最前沿，在两年零九个月的抗美援朝战争中，这里是参战人员与作战物资的重点集散地：彭德怀率先从安东跨过鸭绿江，大批志愿军在这里集结过江，作战物资源源不断地从这里运往朝鲜前线……

组建东北边防军并在边境集结

1950 年 7 月 7 日，根据毛泽东的指示，中央军委副主席周恩来主持召开了保卫国防问题第一次会议。会议决定，立即抽调位于中原地区的国防机动部队第十三兵团等部队北上，在中朝边境地区集结，组成东北边防军。7 月 13 日，中央军委正式作出《关于保卫东北边防的决定》，共 25.5 万余人组成东北边防军。

各部队根据中央军委决定，迅速向东北地区集结。到 1950 年 8 月上旬，除高炮团未全部到位外，东北边防军进入指定位置完成集结。其中：第十三兵团团部位于安东；第三十八军军直位于铁岭，

·接到组建命令后，赶往集结地点的东北边防军部队

所属第一一二、一一三、一一四师分别位于铁岭、新开原、老开原；第三十九军军直位于辽阳，所属第一一五、一一六、一一七师分别位于辽阳、土佳屯、海城；第四十军军直位于安东，所属第一一八、一一九、一二〇师也全部位于安东；第四十二军军直位于通化，所属第一二四、一二五、一二六师分别位于通化、三源浦、柳河；特种兵司令部位于凤城，所辖野战炮兵第一、二、八师分别位于凤城、本溪、通化；高射炮兵团位于安东、拉古哨；一个工兵团位于安东；配属第十三兵团的骑兵第十三团位于安东；担任战勤任务的第一六九师位于大东沟（今东港）。

· 中国人民志愿军部队在出国前坚决表示："要打好出国作战第一仗，为祖国争光"

根据毛泽东和中央军委指示及边防军沈阳会议部署，东北边防军在安东及辽宁地区进行了各种战前准备，包括思想政治动员和教育、军事训练、装备和编制的调整、后勤保障和物资准备等工作。

及时组建东北边防军和东北边防军抓紧时间进行作战的各种准备，是中共中央未雨绸缪、深谋远虑的战略安排。它不仅巩固了东北边防，而且使中国在战略上处于主动，避免了临急应战，为边防军改为志愿军及时出国作战，取得战略上的主动创造了重要条件，为抗美援朝战争胜利奠定了坚实基础。

志愿军从安东奔赴朝鲜战场

根据中共中央政治局的决策，中央军委作战部起草了组成中国人民志愿军入朝参战的命令。毛泽东对命令进行修改、审定后，于10月8日，以中国人民革命军事委员会主席的名义发布命令，命令组成中国人民志愿军，并立即准备出动。命令指出：

（一）为了援助朝鲜人民解放战争，反对美帝国主义及其走狗们的进攻，借以保卫朝鲜人民、中国人民及东方各国人民的利益，将东北边防军改为中国人民志愿军，迅即向朝鲜境内出动，协同朝鲜同志向侵略者作战并争取光荣的胜利。

（二）中国人民志愿军辖第十三兵团及所属之第三十八军、第三十九军、第四十军、第四十二军，及边防炮兵司令部与所属之炮兵第一师、第二师、第八师。上述各部须立即准备完毕，待命出动。

（三）任命彭德怀同志为中国人民志愿军司令员兼政治委员。

（四）中国人民志愿军以东北行政区为总后方基地，所有一切后方工作供应事宜，以及有关援助朝鲜同志的事务，统由东北军区司令员兼政治委员高岗同志调度指挥并负责保证之。

（五）我中国人民志愿军进入朝鲜境内，必须对朝鲜人民、朝鲜人民军、朝鲜民主政府、朝鲜劳动党（即共产党）、其他民主党派及朝鲜人民的领袖金日成同志表示友爱和尊重，严格地遵守军事纪律和政治纪律，这是保证完成军事任务的一个极重要的政治基础。

（六）必须深刻地估计到各种可能遇到和必然会遇到的困难情况，并准备用高度的热情、勇气、细心和刻苦耐劳的精神去克服这些困难。目前总的国际形势和国内形势于我们有利，于侵略者不利，只要同志们坚决勇敢，善于团结当地人民，善于和侵略者作战，最后胜利就是我们的。

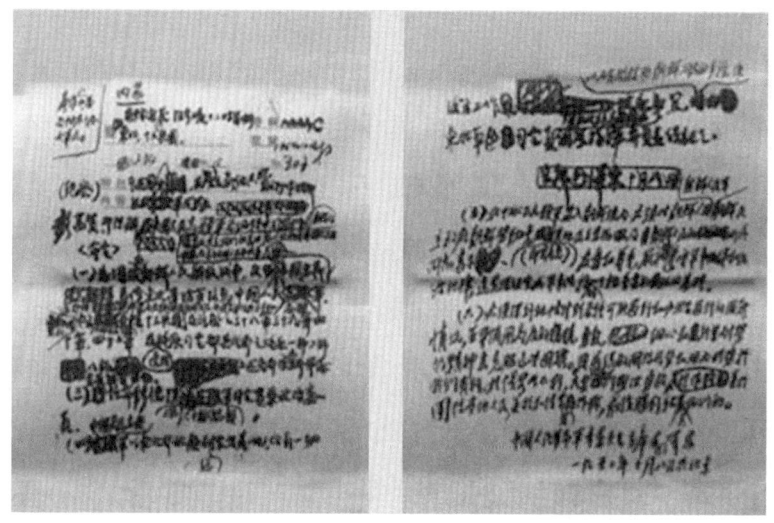

· 中国人民革命军事委员会主席毛泽东签署组成中国人民志愿军入朝参战的命令手稿

中国人民志愿军组成后，各部队立即动员起来，进行紧张的临战准备工作。普遍进行思想政治动员，开展爱国主义教育和国际主义教育。广泛的思想动员激发起部队的爱国热情，广大指战员对美国侵略者的罪行义愤填膺，纷纷主动请战，写志愿书、保证书和决心书。基层连队的各班、战斗小组和个人都制订了立功计划，许多人刺破手指，写血书以示杀敌报国的决心，部队的战斗情绪空前高涨。

志愿军各部队普遍召开了出国作战誓师大会，广大指战员向祖国人民庄严宣誓：

　　我们是中国人民志愿军。为了反对美帝国主义的残暴侵略，援助朝鲜兄弟民族的解放斗争，保卫中国人民、朝鲜人民和全亚洲人民的利益，我们志愿开赴朝鲜战场，与朝鲜人民军并肩作战，为消灭共同的敌人，争取共同的胜利而奋斗。为了完成这一光荣、伟大的战斗任务，我们誓以英勇顽强的战斗意志，坚决服从命令，听从指挥，上级指到哪里打到哪里，决不畏惧，决不动摇，发扬刻苦耐劳的坚诚精神，克服一切艰苦困难，发扬革命的英雄主义，在战斗中创建奇功。我们要尊重朝鲜人民领袖金日成将军的领导，学习朝鲜人民军英勇善战的战斗作风，尊重朝鲜人民的风俗习惯，爱护朝鲜的一山一水，一草一木，和朝鲜人民、朝鲜军队团结一致，将美帝国主义的侵略军队，全部、干净、彻底消灭。

1950 年 10 月 19 日晚，首批入朝参战的志愿军部队第四十军、第三十九军、炮兵司令部、炮兵第一师、炮兵第二师、第十三兵团部从安东口岸及长甸河口过江。10 月 26 日，第六十六军、第五十军一部先后从安东入朝。

此后，在抗美援朝战争期间，志愿军的大批部队从安东及长甸河口跨过鸭绿江。1951 年 2 月 5 日，中央军委决定 4 个野战高射炮兵师入朝参战，高炮第六十四、六十一、六十三、六十二师从辑安、安东先后入朝。1951 年 2 月 15 日，志愿军第十九兵团（辖第六十三、六十四、六十五军）从安东、长甸河口入朝参战。1951 年 3 月 16 日，志愿军第三兵团（辖第十二、十五、六十军）由长甸河口、安东入朝参战。1951 年 6 月 19 日，志愿军第二十兵团（辖第六十七、六十八军）由安东、长甸河口入朝参战。1951 年 9 月 7 日，志愿军第二十三兵团（辖第三十六、三十七军）由安东、长甸河口入朝，担任修建机场任务。

·志愿军某部跨过
鸭绿江大桥，奔
赴朝鲜战场

　　据统计，在抗美援朝战争中，赴朝参战的志愿军步兵部队有 27 个
军零 1 个师，其中 20 个军零 1 个师（志愿军第三十九、四十、五十、
六十六、六十三、六十四、六十五、六十、十二、十五、四十七、
六十七、六十八、三十六、三十七、二十三、四十六、十六、
五十四、二十一军，第三十三师）从安东地区过江。此外，入朝作战
的志愿军炮兵、工兵、装甲兵、铁道兵、公安部队等多兵种部队，大
部从安东入朝。在抗美援朝战争期间，在安东地区共有 10 余座公路、
铁路桥梁及工兵抢建的舟桥，保障大批志愿军部队与支前队伍入朝参
战；各类作战物资、给养供应也从全国各地集中在这里并源源不断地
运往前线。

辽宁是前线大后方也是后方最前沿

　　志愿军部队入朝后，在安东设立和驻防了一批志愿军的保障机
构，大批的志愿军部队在安东仍设有留守处。1951 年 3 月 15 日，志
愿军空军司令部、政治部在安东成立。1951 年 11 月，志愿军驻安东
办事处正式成立。同时，志愿军后勤汽车修理厂、志愿军后勤总医

院、志愿军商店等均设在安东。几乎每天都有志愿军部队、民工、后勤人员从这里出发开赴朝鲜前线，各种作战物资从这里源源不断运往朝鲜前线，大批伤员从这里转到全国各地，前线与后方的人员经过这里……辽宁成为沟通前线与后方的桥梁，是祖国大后方最前沿的一座坚强堡垒。

新中国成立之初，辽宁不仅是新中国的重工业基地，也是抗美援朝的总后方基地。作为全国抗美援朝的最前沿和志愿军前线作战的大后方，辽宁除了和全国各地一样组织报名参军、爱国生产、增产节约、捐献飞机大炮外，还承担了运送物资、抢救伤员、衣被加工等重要战勤任务，为抗美援朝战争取得胜利作出了巨大贡献，特别是安东人民还响亮地提出"一切为了前线的胜利""要人给人，要物给物，要血给血，要什么给什么，要多少给多少"的战斗口号，为抗美援朝战争胜利作出了特殊的历史性重大贡献。

1952年11月下旬，彭德怀在安东主持召开研究部署抗击美军可能在朝鲜西海岸登陆的作战计划会议。一天清晨，他登上镇江山（锦江山）环视安东市容，遥望着鸭绿江对岸被美军炸毁的新义州市，深有感慨。他对警卫人员、时任辽东军区保卫干事的沈玉祥说："安东这座城市虽然人口不多，但对抗美援朝的贡献可不小啊！多少中华儿女从这里出国，多少作战物资由这里输送过江，多少支前民工从这里奔赴战场！美帝国主义的飞机曾多次轰炸这座小城，然而，安东的人民是英雄的人民，安东是座英雄城市！"

1953年8月13日，《人民日报》发表新华社记者汪钦、李俊写的通讯《鸭绿江边的英雄城市——安东》。从此，安东"英雄城市"的美誉传遍祖国大江南北。

70多年过去了，物换星移，沧桑巨变，昔日的硝烟已经散去。如今在辽宁丹东，处处留存着与抗美援朝有关的印迹。一处山丘、一座桥墩、一湾江水乃至一座建筑，都记录着抗美援朝战争的历史，留下过成千上万志愿军将士和支前队伍的身影，见证着这里是印下无数英雄足迹的抗美援朝出征地。

中共中央决策出兵，彭德怀率先过江

当朝鲜战局急剧逆转，以美国为首的"联合国军"即将越过"三八线"之际，1950年10月1日，朝鲜劳动党中央和朝鲜民主主义人民共和国政府，朝鲜劳动党中央委员会委员长、内阁首相金日成和朝鲜外务相朴宪永联名致函毛泽东，请求中国直接出兵援助。信中介

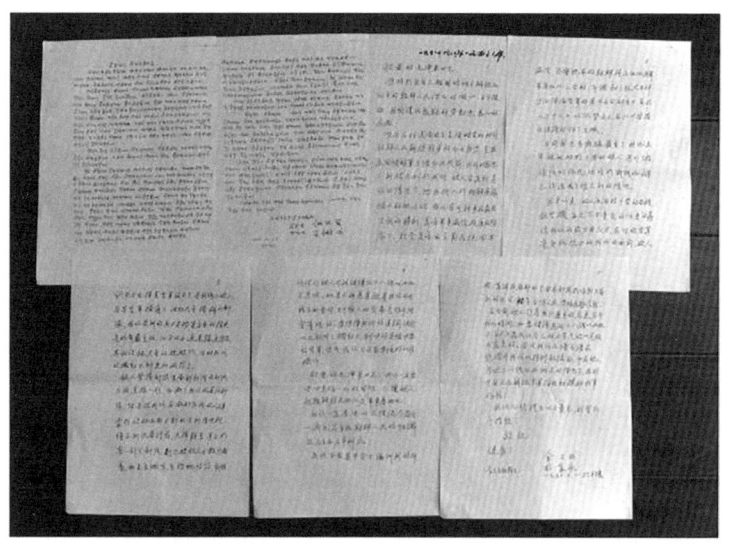

·1950年10月1日，朝鲜劳动党中央和朝鲜民主主义人民共和国政府以金日成和朴宪永联名致函毛泽东的形式，请求中国直接出兵援助

绍了朝鲜战争爆发以来的有关情况，信的最后提出："在目前敌人趁着我们严重的危急，不予我们时间，如要继续进攻'三八线'以北地区，则只靠我们自己的力量，是难以克服此危机的。因此我们不得不请求您给予我们特别的援助，即在敌人进攻'三八线'以北地区的情况下，极盼中国人民解放军直接出动援助我军作战！"

当时，中华人民共和国成立刚刚一周年，战争创伤还没有得到医治，财政状况还相当困难，尚处于千疮百孔、百废待举的状态。而美国已有 175 年资本主义工业发展历史，并在两次世界大战中发了战争财，第二次世界大战后，跃居为资本主义最强国，工业发达，经济实力雄厚，并且野心勃勃，推行全球霸权主义政策。中美两国经济力量和军队武器装备优劣悬殊。广大新解放的地区，基层政权刚刚建立，土地改革刚刚开始，东北、华北地区匪患基本消灭，但华东、中南、西南、西北等新解放区大股土匪尚未被剿灭，特别是广西、湖南、福建、浙江等地匪患还相当严重，土匪活动猖獗，严重危害社会稳定。在军事力量方面，人民解放军总兵力达到 500 余万，急需精减人员支援国民经济恢复，精简整编工作刚刚开始。军队武器装备基本上是小米加步枪的水平，海军、空军、炮兵、装甲兵领导机关已相继建立，但除炮兵部队较有基础外，海军、空军和装甲兵部队都在组建过程中，军队急需加强现代化建设。人民解放军在中国共产党领导下有 22 年革命战争以弱胜强的经验，有同国民党军队和侵华日军作战的经验，战斗意志顽强，但现代化水平很低，也没有现代化战争经验。除少数部队准备解放台湾、西藏和正在进行剿匪作战外，大部分野战军已转入担负工农业生产任务。在这种困难的情况下，要不要出兵，要不要同美国当局进行战争较量，在政治上、军事上都是十分重大的战略抉择问题。

1950 年 10 月上旬，中共中央书记处和中共中央政治局多次召开会议研究讨论援助朝鲜问题，10 月 4 日下午和 5 日下午召开了中共中央政治局扩大会议，经过充分讨论，科学地分析了国际国内的形势，权衡利弊，从国际主义和爱国主义的立场出发，为了挽救朝鲜民主主义人民共和国的危机，保卫国家安全，维护东方和世界和平，于 5 日下午的政治局扩大会议上统一了认识，毅然作出了"抗美援朝、保家卫国"重大战略决策。同时，决定由彭德怀率军出征，任中国人民志愿军司令员兼政治委员，担起历史重任。

1950 年 10 月 8 日，彭德怀离开北京到达沈阳，夜以继日地指挥各部队进行紧张的临战准备工作。10 月 9 日，彭德怀召集志愿军军以上干部会议。10 月 11 日、12 日，彭德怀抵达安东志愿军入朝前指挥机关，听取了志愿军第十三兵团领导汇报情况，亲自勘察了鸭绿江口岸情况。10 月 13 日，彭德怀返回北京，与中共中央政治局同志对出兵朝鲜问题进行了复议。10 月 16 日，彭德怀返回安东，主持召开了志愿军师以上干部会议，对志愿军出动作战作进一步动员。10 月 17 日，彭德怀接到毛泽东的电报，立即从安东飞往北京。10 月 18 日，周恩来从苏联返回北京，中共中央政治局再次举行会议，周恩来汇报了与苏联方面谈判的情况，彭德怀汇报了志愿军的出动准备情况。会议最后决定：中国人民志愿军于 1950 年 10 月 19 日向朝鲜境内出动的计划不变。

1950 年 10 月 19 日，彭德怀从北京返回安东，恰逢朝鲜内务相、人民军次帅朴一禹匆匆过江，求见彭德怀。告知朝鲜形势异常危急，金首相请彭总司令尽快入朝，共商抗美大计。鉴于形势紧迫，彭德怀

·鸭绿江上的桥梁

向第十三兵团领导交代好过江事宜后，同朴一禹一起，乘车赶往鸭绿江边。17时，鸭绿江边细雨霏霏，阴云低垂，上任仅仅12天的志愿军司令员兼政治委员彭德怀，带着秘书杨凤安和两名警卫员乘坐一辆军绿色嘎斯-69吉普车，在暮色烟雨中率先驶过鸭绿江大桥（现鸭绿江断桥），通讯处处长崔伦携带一部电台和几名机要员、报务员乘坐一台卡车跟随其后，奔赴战火纷飞的朝鲜战场。

1950年10月24日，志愿军第十三兵团部与彭德怀司令员在朝鲜北部昌城郡的大榆洞会合。1950年10月25日，毛泽东以中共中央的名义发布命令，决定第十三兵团司令部、政治部及其他机构，立即改组为中国人民志愿军司令部、政治部及其他机构，任命邓华为中国人民志愿军副司令员兼副政治委员，洪学智、韩先楚为副司令员，解方为参谋长，杜平为政治部主任，后勤部及其他机构的负责同志均照旧负责。同时决定，成立中国共产党志愿军委员会，彭德怀为书记，邓华为副书记。为协同中国人民志愿军和朝鲜人民军的作战行动，经中国共产党中央和朝鲜劳动党中央协商，朝鲜劳动党中央派遣朝鲜人民军次帅朴一禹常驻志愿军总部，兼任志愿军副司令员和副政治委员，并任志愿军党委副书记。从此开始，中国人民志愿军司令部正式组成。

彭德怀临危受命，肩负党和人民的重托，自接受任务后从北京到沈阳到安东，又从安东到沈阳到北京，往返奔波，不辞辛苦，在危急关头，先于大部队跨过鸭绿江，进入战火纷飞的朝鲜战场。在朝鲜战场上，深入前沿阵地，冒着枪林弹雨，靠前指挥，以高超的指挥艺术与丰富的作战经验，经过几番血与火的较量，以劣势装备打败了世界上号称最为强大的以美国为首的"联合国军"，迫使其签订停战协定，在人类战争史上书写了浓墨重彩的一笔。

中国人民志愿军战歌

"雄赳赳，气昂昂，跨过鸭绿江……"，这首激昂雄壮的《中国人民志愿军战歌》，曾经唱响朝鲜三千里江山，唱遍祖国的大江南北，鼓舞过无数志愿军将士奔赴硝烟弥漫的朝鲜战场。《中国人民志愿军战歌》是抗美援朝战争时期最具代表性和最有影响力的文艺作品，这首歌曲强烈地表现了抗美援朝战争烽火硝烟岁月的主旋律，充分体现了志愿军和全国人民的钢铁意志和坚强信念，《中国人民志愿军战歌》的诞生地就在辽宁丹东。

1950年10月，麻扶摇所在的志愿军炮兵第一师奉命第一批入朝参战。部队开到鸭绿江边的安东市，集结待命，准备入朝。在志愿军入朝前夕，各参战部队进行战前动员，连、营、团层层召开誓师大会。身为第二十六团五连指导员的麻扶摇和连队的几位领导住在安东市四道沟的一户居民家里。在战前动员会上，战士们群情振奋，斗志高昂，决心书、保证书、请战书纷纷送到连部。麻扶摇被战士们高涨的战斗情绪所感染，抑制不住内心的激动，写了一首出征诗。原诗是："雄赳赳，气昂昂，横渡鸭绿江。保和平，卫祖国，就是保家乡。中国的好儿女，齐心团结紧，抗美援朝鲜，打败美帝野心狼！"随后，麻扶摇在营、连举行的誓师大会上，朗读了这首诗，并抄写在黑板报上。此后，这首诗便在志愿军部队迅速流传开来。

新华社记者陈伯坚在部队采访时听到了这首豪迈的出征诗，认为诗句主题鲜明，战斗性强，适合当时形势，非常鼓舞士气。于是，在他写的战地通讯《记中国人民志愿部队几位战士的谈话》一文中，引用了这首诗，并将"横渡鸭绿江"改为"跨过鸭绿江"；将"中国的好儿女"改为"中国好儿女"。1950 年 11 月 26 日，《人民日报》在第一版发表了这篇通讯。

1950 年 11 月 26 日下午，当时，周巍峙任文化部艺术事业管理局副局长，田汉任局长。这天，周巍峙到田汉住处开会，当他看到《人民日报》头版刊登的《记中国人民志愿部队几位战士的谈话》文章的开头引用的这首诗时，被诗的豪迈气概所感动，遂激发起创作热情，马上进行谱曲，仅

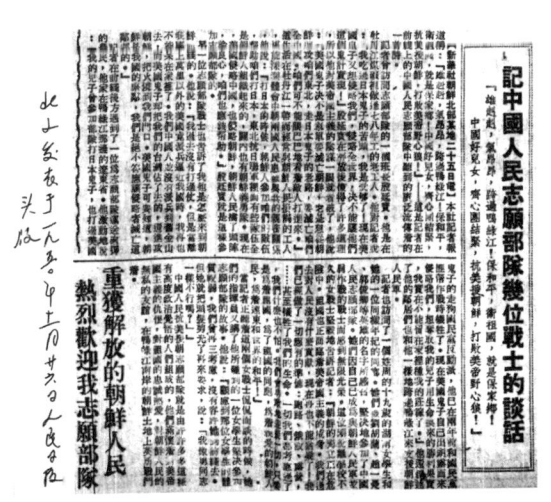

· 1950 年 11 月 26 日《人民日报》刊登的《记中国人民志愿部队几位战士的谈话》

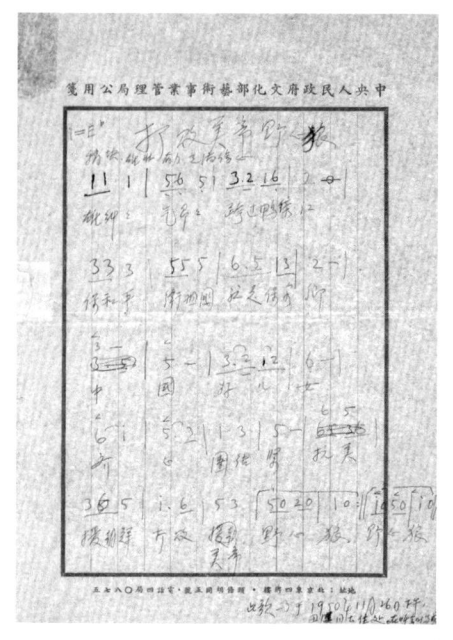

·《中国人民志愿军战歌》手稿

半小时左右就将歌曲谱完。歌名选用了诗的最后一句，即"打败美帝野心狼"。1950 年 11 月 30 日，《人民日报》发表了这首歌曲。

歌中有一句"抗美援朝鲜"，周巍峙总觉得有些不太顺口，发表后不久，即对旋律和歌词作了改动，将"抗美援朝鲜"改成"抗美援朝"；将"打败美帝野心狼"改为"打败美国野心狼"。在此期间，有的刊物以"中国人民志愿军部队战歌"为题，转发这首诗。周巍峙觉得很好，就将歌名定为"中国人民志愿军战歌"。1951 年 4 月 10 日，《人民日报》以"中国人民志愿军战歌"为歌名，再一次发表了这首歌曲。由于当时不知道这首诗的作者，发表时只署名周巍峙作曲。

1953 年，文化部和全国文联开展了对 1949 年至 1952 年创作的群众歌曲评奖活动，从全国发表的万余首歌曲中，评选出一等奖歌曲 9 首，其中《中国人民志愿军战歌》名列第一。为了给作者发奖，有关部门几经周折，终于找到了《中国人民志愿军战歌》的词作者麻扶摇。此后，《中国人民志愿军战歌》词作者正式署名为麻扶摇。

1993 年 7 月，抗美援朝战争胜利 40 周年之际，《中国人民志愿军战歌》曲作者周巍峙将珍藏了多年的珍贵手稿捐献给抗美援朝纪念馆。如今，这首歌曲的创作手稿，被评为国家一级文物、辽宁省十大精品文物，珍藏在抗美援朝纪念馆，成为抗美援朝战争的历史见证。

2000 年 9 月 23 日，在纪念中国人民志愿军抗美援朝出国作战 50
周年之际，麻扶摇来到他当年赴朝作战的出发地丹东。当他参观抗美
援朝纪念馆，看到展厅里陈列的《中国人民志愿军战歌》手稿时，顿
时热泪盈眶，往事像电影一样一幕幕浮现在眼前……麻扶摇怀着激动
的心情，向人们讲述当年的情景，并将他的立功证书和勋章捐献给抗
美援朝纪念馆。

《中国人民志愿军战歌》不仅是一首很好的军歌，而且也是一首
喜闻乐见的大众歌曲。"雄赳赳，气昂昂，跨过鸭绿江。保和平，卫
祖国，就是保家乡。中华好儿女，齐心团结紧，抗美援朝，打败美国
野心狼！"豪迈的气概和雄壮的旋律，直到现在仍回荡在千千万万人
的心中。

保障志愿军空军从这里起飞

中共中央东北局和东北人民政府指令当时的辽东省人民政府，在
与朝鲜仅一江之隔的安东修建飞机场，以备战时之用。由此，辽东省
委、省政府在安东成立了辽东省修建委员会，并决定在安东市浪头区
日伪机场旧址修建新机场。在旧址上进行翻新重建，既省时又省力，
可以使机场尽早投入使用。

辽东省修建委员会通过辽东省人民政府，向安东市、安东县、宽
甸县和凤城县人民政府发出通知，要求各市县立即组织民工大队，带
足工具和粮食，按指定日期到安东市浪头区参加机场的修建工作。省
人民政府还指令安东铁路局立即组织人力、物力，全力以赴，把铁路

延伸到浪头机场。

参加机场修建工程的工人、民工、干部、技术人员和医务人员近万人，他们自带干粮，克服缺水、缺电、缺少工具等困难，冒着敌机轰炸的危险进行施工。在全体修建人员的共同努力下，以最短的时间完成了跑道的浇筑工程，以及滑行道、飞机掩体和机场房舍的施工。9月10日竣工，9月13日修建人员全部撤出机场，新建的浪头机场交付使用。

浪头机场位于安东市浪头区和安东县汤池子区之间，机场周围共有6个行政村，地理位置和社会环境非常复杂，是美帝轰炸和敌特破坏的重要目标。从机场开始修建起，安东市公安局和安东县公安局就抽调了骨干力量协助航空站的保卫部门，对机场的环境和线路进行保卫。机场建成后，中共安东市委更是把保卫机场作为头等任务。1950年10月17日，中共安东市委根据辽东省委和省公安厅指示精神，专门由安东市、安东县与机场内部统一组织成立了机场保卫委员会，统一领导机场内外的保卫工作，市委还制定了《关于加强机场保卫工作方案》，明确提出了具体工作范围和职责，要求对机场内部人员的审查和保密教育、物资看守、机场警卫、巡逻等，均由保卫股或保卫科负责。机场外部的6个行政村，要建立严格的户口制度，建立客人留宿、出外报告制度；禁止迁入可疑分子，进行清查管制，个别的"危险人物"命令迁移或严加监视；管界内的电信线路、公路桥梁的保护等均由市、县公安局负责。机场采购、招雇厨夫等工作人员，必须由公安局审查通过。机场在外购买食品，蔬菜等应固定商号，并通知公安局审查。机场动员民工入场清扫，场方应提前2天通知有关区委，负责挑选可靠的民工如数入场，保守秘密。机场周围，由市公安局负责开展侦查工作，掌握动向，保证机场的绝对安全。

1950 年 12 月 21 日，中国人民志愿军空军第四师第二十八大队进驻安东浪头机场，1951 年 1 月 21 日、29 日，同美国空军交战，取得击落击伤敌机 3 架的战绩，由此拉开了抗美援朝战争空战的序幕。

此后，随着完成训练的空军部队的日渐增多，为满足前线需要，组织部队和广大民工，陆续修建了大孤山机场、前阳机场（又称大东沟机场、刘小园机场）、大堡机场（又称官家机场）、青椅山机场、东沟（东港）盖家坝机场、凤城草河机场等作为一线机场；同时还在沈阳、辽阳等地区修建了二线机场，以供志愿军空军作战使用。

·中国人民志愿军空军从安东浪头机场起飞

·修建大孤山野战机场

在抗美援朝作战中，志愿军空军参战部队共出动歼击航空兵 10 个师 21 个团，轰炸航空兵 2 个师 3 个大队；有 784 名飞行员、59733 名地面人员得到了实战锻炼。在参战期间，志愿军空军部队继承和发扬了人民解放军的光荣传统，不畏强敌，不怕困难，英勇善战，共战斗起飞 2457 批 26419 架次，实战 366 批 4872 架次，有 373 名飞行员开过炮，212 名飞行员击落击伤过敌机，共击落侵朝美国空军、海军和参与侵朝战斗的其他国家空军飞机 330 架，击伤包括 F-86 型先进飞机在内的 95 架①。先后涌现出了击落击伤敌机 9 架的一级战斗英雄、特等功臣王海和赵宝桐；击落击伤敌机 8 架的一级战斗英雄、特等功臣刘玉堤；击落击伤敌机 7 架的一级战斗英雄、特等功臣孙生禄烈士以及击落击伤敌机 29 架的九团一大队"王海大队"、击落击伤敌机 17 架的七团三大队一中队"赵宝桐英雄中队"这样的英雄集体。而张积慧击毙了"空中英雄"戴维斯，韩德彩击落了"双料王牌飞行员"费席尔，蒋道平击落了"首席三料王牌飞行员"麦克·康奈尔，更使美国空军遭到了历史性的重创。

战争之初，美国空军投入 14 个联（大）队的兵力；有各型飞机（包括其他参战国）共 1200 余架，飞行员多参加过二战、有上千小时的飞行经验，而志愿军空军当时只有一支刚刚组建的航空兵部队，飞机不足 200 架，飞行员在喷气式飞机上只飞过几十个甚至十几个小时。两军实力对比，无论是武器装备，还是技术、数量上，差距是相当巨大的。中国人民志愿军空军经受严峻的锻炼和考验，不断成长壮大，在两年零八个月的作战中，筑成了令美国空军胆寒的"米格走

---

① 张校瑛：《中国人民志愿军空军故事》，南京出版社，2014 年版，第 147 页。

廊"，有力地抗击了强大的美国空军，取得了举世瞩目的辉煌战绩。

抗美援朝战争期间，先后进驻浪头机场的有志愿军空军第三、四、六、十六师，进驻大孤山机场的有志愿军空军第二、十二、十四、十五、十六、十八师，进驻凤城大堡机场的有志愿军空军第二、十五师，进驻前阳机场的有志愿军空军第四、六、十六、十七师，进驻沈阳于洪机场的有志愿军空军第八师，进驻辽阳机场的有志愿军空军第十师。盖家坝机场保障了朝鲜空军集结轮战，宽甸青椅山机场、凤城草河机场作为战备机场。

年轻的志愿军空军从这里起航，入朝参战，并在实战中锻炼成长、发展壮大，为今天共和国强大的空中武装力量奠定了基础。

打不烂、炸不断的钢铁运输线

辽宁丹东地处中朝边境，朝鲜战争爆发前，这里是中朝两国交往的主要通道，也是商业往来的贸易口岸。抗美援朝战争开始后，中国人民志愿军从这里开赴朝鲜战场，大批军需物资、武器装备从这里运往前线，支前的担架队、民工队也从这里入朝参战。丹东真正成了祖国大后方的前沿阵地。抗美援朝战争的胜利，一个重要因素就是中国人民建立了强大的战略后方，保障了前线的物资供应，满足前线作战的需求。而能够把这些作战物资源源不断地运往前线，及时补充到作战部队，是因为军民携手，前线、后方共同努力而建成的一条打不烂、炸不断的钢铁运输线。这条重要运输线的起点，就是位于辽宁丹东鸭绿江上的桥梁。

鸭绿江上的两座铁桥

位于丹东市内的鸭绿江大铁桥有两座，两桥相隔不足百米，分上桥和下桥，上桥是现在仍在使用的中朝友谊桥，下桥则是现在的鸭绿江断桥。1950 年 10 月 19 日，中国人民志愿军第一批入朝部队的第四十军一一九师、一二〇师，第三十九军一一五师、一一六师，从这两座桥上秘密过江。其后的第五十军、第六十六军以及第十九兵团、第三兵团、第二十兵团、铁道兵、炮兵、工兵等大批部队也都是从这里过江的。

鸭绿江断桥也称鸭绿江下桥或鸭绿江老桥，建于 1909 年 5 月，1911 年 10 月竣工通车。整个建桥工程使役中国和朝鲜劳工 51 万人次，是鸭绿江上建造的第一座铁路桥。该桥建成后，安奉线同朝鲜铁路接轨，形成了贯穿中国东北与朝鲜半岛的一条运输线。1943 年，鸭绿江上桥建成后，鸭绿江下桥便改为公路桥，桥中间是公路，两边是人行道。

抗美援朝战争开始后，鸭绿江大桥的上桥与下桥及其他鸭绿江上

· 鸭绿江断桥

的桥梁，成为中国人民志愿军跨过鸭绿江的重要通道和最重要的后方补给交通运输线，因此也成为敌人重点轰炸目标。1950年11月8日上午9时，鸭绿江大桥下桥被拦腰炸断，朝鲜一侧的6孔桥梁全部沉入鸭绿江中，只留下光秃秃的几个桥墩，鸭绿江下桥彻底瘫痪，成了今天人们看到的无法修复的断桥。

2001年6月，鸭绿江断桥被命名为国家级爱国主义教育示范基地；2006年6月，被列为第六批全国重点文物保护单位。

中朝友谊桥，即鸭绿江大桥上桥，位于鸭绿江断桥上游不足百米处，丹东市民习惯称之为"鸭绿江大桥"，建于1937年4月，1943年4月竣工，是日本为修建安沈复线铁路所建。桥长946.21米，宽10.5米，是4联12孔双轨铁路桥，可同时行驶来往列车。

1950年11月8日上午，美国空军在轰炸鸭绿江大桥下桥的同时，对上桥也进行了轰炸，使其受到严重创伤。朝鲜一侧的钢轨被炸断、炸弯，枕木和桥板被炸起火。

安东铁路分局200多名干部职工经过5个多小时奋战，将大火扑灭，并冒着敌机轰炸的危险，全力以赴抢修大桥，于9日凌晨3时完成抢修任务，保证了志愿军过江和作战物资顺利运输。1951年1月，安东铁路分局拆去大桥复线铁路的其中一条，改为公路，变成铁路、公路两用桥。

1951年4月7日上午9时5分，美国空军再次突然出动B-29型轰炸机和喷气式战斗机共24架，对鸭绿江大桥上桥施行轰炸，投弹50多枚，朝鲜一侧第三孔、第四孔桥梁炸坏40余米，钢梁铁轨炸断，桥梁移位，桥面起火，桥的钢梁和底梁受损严重。安东铁路分局、志愿军部队立即组织抢修，11日上午，大桥修复通车，保证了部队过江和作战物资运输，使其成为打不烂、炸不断的钢铁运输线的重要组成部分。

为了保卫大桥，从 1950 年 10 月开始，由东北军区防空司令部所属高炮第十七团、第五〇三团和第十三团三营担负守卫任务，并组成了完整的防空体系。在战争期间，防空兵部队保卫大桥对空作战 219 次，击落敌机 22 架，击伤 75 架。有力地保卫了鸭绿江大桥的安全。其后，由于志愿军空军参战，鸭绿江沿线防空力量加强，虽遭美军多次轰炸，鸭绿江大桥上桥再没有遭到大的破坏。1958 年，中国人民志愿军撤出朝鲜，从鸭绿江大桥上桥凯旋。

·志愿军凯旋时列车通过鸭绿江大桥上的"凯旋门"

1990 年 10 月 25 日，中朝两国政府协议决定将上桥命名为"中朝友谊桥"，以此来纪念中朝两国人民用生命和鲜血凝结成的战斗友谊。

九连城镇马市村公路便桥

曾经有大批的志愿军从这里过江，有大量的作战物资从这里运往朝鲜前线。珍贵的历史照片《中国人民志愿军跨过鸭绿江》就是在此拍摄的。

1951 年 2 月 18 日下午，志愿军第六十四军政治部摄影组组长黎民同志在鸭绿江边一边做宣传工作，一边给过江的部队拍照留念。当志愿军第六十四军的百色起义时组建的红军团列队过江时，黎民望着军容严整、步伐坚定的队伍跨过便桥，便以全景的方式，拍下了这个永恒的历史画面，为抗美援朝战争留下了珍贵的史料。

· 历史照片《中国人民志愿军跨过鸭绿江》拍摄地——今丹东市振安区九连城镇马市村公路便桥

位于丹东市区的桥梁，除鸭绿江上的两座大铁桥和九连城镇马市村公路便桥外，还有沙河口铁路便桥、燕窝村木结构铁路便桥及志愿军工兵搭建的舟桥等。

宽甸河口地区的桥梁

宽甸满族自治县长甸镇河口村，位于丹东市东部 50 公里处，对岸是朝鲜的青城郡。河口村分为上河口和下河口，当时有公路桥一座，位于下河口；铁路桥一座，位于上河口，两桥相距 3 公里。此外，工兵部队还架设了木结构列柱桥一座和随建随撤的舟桥两座。在战争期间，河口村共有五座桥梁通往朝鲜。志愿军首批过江部队的第四十军一一八师、第三十九军一一七师，以及后来的第三兵团一部、第二十兵团、第二十三兵团一部等都是从这里过江的。

下河口公路桥，位于下河口村，建于 1942 年。日本无条件投降后，该桥为中朝贸易所用。抗美援朝战争开始后，该桥是志愿军过江的重要桥梁，也是美国空军攻击的主要目标，曾多次遭到轰炸。1951年 11 月中旬，大批 B-29 美机向下河口公路桥投下大量炸弹和定时炸弹。虽然沿江防空部队奋力反击，仍没有保住这座桥。桥的中间长约 200 米被炸断，桥面落入水中，以致无法修复，成为鸭绿江上的又一处断桥。下河口公路桥以"抗美援朝下河口公路断桥遗址"名称于2013 年被国务院公布为第七批全国重点文物保护单位。

·下河口公路桥右侧全貌

毛泽东的长子毛岸英就是从下河口公路桥过江赴朝参战的。毛岸英在朝鲜只有 34 天，他时刻把自己当成普通一兵，直到牺牲还在作战室工作……

上河口铁路桥，位于上河口村，距下河口公路桥约 3 公里，桥对面是朝鲜清水。该桥始建于 1938 年，日本无条件投降时，该桥建成，但由于铁路线没有修好，大桥没有通车。1950 年 10 月，中国人民志愿军入朝，东北军区为加强前线供应，决定将凤城至灌水铁路延长至上河口，这就是抗美援朝时期抢建的灌上线铁路。同时决定修复已经废弃的上河口铁路桥，将中国境内铁路与朝鲜清水至定州铁路接轨。

由于地处深山，两岸地形复杂，加之志愿军防空力量保护，该桥只在 1952 年 3 月 30 日被炸坏一次，很快被修复通车。整个战争期间，这座桥一直保障志愿军的后勤运输。抗美援朝战争结束后，此铁路线停运，该桥随之闲置不用，由驻丹部队守卫。

1951 年 11 月，下河口公路桥被炸断后，志愿军工兵部队在河口村的苏甸沟门架设了木结构列柱桥，承担公路桥的作用。为了保障前方军用物资的供应，工兵部队还在下河口公路桥上游 1 公里处及下游 2 公里处，架设了两座灵活轻便的舟桥。为防止敌机轰炸，舟桥每日黄昏架设，车辆及部队夜间通过，清晨即撤收。开始架设与撤收一次各需两小时左右，几个月后，仅需半小时即可架设或撤收完毕。

这些钢铁运输线起点上的桥梁，是抗美援朝战争留下的重要遗址遗迹，是打不烂、炸不断的钢铁运输线的重要见证物，是人们追思、回忆那段历史的载体，也是研究抗美援朝战争的重要物证和资料。

炸不断的电力生命线

朝鲜战争爆发前，中朝两国共用鸭绿江上的电力资源，大部分电力来源于鸭绿江上游的水丰发电站。当时通往安东市的唯一电源线路，架设在鸭绿江大桥（上桥）上，由朝鲜新义州市送往安东六道沟变电所，简称"新六线"。1950 年 11 月 8 日，鸭绿江大桥被炸坏的同时，66 千伏的"新六线"输电线路也被炸毁。作为连接着前线后方的安东瞬间断电，严重影响前线通信、运输及军民生活。

安东电业局接到抢修指示后，立即组织 53 名技术娴熟的工人到达现场，分段展开了紧张的抢修。工人们斗志昂扬，纷纷表示："只要有电源，就坚决保证安全送电。"

时任检修班班长的共产党员苏发成，带领全班主动承担了江桥线路的抢修任务。他们赶到现场时，桥上的大火还在燃烧，炸断的电线凌乱不堪，电线杆上的横担梁七扭八歪，瓷瓶破碎，朝鲜一侧的几根电线杆已经烧毁。大桥两侧的弧形梁最高处距离桥面 8 米，电线杆

· "抢修模范"苏发成等人正在抢修电线（朝鲜新义州）

就固定在弧形梁最高点上。

要想爬上电线杆，必须先爬上弧形梁。弧形梁只有半米宽，攀登十分困难。苏发成等人背着 100 多斤的器材和电线，艰难地爬向顶端。北风呼啸，人随着电线杆一直摇晃，一不小心就会掉进江里，这时他们离鸭绿江江面已有 50 多米，枕木燃烧的浓烟令人窒息……就这样，苏发成等人在江桥上连续工作 10 多个小时没喝一口水，没吃一口饭，终于在 21 时完成了桥上线路的抢修任务。顾不上休息的他们，又迅速赶到朝鲜新义州一侧支援抢修二号铁塔。

在抢修二号塔时，敌机反复轰炸。趁着敌机飞远，苏发成等人迅速登上塔顶抢修，可是没过多久，防空警报又响了，本应立即下塔隐蔽的苏发成向下面队友喊："只剩 3 米就能接上了，我在上面继续干完，你们赶紧隐蔽。"紧急中，冒着敌机的轰炸扫射，苏发成在工友尹勤华等人的配合下，靠着腰绳的拉力，两脚死死蹬住铁塔，用肩膀扛起瓷瓶串，用力拖拽，终于挂到了二号塔上。不知不觉，抢修队员已经奋战了 16 个小时，终于在第二天早上 5 时前，修复了 2000 多米的输电线路，完成了送电目标。然而，危机并未解除，从这一天起，美机更加频繁地来往于中朝边境，"新六线"修了炸、炸了修的局面令全市供电断断续续。为了分散敌人的攻击目标，辽东省委果断决定，从朝鲜的义州郡跨越鸭绿江，经虎山、九连城进入安东振安区东坎子变电所，其间架设一条新的 66 千伏全长 18.15 公里的供电线路，简称"义东线"，以保障安东市非常时期的用电。本该是一个月的工程量，现在 7 天就得完成。为了确保任务及时完成，安东市委从市区、郊区和临近各县抽调 200 辆大车、40 辆汽车和 500 名民工予以支援。

苏发成的班再次成为建设队伍中的一支"铁军"，任务艰巨，苏发成等人开始了非常规、超极限的忘我工作。遇到雨雪天，脚踏泥泞夹杂冰碴儿的山路，埋杆、架线、运材料。摔伤了爬起来，一瘸一拐也不下火线；杆上作业，寒风刺骨，手脚冻麻木了，就到地下跑两圈，接着再登下一个杆；每天工作十七八个小时，眼睛都熬肿了，甚至连累带困地一头倒在地上。可当时，大家有一句共同的口号："流血流汗不流泪，掉皮掉肉不掉队！"

·安东电业局职工正在抢建输电线路

一天，一架敌机飞来。苏发成以为是侦察机，就没有理会。突然，敌机对着线路俯冲下来，"哒哒哒"就是一阵扫射。子弹从苏发成的身边飞过，击起地面上一片泥土。飞机飞过，苏发成在电线杆上听到一种奇怪的声音，接着电线杆轻微地抖动起来。原来子弹从电线杆上穿了过去，把松木电线杆打出了洞眼。好在大家安然无恙，苏发成还大声地夸奖队员，给大家鼓劲。

在建设义东线的 20 多个班里面，苏发成的班率先提前一天多完成任务。当苏发成看到其他班的任务还差不少时，就率领大家又帮着竖起了 8 基电杆。

冬季施工、18.15 公里、7 天时间、敌机骚扰、人力物力短缺、地理环境复杂，一切困难没有把安东电力人吓倒。安东电业局全员上阵，每天作业 18 小时以上。沈阳、长春、鞍山、抚顺、营口等地的电力工人也在最危急的时刻驰援安东。1950 年 11 月 22 日，"义东线"架设完毕并正式送电，施工完成时间提前 20 小时，送电时间提前 1 小时 10 分钟。"义东线"的成功架设，有力地保证了丹东地区军需与地方的长期安全用电，为支援抗美援朝战争作出了突出贡献。至此，横跨鸭绿江大桥的"新六线"被废弃，安东市再也没有出现过因美机轰炸而大面积停电的情况。

苏发成作为保障电力生命线的代表人物先后荣获省、市及全国电力系统劳动模范称号；1956 年荣获全国先进生产工作者称号，在北京出席了全国群英代表大会，得到毛泽东等党和国家领导人的亲切接见。他当年参加抢修使用的工具现在陈列在抗美援朝纪念馆，被评为国家二级、三级文物。

抢修"新六线"、抢建"义东线"，塑造了丹东电力人"不怕牺牲、攻坚克难、忠于职守、甘于奉献"的"义东精

· 苏发成先后荣获省、市及全国电力系统劳动模范称号；1956 年荣获全国先进生产工作者称号

神"。"义东精神"是电力人迈进新中国的历史觉醒，也是一份属于电力人的"共同记忆"，被称为"中国电业工人奉献精神的源流"。

志愿军后方医院

中国人民志愿军总医院旧址，位于丹东市振兴区十经街 19 号，现为中国人民解放军九六六医院，前身为东北军区第六陆军医院。1950年 10 月抗美援朝战争开始后，医院在救治前线转移过来的伤病员工作中发挥了重要作用，为抗美援朝战争作出了重大贡献。1956 年 3 月，根据中央军委的命令，该院改编为中国人民志愿军总医院。

抗美援朝战争中，作为当时安东唯一一所担负伤病员分类转运任务的志愿军总医院，为适应抗美援朝战场的需要，对机构进行了调

· 中国人民志愿军总医院旧址

整，在长达 80 公里的边境线上摆开了救护战场。分别在宽甸、长甸各设一个接收站，在灌水设转运站，中途设两个接收站，开始接收从朝鲜战场下来的志愿军伤员。医院采取各种有效措施对伤病员进行抢救治疗，同时派出医疗队深入朝鲜战场救治伤员。医务人员冒着枪林弹雨，冲锋陷阵，在火线上展开一幕幕生死救治。组建仅三年的医院，就这样走进战火，开始经受考验。

为了适应不断变化的战场形势，医院由 3 个所增加到 6 个所，之后又改为 5 个分院，工作人员从起初的 250 人增加到 1200 多人，床位从 600 张增加到 4800 张。医院收留伤病员最多时达 6000 多名，保证了大批伤病员得到及时处置与治疗。截至 1954 年 11 月，医院共接收 1100 多列车、34 万余名伤病员，向后方转送伤病员 26.3 万名，抢救伤病员 6.3 万名。

1950 年初，东北人民政府卫生部和东北军区卫生部合署办公，以医政处、医政科为基础成立了战勤小组，随着形势的发展和工作逐步深入，任务量不断增加，将战勤小组扩大为战勤室，以后又扩大为战勤科，并从中国医科大学附属第一医院调来了人员，专门负责这项工作。以后随着战场的扩大，由原有的 21000 张床位，增加到 38500 张，这时战勤科的人员编制、工作范围，已很难完成这一任务。因此成立了第六医院管理局，划归军队领导，各省、市也都成立了医院管理处，专门负责战勤医院的领导管理工作。

各省、市为了解决房子问题，根据当地承担的任务，由地方党委决定把当地最好的房子腾出来作医院用，其中包括县委、县政府、学校、卫生院等的所有房舍或部分房舍。因为这些房子需要修改才能适应医院工作的要求，因此在选址后，改建、修建前，组织了 5 个工作组，分赴各省、市进行调查，把选择的医院院址，画成平面布置图和拍成照片，带回沈阳研究，确定修改方案。并在调查前召开了各省、市卫生厅、局长紧急会议，确定了各省、市分担的任务和收容战伤部位，并重点配备了医务技术力量，形成了有重点技术力量的战伤医院。随后进行了一系列的动员、计划、组织修建等工作。

由于当地党、政机关和群众团体的大力支持和援助，医院于 1950 年 11 月 5 日开始接收伤病员。随着形势的发展和任务的增加，于 1951 年 6 月又在辽东省新建立了拥有 8500 张病床的 4 所医院，并于 7 月底接收伤员。护理人员由于需要的人数多，就从中学把学生整班整班地抽出来，经过短期培训，即走上工作岗位，在工作岗位上，边工作，边学习。

1951 年秋末，朝鲜前线伤病员运送至大连治疗人数激增，为及时完成治疗任务，旅大市政府成立了旅大市战伤委员会，计划改建十几处战伤医院，基建任务繁重又紧迫。当时担任基建业同业公会会长、市工商业联合会会长的姜培禄，被委任为市战伤委员会委员，并担负部分医院的修建任务。他接受任务后，以工商联和同业公会名义，动员全市私营基建、水暖行业全体职工积极加入会战。

在会战中全市私营基建行业全体业者和职工表现了高度的爱国热情，整个工程只收材料费，不收取任何报酬，夜以继日地奋战在工地。姜培禄奔忙于东西相距 20 余公里之间的各个工程地段，在冰天雪地零下 20 余摄氏度的刺骨寒风中，为抢修冻裂水管，他和工人们一起，在 1.5 米深的冰沟中维修管道，争分夺秒地加紧施工，终于如期完成交付使用，保证了接受大批伤员的治疗任务，受到了政府的表扬。

朝鲜停战谈判开始后，伤员逐渐减少，战勤医院的任务也逐渐减少，战勤医院的床位即减少到 30000 张，以后又减到 27350 张。1953
年 11 月 6 日，东北行政委员会与东北军区发布联合命令，决定第六
医院管理局所属医院交还地方政府，第六医院管理局改编为东北行政
委员会卫生局康复医院管理局。各省医院管理处改编为各省康复医院
管理处，归各省卫生厅直接领导。

参军参战

在爱国主义和国际主义思想觉悟迅速提高的基础上，辽宁省掀起
了广大青壮年参军参战、参加各种军事干部学校的热潮。辽宁省的青
年工人、农民和学生纷纷向各级政府、党组织递交决心书，申请书，

· 安东市青年参加志愿军奔赴朝鲜前线

踊跃报名参加志愿军。从城市到乡村，父送子、妻送郎、兄弟姊妹竞相报名参军的感人场面和动人事迹层出不穷。岫岩县有 2042 名青壮年自愿报名参军，这个县尖山区区委书记石本山亲自送女儿参军；朝阳区葛藤村农民胡宝林兄弟三人互不相让，争着去前线痛击侵略者，一同到村里报了名；洋河区傅家堡村团支部书记、共产党员李淑英为未婚夫报了名，在她的带动下，全区的男团员都报了名；汤池区汤池村青年农民孟宪仁结婚仅 10 天，就参加了志愿军，临行前，妻子李淑琴深情地对他说："你走后，我一定照顾好老人，你要一心杀敌，争取立功，我在家盼你的喜讯。"宽甸县有 2480 多人报名参军，921 人直接开赴前线参加战斗。凤城县有 2650 多人报名参军，其中有 150 名朝鲜族青年当了联络员和翻译，红旗区民主村 57 岁的马大娘，连续送三个儿子上了前线。旅大市仅长海县就有 130 名青年农民参加志愿军赴朝参战。抚顺市 1951 年参加志愿军赴朝参战的有 1185 人。辽西省锦州市在 1950 年 11 月的十几天之内就有 1000 余人报名参加志愿军。

为适应抗美援朝战争和建设一支现代化国防军队的需要，培训大批合格的军事干部，中央人民政府、人民革命军事委员会和政务院发出了《关于招收青年学生、青年工人参加各种军事干部学校的决定》。辽宁省广大青年工人、青年学生积极地响应，踊跃报名参加各种军事干部学校，沈阳市有 3390 名青年学生、工人参加了军事干部学校；抚顺市 357 人参加干部学校。辽东省 14000 余名青年学生参加各种军事干部学校，使全省提前超额完成了各种军事干部学校的招生任务。在伟大的抗美援朝战争中，全省人民踊跃参军参战，为战争的胜利作出了重大贡献。

拥军优属

辽宁人民为了表达对志愿军的支持和拥戴之情，解决志愿军指战员的后顾之忧，开展了拥军优属运动。辽宁广大城乡的人民群众提出了"先军属后自己"的口号，尽一切力量帮助志愿军的烈属、军属解决生活上和生产上的困难。各级政府对农村的烈属、军属实行了代耕制度。对特别困难的烈属、军属，当地人民政府拨出优抚专款予以救济，并发动群众捐助实物、现金，保证他们的生活达到当地群众的水平。

沈阳市在拥军优属工作方面，普遍贯彻了土地"包耕、助耕"政策。全市受土地包耕、助耕的烈、军属有 3794 户，土地面积为 38272 亩 2 分。全市长年或临时受补助的烈、军属 18484 户，计 96370 人。

鞍山市人民在拥军优属运动中，捐献慰问中国人民志愿军和朝鲜人民军的慰问金 14 亿 2530 万元（旧币）、慰问品 15551 件、慰问信 65420 封。

抚顺市人民在拥军优属运动中，捐献慰问金 88426712 元、慰问品 356 大箱、慰问信 26331 封，在精神上和物质上给志愿军以很大的鼓励。

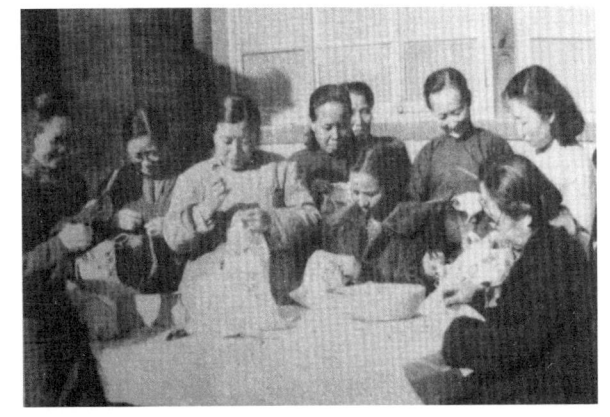

·缝制慰问袋，慰问志愿军

本溪市人民将拥军优属运动形成一种群众性的运动，1953 年春节捐献的慰问金和慰问品比 1950 年春节捐献的增加了 30 倍。1950 年 12 月 1 日成立了"本溪市军人招待站"，负责过往部队吃饭、饮水等接待工作，以及军列从本站出发后，向下一站通报军队人数，使其做好接待准备。军人招待站 170 名炊事员分 3 班执勤服务，其他管理人员都是衣不解带，昼夜坚守岗位。他们提出的口号是：岗位即战场！一切保证部队所需！一切为了前线！

辽东省人民在拥军优属运动中，共寄赠了 375000 封慰问信和大批慰问品、慰问袋到前线。

为鼓励志愿军安心在前方打仗、多打胜仗，安东市人民开展了轰轰烈烈的拥军优属和为志愿军捐献物品、写慰问信活动。为此，市政府成立了拥军优属委员会，统一领导全市拥军优属工作。据不完全统计，仅 1951 年上半年，全市给志愿军的慰问品就有：衣服 365 件、鞋 101 双、香烟 226 条、毛巾 778 条，还有猪肉、鲜鱼、鸡蛋等副食品，总价值约 26.58 万元。现款 1.7 亿多元。市委组织各界人士组成慰问团，带着全市人民捐献的 3 亿元和 400 多封慰问信，分赴各医院慰问志愿军伤病员。这些活动，极大地鼓舞了广大志愿军指战员，他们也纷纷给安东市人民写慰问信和赠送锦旗，借以表达他们的感谢之情和英勇杀敌的决心。

辽西省人民在拥军优属运动中，在 25 个市县都成立了优抚工作委员会，各界人民把优抚工作订立在爱国公约中，形成了群众日常自觉的行动。据统计，全省农村烈属、军属的土地 60% 左右是由互助组代耕的。城市各界人民贯彻以"组织生产、介绍职业为主，物质补助为辅"的方针，热情照顾生活困难的烈属、军属。据锦州等 9 个市县的统计，1952 年经政府介绍就业的烈属、军属有 2240 余人。辽西省政府还拨出 20 亿元作为烈属、军属生产和生活补助费，并在新年和春节组织各界人民群众慰问团，向烈属、军属进行慰问。

通过优抚活动，使关心烈属、军属，优待烈属、军属，尊重烈属、军属，成为全省广大人民群众的自觉行动。

捐献飞机大炮

1951 年 6 月 1 日，中国人民抗美援朝总会发出了"关于推行爱国公约、捐献飞机大炮和优待军烈属"的号召。辽宁人民立即行动起来，积极响应。各市的抗美援朝总分会、分会先后召开了各界人民抗美援朝代表会议，并结合志愿军归国代表团、赴朝慰问团所作的报告，深入群众进行宣传。

1951 年 10 月 23 日，毛泽东向全国发出了"增加生产，厉行节约，以支援中国人民志愿军"的号召。辽宁人民积极响应，迅速掀起了热火朝天的爱国增产节约运动。全省的工厂、农村、机关、学校、街道以及工会、青联、妇联等人民团体都普遍制订了捐献计划，并把捐献计划列入爱国公约内，作为抗美援朝的一项重要内容。

辽宁人民踊跃订立爱国公约，据沈阳市 1951 年 12 月份的统计，全市人民 85% 以上订立了爱国公约；旅大市人民广泛而普遍订立了爱国公约；鞍山市 16 万人订立了爱国公约；抚顺市有 17 余万人订立了爱国公约，占全市人口的 60% 以上；本溪市有近 9 万人订立了爱国公约；辽东省有 560 万人订立了爱国公约。

沈阳市工人制订了爱国增产节约计划，开展了增产节约250万吨粮食的竞赛运动。1951年末，全市工人完成了增产节约250万吨的计划，增产节约粮食360万吨。1952年，全市工人在完成增产360万吨粮食的基础上，又完成了增产350万吨粮食的计划。沈阳市机械二厂平炉丙班全体职工，在增产节约运动中，推进快速炼钢法，不仅提前完成了1952年的生产任务，而且还增产了1500吨钢水。在开展捐献飞机大炮运动中，从1951年6月至1952年末，沈阳市人民捐献856.2亿元（旧币，下同），折合飞机57架，超过原定计划38架50%。

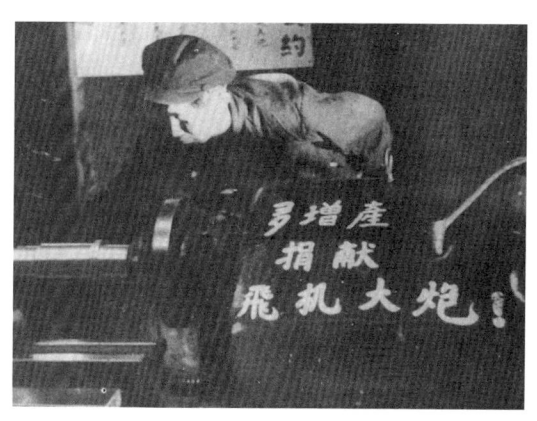

· 大连市广和机械厂王兆达小组的工人决心增产，为志愿军捐献飞机大炮

旅大市的工人们提出了"工厂就是战场，机器就是武器"等战斗口号，1951年完成了增产节约200万吨粮食的计划，1952年完成了增产节约250万吨粮食的计划。旅大市人民从1951年6月至1952年5月末，捐献410余亿元，折合飞机27架，超额完成了原定22架飞机的任务。

鞍钢广大职工在增加生产、提高工作效率的基础上积极捐献。归国华侨工程师高豫和他的爱人将自己积攒的400美元全部捐献，表达了爱国知识分子的赤子之心。抗美援朝时期，鞍钢受到敌机和暗藏敌特的威胁，孟泰撒家舍业，背来行李睡在高炉旁，誓死保卫高炉安全，被誉为"高炉卫士"。鞍山市人民原计划捐献9架飞机，实际捐款数可购买10架飞机。

抚顺市人民原计划捐献 8 架飞机，实际捐献 11 架。辽西省人民计划捐献 490 亿元，实际捐献 790 亿元以上，折合飞机 53 架，提前 40 天完成了捐献任务。辽东省人民计划捐献飞机 31 架，实际捐献 72 架。1952 年，辽东省在增产节约运动中，原计划工业方面增产节约粮食 40 万吨，结果增产节约粮食 475720 吨。农业方面的增产节约也超过了原计划，达到了 3172037.9 吨。

本溪人民积极响应号召，踊跃捐献。本钢团矿车间成品组 40 人，一次捐款 125.5 万元；热风炉 3 个小组捐款 208 万元；一电厂捐款 1050 万元。本溪高职学校捐款 2381.5 万元。德泰街业余剧团将义演 4 天的票房收入 70 万元全部捐献。市总会合作社及商务委员、工商业代表组成 "本溪市工商界捐献委员会"，深入工商业户宣传动员，广泛掀起捐献武器热潮。本溪市人民计划捐献 3 架飞机，实际捐献了 5 架。本溪市原煤公司 1951 年超额完成国家生产计划 119.4%，完成增产节约计划 105.18%。1952 年超额完成国家生产计划 115.3%，完成增产节约计划 171%。

安东市委积极响应中国人民抗美援朝总会的号召，向全市发出捐献 "安东市号""鸭绿江号""镇江山号" 3 架战斗机的通知，要求各级领导干部认真组织、广泛动员人民群众发扬爱国主义和国际主义精神，自觉自愿地积极捐款购买飞机、大炮，支援中国人民志愿军。在市委号召下，全市从机关到厂矿，从学校到街道，从城市到乡村，普遍订立了爱国捐献计划、爱国捐献公约。为了实现捐献计划，完成捐献任务，人人提高工作效率，增产节约，参加各种义务劳动。邮局市话组的职工，为提高工作效率，每月抽出一个星期日进行义务维修长途干线，并把修线剩下的线头做卡钉，继续使用。仅 20 多天时间，

·爱国老人宋传义

全组 87 人就捐款 94 万元。市工商界开展加班加点竞赛活动，大大增加了收入，两个月共捐款 2150 万元，提前完成计划。经民主讨论又修改捐献计划，一共捐款 31 亿元。镇安区临江街 70 多岁的农民宋传义老两口，为完成捐献计划，在白菜地里夹种菠菜，多收菜多卖钱。他还利用中午休息时间，挖野菜喂猪，节省饲料钱。他三次修改捐献计划，到年底共捐款 70 万元，被誉为"爱国老人"，并被辽东省人民政府授予"一等劳动模范"，选为省人民代表。宽甸县工商联合会会长王义严、潘汉东等人，坚持每月拿出 15 分工薪分捐献；大川头区龙头村 110 名妇女，在县特等劳动模范、省抗美援朝分会委员鄂淑荣带领下，把 3 个月内喂肥猪收入的 800 万元、采山货收入的 780 万元，全部捐献。全县共捐款 19 亿元。岫岩县白云区于家岭村农民马宝元，把卖粮的 13 万元、做工挣的 20 万元和卖鸡蛋的 7 万元，全部捐献。全县共捐款 22 亿多元。凤城县红旗区民主村的马大娘，让三个儿子都参了军，家里无劳力，但她不要政府照顾，积极参加生产，捐款 50 万元。全县共捐款超过 31 亿元。安东县捐款 27 亿元。市区捐款 99 亿元。截至 1952 年 2 月，全市（含 4 个县）共捐款 198 亿元，可买战斗机 13 架。

在捐献飞机、大炮的运动中，辽宁人民提前超额完成了原定的捐献计划，为改善志愿军的武器装备作出了重要贡献。在爱国增产节约运动中，圆满地完成了爱国增产计划，为恢复国家经济作出了重大贡献，有力地支援了抗美援朝战争。

忠诚的"巾帼卫士"

处在抗美援朝战争总后方最前沿的安东妇女不论在前线还是后方，都爆发出惊人的力量，表现出极大的热情、勇气与奉献精神。女学生走上街头宣传讲演，女护士为救治伤员不分昼夜奋战在岗位上，更多的妇女则承担起拥军优属，护理伤病员，为志愿军洗血衣、做被褥等工作，倾尽所能为抗美援朝尽一份心力，为志愿军献一片爱心，工厂、学校、乡村和大街小巷，到处都有她们的身影。

安东是志愿军入朝参战的主要渡江地点之一。每天一列列军车驶入安东，安东的妇女们行动起来，纷纷把自己的屋子腾给志愿军住。凤城六街于大娘主动将最好的屋子让给战士住，把自己舍不得盖的新被拿出来给战士盖。1950年11月末，抗美援朝战争第二次战役结束之后，有部分伤员在凤城养伤，于大娘天天到医院探望这些战士。看到一个受伤的战士发高烧昏迷不醒，她就整日地守在病床前照顾，并把自家鸡下的蛋拿来用热水冲成蛋水，一口一口地喂他。在于大娘慈母般的照料下，这个战士很快恢复了健康，在即将离开祖国奔赴前线之际他流着热泪对于大娘说："大娘，您比我亲生母亲还要亲。我到前线一定奋勇杀敌，为国争光！"并把自己珍藏的一件血衣送给于大娘作纪念。1951年冬天，有一批从前线回来的伤病员住在凤城。其中有4名战士因脚冻伤肿得很厉害，部队发的鞋根本穿不上。后勤有

· 凤城县拥军模范于大娘在为志愿军做鞋

关同志为此事急得不知如何是好。于大娘知道后立刻找到这几位伤员，看了他们的脚，量了尺寸。她白天忙着拥军优属工作，到了夜晚就开始做鞋，她把自己对战士们的爱都倾注在这一针一线里。经过十几个不眠之夜，4双厚厚的、暖暖的特号鞋做成了。当她把4双鞋送到伤病员手里的时候，他们感动地说："于妈妈，您真是我们志愿军的好妈妈！"她还组织街道妇女给战士们做被面、补袜子、浆洗棉衣。

抗美援朝战争期间，安东妇女成立了"妇女拥军队"，编成大、中、小队和小组。各区街专门把中老年妇女组织起来，成立"老妈妈服务队"，为战士拆洗、缝补衣服、被褥。金汤区一位老妈妈的话很能代表安东妇女的心声，她说："为了不让孩子们穿着脏衣服出国打仗，我们再苦再累心里也甜！"朴实的话语道出的却是真情实意。

拥军模范张大娘就是"妇女拥军队"中的一位，只要有部队来，她就忙前跑后的，有时忙得一天吃不上一顿安稳饭，睡不上一个囫囵觉。在组织街道妇女为部队做衣服、缝被子时，她亲自教大家怎样做既结实又省料，做好后又一遍遍检查，发现做得不合适的就亲自动手改；镇兴区的于大妈，因热心照顾住在她家的志愿军，感动得全班战士写血书，表示一定要多杀敌人报答祖国人民的关怀；宽甸长甸下河口村的徐大妈，每当过往的志愿军部队途经她家门口时，不论白天黑夜，她都要烧一大锅开水，然后用桶提到路边，专门为过往部队设了开水站，用平时积攒的钱买茶叶，又把最好的高粱米、大米炒成糊米，泡成水，装在碗里，放在桌上，一碗碗递给战士们喝，给过往的战士们解渴。战士们深受感动，打着竹板唱道："这个大妈真是好，队伍来了把水烧，抗美援朝到朝鲜，杀敌立功传捷报。"

据不完全统计，从1950年到1953年，安东市妇女为志愿军做鞋388924双，做大衣10538件，做被31645床，洗衣588952件，洗被21450床。

拥军模范缴大娘在自家门前挂起"二街拥军优属委员会"的牌子，积极组织街道群众订立拥军优属爱国公约，组织群众防空疏散，到火车站给志愿军送开水、写慰问信、送慰问品。每次来志愿军部队，她总是跑前跑后，到招待所、旅馆和各家各户给部队找房子、借炊具、安置食宿、帮助洗米煮饭，她宁可不吃饭、不睡觉，也要把部

·安东市妇女自发组织起来，为志愿军伤病员洗衣服

队安置妥当。一天深夜，家家都睡熟了，缴大娘得知来了部队，就立即起来，去各户敲门动员群众腾房子，很快就将这支部队安置下来。她以身作则，把部队安排在自己家住，把热炕腾出来给志愿军睡，自己和家人却挤在一间屋子里，在地上搭铺睡。她安排自家的生活从来是精打细算，省吃俭用，可当她看到志愿军没吃上饭时，就毫不犹豫地给志愿军煮饭，用自家的油、盐、酱、醋给志愿军炒菜。遇到志愿军缝补衣服没有布和线，她就自己掏钱去买，布剩下了，她就想法给做成袜子套，分给志愿军。缴大娘拥军支前的行动，受到了志愿军和街道群众的尊重和爱戴。志愿军某部三大队八支队战士感动得把一面写有"你的模范行动，永远鼓舞着我们胜利前进"的锦旗赠给了缴大娘。志愿军战士都称她"缴妈妈"，常请她作报告，有事找她帮助。许多战士临走前或走了以后，会给缴大娘和缴大娘所在的区妇联写信，表达他们的感激之情。志愿军某部十三队四排十二班的战士，给区妇联的感谢信是这样写的：

亲爱的三区民主妇联同志们：

自从来到这里后，你们不断地经常关怀着每个志愿军战士，每次给我们洗被子、洗很脏的衣裤，不管单衣棉衣，洗完都用火烤干，一针一线地缝起来，使我们穿起来舒适暖和，真比爱护自己的儿女还周到。我们只有狠狠地打击侵略者，争取更大的胜利，来报答你们对志愿军的热爱。

宽甸人民听说志愿军要来，男女老少齐上阵，不分昼夜，推碾拉磨，每家都做了三四十斤的大饼子送给部队。有位叫王帼氏的妇女，家里生活很困难，为了给志愿军战士缝洗衣袜，她把手中仅有的几元准备买菜的钱也省下来买了布和线，自己家一日三餐用咸菜下饭。

为了更好地支援前线，1950 年冬天，安东市把广大妇女组织起来，成立了妇女联合会。

1951 年 4 月 7 日、12 日，安东的三马路等地遭到敌机轰炸，造成严重的人员伤亡和经济损失。拥军模范、十街街道主任曲大娘自发组织十几名妇女到现场救护。妇联总结推广曲大娘的经验，成立了由曲大娘任队长的"妇女救护队"。此后，每逢美机轰炸，"妇女救护队"都冲在前面，积极参与救护活动。

在敌机轰炸安东三马路的当天，《东北日报》记者方青恰好在安东采访，他目睹了美军的暴行，也见到了在炮火硝烟中奋不顾身抢救伤员的安东"妇女救护队"，安东妇女在敌机的轰炸面前勇救伤员的大无畏精神，给这位记者留下了深刻的印象，他根据自己的亲身经历写成了长篇通讯《为死难者复仇》，在全国引起了很大的反响。

随着伤病员的增多，护理时间也不断加长，需要不分昼夜连续加班。尽管没有报酬，可妇女们从不计较，没有一个人嫌脏怕累，每个人都非常认真、热情地工作着。

王秀兰就是其中的一位。区里动员她去志愿军总医院护理伤病员，尽管她自己同意，但婆婆和丈夫思想守旧，百般阻挠。王秀兰说："保卫祖国和家乡，人人有责，我不能光服侍丈夫、围锅台转。"志愿军总医院在抗美援朝期间设置了多处临时医院，条件很差，由护士带着三班倒，一个人护理 100 多名志愿军伤病员，她们给伤员穿衣、打饭、喂饭、端屎端尿……她们说："志愿军在前方不怕流血牺牲，为保卫祖国而负伤，我们有义务好好照顾他们。"王秀兰工作认真负责，受到医院和伤病员的普遍称赞，不久便当了街道干部，后来成长为妇联干部。

冷淑梅家里是农业户，按规定，农业户护理伤员一人给一分耕地。冷淑梅不要地，主动担负起100多名伤病员的护理任务。护理中，她端屎端尿，洗血衣，给伤病员喂饭，忙得走路都要小跑，时常累得上厕所的时候就睡着了，但她毫无怨言。

那时，安东每天参加护理工作的妇女有2000多人，被称为"妇女拥军护理队"。经"护理队"精心护理的伤病员，有的很快康复重返前线，有的被及时转往后方大医院。妇女们以其充满爱心和热诚周到的服务，多次受到医院的表扬，并收到伤病员赠送的锦旗。

70多年过去了，当年的英雄妇女们多已辞世，然而，历史并没有忘记她们，正是她们默默的奉献与付出，更加坚定了志愿军保家卫国的决心和勇气，胜利的军功章上也承载了她们的荣光，她们不愧为志愿军的"忠诚卫士"。

欢迎志愿军凯旋

1958年2月14日，应朝鲜民主主义人民共和国政府的邀请，中国国务院总理周恩来率领中国政府代表团到达平壤，对朝鲜进行友好访问，并就中国人民志愿军撤出朝鲜的问题与朝鲜政府达成一致的意见。2月19日，中朝两国政府发表《联合声明》，提出中国人民志愿军主动撤出朝鲜的建议。22日，中国人民志愿军总部发表声明，决定1958年年底前，中国人民志愿军分批全部撤出朝鲜。

中国人民志愿军卓越地完成了祖国人民赋予的光荣使命，与朝鲜人民军及朝鲜人民团结一致，休戚与共，生死相依，共同抗击美军的侵略，为保卫朝鲜人民、保卫中国的安全和支援朝鲜人民的和平建设作出了重大贡献。

志愿军官兵分批启程回国，朝鲜军民一次又一次到志愿军营区、车站送行。临别时互相赠送礼品，以表达永久的友谊和怀念之情。朝鲜民主主义人民共和国内阁首相金日成和朝鲜劳动党、政府其他领导人，亲自到撤军部队驻地看望、慰问和欢送，出席欢送大会和欢送宴会，给志愿军官兵以极大的鼓舞。

在国内，《联合声明》公布后，为了迎接中国人民志愿军归国，从中央到地方热烈欢迎最可爱的人归国的活动迅速开展起来。处于中朝边界抗美援朝战争大后方最前沿的安东市成为欢迎志愿军归国的第一站。安东市组成了欢迎志愿军归国工作委员会，成立了欢迎志愿军归国指挥部，全市人民以极大的热情和最佳的状态进行欢迎准备工作。火车站的站台上，悬挂了160条彩色标语；站前广场搭建了松枝牌楼；车站高层建筑上"欢迎"两个大字醒目高大；市内主要街道张灯结彩；工厂、机关、学校、街道练歌练舞。

"凯旋门"的搭建工作是一项非常重要的工作，志愿军乘火车归国，首先要经过这座

· 朝鲜新义州人民把志愿军一直送到鸭绿江边

象征着胜利的大门。据时任安东市人民委员会文化科副科长的程源泉回忆："凯旋门"建在鸭绿江边的桥头位置，是由安东市文化馆美术干部林成家和市政府秘书科王爽设计和制作的。"凯旋门"使用木结构建造，"凯旋门"三个大字在门的正上方，两边装饰精美图案，立柱两侧均有"和平鸽"图案和"庆祝抗美援朝斗争的伟大胜利""欢迎中国人民志愿军光荣归国"等标语。

3月15日，以人大常委会副委员长陈叔通为团长的中国人民欢迎志愿军归国代表团抵达安东，朝鲜驻中国大使馆临时代办文在洙也同车到达。3月16日，第一批志愿军归国，安东市2300多人组成了欢迎队伍，身着节日盛装，打着欢迎横幅，手持国旗、彩旗和花束在鸭绿江桥头和车站月台上欢迎志愿军凯旋。中国人民欢迎志愿军归国代表团团长陈叔通，副团长王维舟、邵力子、高崇民、李烛尘等和志愿军亲切握手拥抱。而后在站前广场召开了13000人参加的欢迎大会。

7月11日至8月14日，第二批志愿军归国部队的6个师及部分特种部队共10万人全部撤军归国。9月26日，第三批志愿军归国部队到达安东市，受到辽宁省和安东市领导及安东市5000多民众的热烈欢迎。

当时为了方便迎接，由各企事业单位文艺骨干组成的表演队伍住在车站

·祖国边城安东市人民在站前广场集会，热烈欢迎胜利归国的亲人

的旧车厢里。每次列车到站一般都要经过 5 道欢迎程序：喜相逢，列车到站后，欢迎代表与志愿军归国代表握手拥抱。吃团圆饭，志愿军归国第一餐要吃安东的大米饭和安东的特色菜。文艺表演，在站台上举行联欢，表演文艺节目，互叙衷肠。在自由活动中，军民畅谈祖国建设成就和军民之情。依依惜别，列车在安东停留三四个小时后，志愿军归国部队离开安东，奔赴全国各地。

在迎接志愿军总部归国的工作中，因为是最后一批归国的志愿军，欢迎仪式比以往更加隆重热烈，并做了大量的前期准备工作。10月 26 日 12 时 10 分，载着荣誉凯旋的志愿军总部官兵的列车驶过"凯旋门"，受到了 5000 人欢迎队伍极其热烈的欢迎。欢迎代表团团长廖承志、胡厥文、胡启立、蔡廷锴、康克清等与志愿军司令员杨勇、政治委员王平等亲切握手、拥抱，并在站台上举行了欢迎仪式。从车站到安东旅社又受到欢迎队伍极为热烈的夹道欢迎，欢迎场面盛况空前。27 日，志愿军代表团出席了安东市各界 18000 人在青年广场举行的欢迎大会。

志愿军司令员杨勇和政治委员王平在临行前，挥毫为安东人民题词："感谢安东人民的热烈欢迎，感谢你们在抗美援朝斗争中给予我们的巨大支援，祝你们在社会主义建设事业中取得更辉煌的成就。"作家老舍也写下了热情洋溢的诗："鸭绿江波涌，日照凯旋门，六亿人民一条心，欢呼：欢迎！欢迎！迎我们最可爱的人！碧江分两岸，朝中情不分，六亿人民一条心，欢呼：友谊！友谊！朝中友谊万古长青！"

中国人民志愿军全部撤军回国后，中华人民共和国全国人民代表大会常务委员会和政协全国委员会常务委员会于 10 月 30 日举行扩大联席会议，通过了《关于中国人民志愿军八年来抗美援朝工作报告的决议》，指出：中国人民志愿军卓越地完成了祖国人民所赋予的光荣使命，他们不愧为伟大中国人民的优秀儿女。

·现"中朝友谊桥"青铜匾额

如今，昔日欢迎志愿军的"凯旋门"旧址处悬挂着"中朝友谊桥"青铜匾额。召开欢迎大会的站前广场和青年广场也因城市的发展与建设，改变了原有的模样。但志愿军凯旋的盛大场面，将永久地留在辽宁人民的记忆中。

抗美援朝战争中，辽宁作为大后方的最前沿，为抗美援朝战争的胜利作出了巨大贡献。站在"抗美援朝出征地"这片红色土地上，生活在新时代的我们，要铭记抗美援朝战争历史，传承伟大抗美援朝精神，从抗美援朝精神中汲取继续前行的力量，不忘初心，牢记使命，砥砺前行。正如习近平总书记所指出的"我们要铭记抗美援朝战争的艰辛历程和伟大胜利，敢于斗争、善于斗争，知难而进、坚韧向前，把新时代中国特色社会主义伟大事业不断推向前进"。

英雄土地
红色辽宁

共和国工业
奠基地

　　辽宁位于中国东北地区南部，即东经 118°53′ 至 125°46′，北纬 38°43′ 至 43°26′ 之间，既是东北地区通往关内的交通要道，也是面向东北亚经贸合作、连接亚欧大陆桥的重要门户和前沿地带。新中国成立后，在党的统一领导下，辽宁逐渐发展为工业门类齐全、体系完备的工业基地，特别是石油化工、冶金锻造、装备制造等产业，在国家工业体系布局中占有重要地位。"一五"时期，国家 156 项重点工程有 24 项落户辽宁。辽宁省 14 个市，很多市都有别名。例如，沈阳被称为"机床之乡"，所辖的铁西区被誉为"东方鲁尔"；鞍山又称"钢城"；抚顺是"煤都"；阜新为"煤电之城"，丹东有"轻纺城"的美誉。此外，大连以生产制造石化产品和船舶闻名，本溪有大型钢铁企业和煤矿，锦州有大型石化企业，葫芦岛有亚洲最大的锌厂，铁岭有大型煤矿，盘锦有油田。辽宁不仅工业门类齐全，还有数十家企业是行业龙头，被誉为"新中国工业摇篮""共和国工业长子"。从"一五"到三线建设时期，在中央统一领导下，根据"好人好马上三线"的原则，辽宁为全国各地提供了大量的工业原料和技术装备，辽宁是"三线"建设的主力军，尤其是在管理、技术等领域涌现出大批模范人物，在推进新中国工业化的进程中发挥了奠基地的作用，充分展现了辽宁作为共和国工业奠基地的独特贡献。

共和国工业发端于解放战争时期辽宁工业的恢复

1945 年日本无条件投降后，在中国共产党的领导下，中共中央东北局成立东北局军事工业部，首要任务就是接收辽宁工业，动员产业工人和技术人员改建工厂，以保障军需民用。辽宁作为中国共产党最早解放的地区之一，在解放战争期间，肩负着"巩固政权、发展生产、繁荣经济、支持东北和全国解放战争的重任"①。

1947 年 7 月 1 日，苏军同意将"满洲"化学、大华炼钢、进和、金属制品、制罐以及曹达 6 家工厂移交中方。同时，中国共产党投资建设的引信厂、弹药厂等也陆续建成。为争取和加速解放战争的胜利，中国共产党将这批新旧工厂共同在大连组建了第一家大型兵工联合企业，又称"大连建新公司"。这是新中国成立之前中国共产党历史上规模最大、现代化程度最高的兵工联合企业。在不到四年的时间

· 大连建新公司所属工厂遗址

---

① 鲍振东，李向平，等：《辽宁工业经济史》，社会科学文献出版社，2014 年版，第 330 页。

里，建新公司生产的大批武器弹药支援、供应东北、华东、华北等战场，为人民解放战争的全面胜利作出重要历史贡献，被誉为中国共产党军工史上的一座丰碑。

大连建新公司生产的弹药，有力地支援了解放战争时期全国各战场。时任华东野战军代司令员的粟裕将军，在总结淮海战役胜利的原因时曾说："华东地区的解放，特别是淮海战役的胜利，离不开山东老乡的小推车和大连的大炮弹。"①

· 大连建新公司生产的火箭筒和大炮弹

大连建新公司在解放战争期间英雄辈出，以吴运铎、吴屏周、赵桂兰等为代表的英模人物，成为教育几代人的楷模与榜样。

吴运铎（1917—1991），湖北汉阳人，中共党员，曾任华中军区军械处副处长兼炮弹厂厂长。1947年春，大连建新公司任命吴运铎为总厂工程部副部长兼宏昌工厂厂长，1947年9月因进行炮弹爆破试验身负重伤，曾发表自传体小说《把一切献给党》，产生广泛影响，被誉为"中国的保尔·柯察金"。

---

① 王海峰：《保证淮海战役胜利的"大炮弹"是如何造出来的？》，《党史纵横》，2010年8月，第32—33页。

· 吴运铎及其在大连
建新公司工作时的办
公旧址

　　吴屏周（1916—1947），安徽巢县人，中共党员。1946 年 12 月，由华中军区军工部调来大连。1947 年春，大连建新公司任命吴屏周为大连建新公司裕华工厂厂长。同年 9 月 23 日，在进行炮弹爆破试验时，因炮弹意外爆炸，当场壮烈牺牲，为军工事业献出了 31 岁的年轻生命。

　　赵桂兰（1930— ），山东安邱人，中共党员，曾在大连建新公司宏昌化工厂当工人。赵桂兰虽然没有什么文化，但对于革命工作却有着常人难以企及的忠诚。曾先后四次负伤，1949 年 12 月 19 日的第四次负伤轰动了全国，在一次配置药品的过程中，实验室发生爆炸，赵桂兰舍身护厂，但不幸被炸伤致残，被誉为"党的好儿女"。

　　1948 年 11 月，辽沈战役胜利结束，辽宁成为最早解放的地区之一，中国共产党有了一个真正具有现代化工业基础的战略基地，对此，中共中央提出"让东北工作先走一步"的方针。同年，增设东北工业部之后，辽宁工业由分散、盲目生产进入有统一领导的快速发展阶段，成为最早在党中央统一领导下有计划发展的地区之一。辽宁全境解放初期，工业生产恢复首先碰到的困难是缺乏机械零部件和各种器材，为此开展"献纳器材"运动。要使那些处于瘫痪状态的工厂和矿山运转起来，必须有大量的品种多样、规格齐全的机械零部件，以及工人所需的其他生产工具。但是，在当时辽宁还没有制造这些器材和零部件的能力。为攻破这一难关，辽宁工人阶级勇敢地把困难承担起来。从工厂复工开始，许多职工就把存入自家的生产急需的器材主动地、无偿地献给工厂。1949年2月7日至14日，沈阳第一机器厂职工响应沈阳市总工会"努力生产支援前线，献交器材建设工厂"的号召，300余名职工献交1000余件器材。沈阳化工厂一名工友动员他的一位亲属，把国民党军队留下的电话交换台，从45公里外运来交给厂里。据统计，沈阳市共奉献器材达7.3万多件。自此，饱经风霜的辽宁走上新的征途，勤劳、勇敢、智慧的辽宁人民在中国共产党的领导下，进行了艰苦卓绝的奋斗，为新中国工业尤其是国防工业建设奠定了坚实基础。

辽宁成为共和国工业奠基地的必然性

新中国成立后，根据党的七届二中全会提出的用三年时间恢复工农业生产的精神，辽宁迅速开展国民经济恢复工作，率先实现了工作重点转移，基本确立了国有经济的主导地位，改变满目疮痍的工业残局。1949年，辽宁共接管工业企业448个，其中包括鞍钢、本钢、抚钢、大钢四大钢厂，抚顺、本溪、阜新、北票四大煤矿，以及五大石油厂、四大化工厂、四大机床厂、四大重型机器制造厂、两大机车车辆厂、五大水泥厂、两大玻璃厂、两大油漆厂等一批大中型骨干企业。国家先后投资 14.5 亿元，重组工厂、铁路、矿山 574 个，确立国有经济的主导地位，有效地掌控了辽宁经济命脉，为国民经济的恢复奠定了物质基础。其间，辽宁共有国营企业 765 个，实现工业总产值 7.73 亿元，占辽宁工业总产值的 64.9%，其中国营工业在主要行业总产值中所占比例为：钢铁工业占 99.7%；机械制造工业占 93.0%；纺织工业占 92.3%。国家从全国各地抽调上万名优秀干部到辽宁工业战线，废除旧的管理制度，建立工厂管理委员会，在 500 人以上的工厂组织职工代表大会，实行企业管理民主化，从而进一步调动广大工人的生产积极性。在这个过程中涌现出马恒昌小组、孟泰、李绍奎、赵国有、王崇伦等闻名全国的先进集体和个人，有力地推进了国营企业民主改革和生产改革。同时，积极开展各种鼓励生产的活动。1949 年10 月，东北总工会、东北人民政府工业部作出《关于开展群众性创造生产新纪录的决定》，肯定了沈阳第三机器厂工人赵国有切割塔轮、党会安切削丝杠、张尚举划线组对 6 尺车床划线等纪录，指出其在工业建设中所具有的重大政治意义。到 1949 年底，辽宁各行各业共创造生产新纪录 10105 项，开展新纪录运动，在政治意义上，是巩固人民民主专政的物质基础，发扬工人阶级建设的伟大力量；在经济意义上，是把生产建设提高一步，开始步入经济建设高潮；在文化意义上，新纪录运动提高了经济管理水平，夯实了主人翁意识与爱厂如家的传统。

刚刚从战火硝烟中诞生的新中国，深切知道钢铁意味着什么。新中国成立初期，毛泽东在谈到我国工业的情况时说："现在我们能造什么？能造桌子椅子，能造茶碗茶壶，能种粮食，还能磨成面粉，还能造纸，但是，一辆汽车、一架飞机、一辆坦克、一辆拖拉机都不能造。①毛泽东曾不止一次地表达过这个观点。但当时，全国的钢产量不足 16 万吨，平均下来，还不够给每个中国家庭打一把菜刀。在辽宁工业生产全面恢复的同时，以鞍钢为首的一些重点项目进行改建扩建，作出迅速恢复工业生产的战略决策。

鞍钢曾有"共和国第一钢厂"之称，鞍钢的建设从一开始就肩负着极其重要的使命。新中国成立前，鞍钢是国内唯一一家钢铁联合企业，使用的是日本人从美国引进的技术。东北地区原有的重工业基础较好，而鞍钢的底子又是全国最好的，便成了工业奠基的重中之重。1949 年春，随着毛泽东发出一声电令："鞍山工人阶级要迅速在鞍钢恢复生产。"新中国第一个大型钢铁生产基地鞍钢生产能力逐渐恢复，新中国钢铁工业迎来了伟大开端。1949 年 3 月 23 日，小型轧钢厂一车间修复并开工；1949 年 4 月 25 日，第一炼钢厂二号平炉首次出钢；1949 年 5 月 1 日，炼钢厂正式开工；1949 年 6 月 27 日，炼铁厂修复后的二号高炉提前 1 个月零 3 天流出了解放后的第一炉铁水，它也标志着鞍钢这个钢铁联合企业从采矿、选矿、炼铁、炼钢、初轧、成材整个生产系统的形成。到 1949 年 6 月底，鞍钢已有两座矿山（弓长岭、樱桃园）、两座炼焦炉（七号、八号）、1 座高炉、两座平炉、6 个轧钢厂、两个金属制品厂及耐火材料厂全部或部分复工投产，全面开工生产的条件已经具备，鞍钢这架曾经遭受严重破坏的巨大工业机器开始运转起来。1949 年 7 月 9 日是令鞍钢人永远难忘的日子。这一天，全鞍钢两万多职工满怀胜利的喜悦，齐聚在鞍钢机关办公大楼"大白楼"广场，参加盛大隆重的"鞍钢开

---

① 中共中央文献研究室：《毛泽东文集》第六卷，人民出版社，1999 年版，第 329 页。

工典礼纪念大会"。

中共中央、中央军委赠予鞍钢一面"为工业中国而斗争"的贺幛。东北行政委员会主席林枫、副主席李富春，东北总工会主席张维帧以及东北工业部部长陈郁到会祝贺，鼓励鞍钢全体职工进一步激发恢复生产的热情和信心。开工盛典回顾了鞍钢恢复生产的历程，肯定了鞍钢在恢复生产中所取得的突出成绩，奖励了在护厂、抢运、献交器材、恢复生产中作出贡献的 141 名功臣和两个先进集体，其中炼铁厂老英雄孟泰在修复高炉中回收、再生废旧器材 300 余件，荣立一等功。

1950 年 3 月，中苏签订了《关于恢复和改建鞍钢技术援助议定书》，这是斯大林时期苏联对中国技术援助的第一个议定书。以鞍钢"三大工程"——大型轧钢厂、无缝钢管厂和炼铁七号高炉为主要标

·鞍钢举行"三大工程"开工典礼

志，新中国第一座大型钢铁基地的建设，是中苏之间确定的 156 个重点援助项目中的第一批项目，也是中苏之间确定的第一批 50 个重点援助项目中第一个项目，被视为我国第一个五年计划建设的重中之重。

按照中苏签订的协定，受中方委托，苏方加紧进行鞍钢改扩建的总体初步设计。1950 年 4 月，第一批共 26 名苏联专家来到鞍钢；当年 7 月，又一批来自苏联设计院的 35 名专家抵达鞍钢，后又增加到 42 名。他们在这里共收集图纸 2763 张，索取资料 85 册，达 4145 页。历时一年有余，苏方编制出《恢复和改造鞍钢总体规划初步设计书》。改扩建总体初步设计书一摞又一摞，多达 120 卷，交付鞍钢的时候已经是 1951 年 10 月 12 日。当月，国家财经委员会副主任李富春在全国政协会议上所作的《中国工业的目前情况和我们的努力方向》报告中指出："到 1953 年我们修建铁路的钢轨，就可以完全由自己解决了，大型钢材、无缝钢管及薄型钢板也能大部分解决了。"此时此刻，全程参与了中苏两国政府之间谈判的鞍钢副经理王勋，带领鞍钢国外小组 8 名成员正在莫斯科紧锣密鼓地进行"三大工程"的前期准备工作。鞍钢国外小组与苏方举行了 106 次谈判，除了公休假日外，平均每 3 天一次谈判，高峰期曾经在 78 天中进行了 40 次谈判。到"三大工程"开工后，鞍钢共收到苏方设计和技术资料达 6.5 吨。其中，大型轧钢厂、无缝钢管厂的施工图纸就有 2.4 万张。1952 年 3 月上旬，政务院副总理兼财经委员会主任陈云来到鞍钢，鞍钢"三大工程"动工在即。陈云强调，鞍钢的恢复和发展是全国基本建设的重点，应该及时转变工作重点，要把基本建设放在第一位。当月起，鞍钢首先将行政领导班子一分为二，开始组建基建系统，由副总经理王玉清负总责，副经理王勋负责基建设计，副经埋王文负责基建供应，副经理赵北克负责基建施工，顾明出任基建系统秘书长，从生产单位抽调 15 名老干部、170 名一般干部、180 名技术干部以及大批技术工人转到基建系统。1952 年 3 月 19 日，政务院财经委员会党组请示党中央和毛泽东主席，提出："集中全国力量，特别是技术人员，首先进行鞍钢的恢复与改建工程，争取迅速完工。" 5 月 4 日，中共中央批复政务院财经委员会党组的请示，向全党、全国发出动员令："要集中全国力量，首先恢复和改建鞍山钢铁公司。" 7 月 14 日，鞍钢无缝钢管厂率先动工。8 月 1 日，鞍钢大型轧钢厂破土动工。1953 年 2 月 27 日，鞍钢炼铁七号高炉正式动工。最先竣工的是无缝钢管厂，9 月 15 日，无缝钢管厂机组开始试车。10 月 24 日，世界级冶金权威、苏联亚速钢厂总工程师罗曼可亲自坐镇，正式试轧热轧无缝钢管，检验各种参数后，他满意地说："就算在苏联，这也是质量上乘的。" 12 月 15 日，鞍钢大型轧钢厂举行竣工移交生产签字仪式。12 月 18 日，鞍钢炼铁七号高炉竣工投产，流出第一炉铁水，安装工期仅用 5 个月零 10 天。至此，鞍钢"三大工程"全部完工。

"三大工程"开启了新中国钢铁建设不平凡的历程。从 1952 年下半年起，鞍钢进入大规模建设时期。到了 1953 年 12 月 18 日，鞍钢"三大工程"——大型轧钢

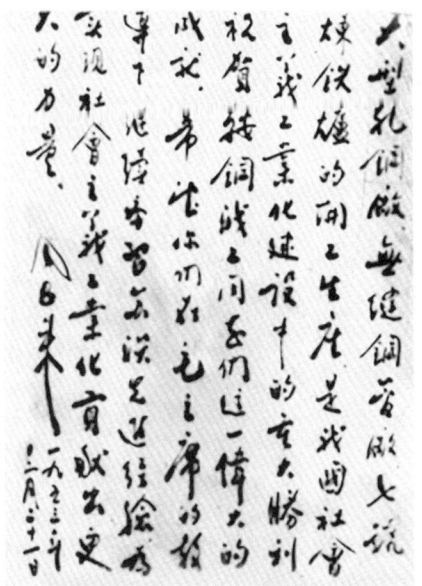

· 1953 年周恩来为"三大工程"题词

厂、无缝钢管厂和七号高炉全部竣工。毛泽东欣喜异常，于 12 月 24 日复信鞍钢全体职工，指出："我国人民现正团结一致，为实现我国的社会主义工业化而奋斗，你们的英勇劳动就是对这一目标的重大贡献。"周恩来视察鞍钢时为"三大工程"题词："大型轧钢厂、无缝钢管厂、七号炼铁炉的开工生产，是我国社会主义工业化建设中的重大胜利。"

翻开共和国钢铁工业的奋斗长卷，"鞍钢宪法"是在中国社会主义工业化建设起步初期诞生的。20 世纪 50 年代末，鞍钢响应党中央的号召，在如何建设工业企业、提高企业内部管理水平、调动职工积

·毛泽东批示"鞍钢宪法"手稿

极性主动性、大搞技术革命等方面进行了成功探索，取得了显著成果，受到了党中央的高度关注，是毛泽东批示"鞍钢宪法"的实践基础。1960 年 3 月 22 日，毛泽东看过《鞍山市委关于工业战线上的技术革新和技术革命运动开展情况的报告》，大为赞许："这个报告，更加进步，不是'马钢宪法'那一套，而是创造了一个'鞍钢宪法'。'鞍钢宪法'在远东，在中国出现了。"

　　"鞍钢宪法"的诞生，是我国社会主义工业化发展历程中的一个重大事件。"两参一改三结合"等原则，对于探索社会主义工业企业发展道路，具有重要的指导意义。"两参一改三结合"的原则，即干部参加劳动，工人参加管理，改革不合理的规章制度，实行工人群众、领导干部和技术人员三结合，作为"鞍钢宪法"的核心，对于探索社会主义工业企业发展道路，具有重要的指导价值。"鞍钢宪法"是国家的财富，更是鞍钢的财富。它对于鞍钢的发展起到了巨大的推动作用，它的宝贵精神激励着几代鞍钢人持续推进中国工业化进程。在鞍钢改革发展的征程上，几代鞍钢人怀揣着光荣与梦想，传承弘扬"鞍钢宪法"精神，解放思想，勇于创新，使其不断发扬光大，与时俱进。翻开鞍钢波澜壮阔、辉煌壮丽的创新创业史。从艰苦创业到逆境突围，从解放思想到开放变革，在不同历史发展阶段，"鞍钢宪法"始终是鞍钢人砥砺前行的精神灯塔。

　　1949 年至 1952 年，辽宁除恢复全省的大型重点厂矿外，还新开工独立核算厂矿 104 个，这些工厂后来都发展成为国有大中型工业企业。1949 年有 46 个新开工的厂矿，其中，冶金工业在沈阳、辽阳建厂 3 个，化学工业在锦西（今葫芦岛）、鞍山、辽阳、开原、本溪、沈阳、抚顺建厂 7 个，机械工业在瓦房店、鞍山、营口、沈阳、开原、丹东、锦州、大石桥、营口、锦州建厂 19 个，纺织工业在大连、铁岭、海城、岫岩、辽阳建厂 5 个，以及其他工业门类厂矿 12 个。1950年新开工 12 个工厂，分别在沈阳、本溪、辽阳、抚顺、营口、锦州。1951 年新开工 10 个厂矿，分别在大连、辽阳、安东、庄河、锦州。1952 年新开工的工厂比较多，机械工业在大连、抚顺、沈阳建厂 12个，化学工业在本溪、安东、沈阳、抚顺、大连建厂 7 个，纺织工业在沈阳、安东、抚顺、锦州、营口建厂 8 个，建立其他工业门类厂矿9 个。辽宁在三年修整、建设时期，建设大批国有工业企业，基本改变了辽宁工业所有制的结构。据统计，1949 年末辽宁全省有工业企业8816 户，1952 年末发展到 10690 户；1949 年全民所有制工业企业单位数占 8.6%，1952 年增加到 16.9%；1949 年公私合营工业企业单位数占 0.2%，1952 年增加到 0.3%；1949 年集体所有制工业企业单位数占0.3%，1952 年增加到 4.5%；1949 年私营工业企业单位数占 90.9%，1952 年减少到 78.3%。

《中华人民共和国发展国民经济的第一个五年计划（1953—1957）》于 1955 年 7 月第一届全国人民代表大会第二次会议通过。"一五"计划所确定的基本任务是：集中主要力量进行以苏联帮助我国设计的 156 个建设项目为中心、由 694 个大中型建设项目组成的工业建设，建立我国社会主义工业化的初步基础。党中央把工业化重点建设战略目光投向具有特殊工业发展条件的东北，特别是辽宁。就这样，以被称为"中国社会主义工业化奠基之战"的 156 个工业项目为纲，辽宁特别加大了对冶金、机械、化工、建材及煤、电、油等能源工业的投资力度，其绝大部分重点建设投资用于改建、扩建以及部分新建，中心任务是基本上完成以鞍山钢铁联合企业为中心的东北工业基地的新建、改建，其中包括抚顺、阜新的煤炭工业，本溪的钢铁工业和沈阳的机器制造工业。第一个五年计划拉开了辽宁大规模经济建设的序幕，不但使辽宁工业布局趋于合理，基本形成一个以向全国提供原材料和基础设备为主的重工业基地，而且为新中国形成独立完整的工业体系奠定了坚实基础。"一五"时期用于辽宁工业建设的投资达 46.4 亿元，占同期全国工业投资总额的 18.5%，其中用于重工业建设的投资达 43.6 亿元，占同期全国重工业投资总额的 20.5%。

1954 年至 1955 年，辽宁安东机器厂的工人们想尽各种办法，克服技术、工具、材料设备和财务上的困难，于 1957 年 1 月 31 日试制成功新中国第一台 30 马力单缸轮胎式拖拉机——"鸭绿江一号"。毛泽东对此高度赞扬，为之题词："卑贱者最聪明，高贵者最愚蠢！"广大工人破除了自卑感，破除迷信，积极参加技术革新，成为建设辽宁工业的生力军。

· 欢送"鸭绿江一号"进京报捷

"一五"计划时期，依靠国家的投入，外加苏联的大力援助，计划所规定的各项建设任务到 1957 年底胜利完成，提高了辽宁在全国的经济比重和支援国家建设的能力，彻底改变了辽宁殖民地性质的畸形工业结构，基本形成了一个以鞍钢为中心，以冶金、机械、化工、石油、煤炭、电力、建材等工业为主体的重工业基地，形成了以沈阳、鞍山为中心的中部工业地带和以大连为中心的安东、营口、锦州等首尾相连、比较集中的工业城市群。同时填补了国内的多项空白，形成了比较完整的重工业体系，包括飞机和汽车制造业、重型和精密机器制造业、冶金和矿山设备制造业以及高级合金钢和有色金属冶炼业等在内的工业部门都实现了从无到有。辽宁，这个工业大省显现出无限的生机和活力，为新中国提供了大量的物资和装备，成为向全国提供机电设备和原材料为主的重工业基地，确立了共和国工业奠基地的地位。

第二个五年计划（1958—1962 年）开始时，党中央对辽宁的要求是：不继续大发展，而应以大部分力量帮助其他协作区；本身可以搞一点中小型的加以补充；除支援全国外，还要为农业服务。这一时期辽宁发展战略总的指导思想是：充分利用现有的工业基础，进行必要的填平补齐，大力挖掘企业潜力，更好地支援全国社会主义建设，逐步扭转国民经济中某些不协调的状况。基本方针有四条：冶金、机械、重化工、建筑材料等四个重工业部门一般不再搞新建和扩建，主要是提高质量、增加品种，特别是向高级、精密的方向发展；搞好工业各部门的技术改造，提高机械化、半自动化、自动化水平，以先进技术装备和优质材料支援全国；大力发展农业和轻工业，增加工业原料和消费品的生产；充分利用各种资源，广泛开展综合利用。1964 年 7 月，辽宁召开工业战线和科学研究部门创造发明、技术革新代表会议，由省科委审定的重大科技成果有 5512 项，整个工业生产得到巨大发展，建成大中型骨干工程 220 个。之后的国民经济调整时期，辽宁工业战线贯彻"调整、巩固、充实、提高"的方针，保证了工业生产稳步上升。到 1966 年，辽宁除新建和扩建了一些工业建设项目外，建成了石油化工、无线电、稀有金属、拖拉机、精密仪器、手表制造等新兴工业部门，研发和生产了一大批高精尖的科学技术和产品，主要行业的产品质量、成本、效益、消耗指标有 80% 达到历史最好水平。

锦州的新兴工业是这一时期的亮点。从 1958 年至 1965 年，锦州的新兴工业从无到有、从小到大，迅速发展，先后改建、扩建 49 个企业和厂点，共生产和试制 213 种新产品，在为国防建设和尖端科学技术服务、满足社会和人民生活需要等方面，起到了一定的作用。

·环丁砜装置

1966 年，石油部决定在锦州石油六厂（后改为锦州石化公司）建设年产 250 吨环丁砜工业放大试验装置，装置的设计、安装、生产都由石油六厂承担，装置基建投资 85 万元。

面对复杂且严峻的国际形势，党中央对"三五"计划进行了调整，从国家战略布局出发，作出开展三线建设的重大战略部署。"三五"计划的核心是建设以地方军事工业为核心的重工业基地，把三线的钢铁、机械、化工、石油等基地都发展起来，加强国防建设，进行备战。1964 年 5 月，辽宁积极响应党中央的统一部署，成立三线建设领导小组，专门负责三线建设工作。

1965 年年初，辽宁相继将沈阳轮船厂、大连化工厂、锦西化机厂等厂的生产设备迁往云南昆明、贵州都匀、甘肃兰州等地建厂或扩建车间。之后，辽宁遵照《1965 年第二批迁厂项目的通知》《1966 年迁厂项目的通知》，进一步扩大支援城市、行业、规模，将沈阳滑翔机制造厂一分为二，迁往成都，建立四川滑翔机制造厂；将沈阳信号厂一分为二，并入西安信号厂；将沈阳中捷友谊厂的技术人员 500 人和 160 台设备迁往宁夏中卫，建立中卫钻床厂；将沈阳橡胶三厂部分设备和人员迁到宁夏银川橡胶厂；将沈阳电动工具厂、沈阳微电机厂的部分设备和人员迁往青海西宁；将沈阳化工研究院的部分生产项目和沈阳机器厂的部分设备和人员迁往四川；将沈阳第四橡胶厂生产特种橡胶杂品的部分设备和人员迁往陕西咸阳西北橡胶厂；将辽宁省机械研究所的全部真空设备和沈阳高中压阀门厂的部分设备迁往甘肃兰州；将大连机车车辆厂的制造柴油机配件车间和生产罐车车间员工 3000 人分别迁往四川广元解家沟和青海西宁，建成了广元柴油机配件厂；将大连钢厂两座 5 吨电炉和员工 50 人迁往贵阳钢铁厂；将大连起重机厂的部分设备和员工 300 人迁往宁夏银川机械修配厂；将大连起重运输机厂的部分设备和员工 350 人迁往陕西宝鸡新秦机器厂；将抚顺铝厂的 3 台矽铁电炉以及员工 500 人和纯硅车间的员工 80 人分别迁往甘肃兰州和贵州都匀，建成了兰州河口铁合金厂和贵州纯硅厂；将抚顺石油二厂的合成润滑油车间 79 台设备和员工 100 人迁往四川隆昌；将抚顺挖掘机厂的部分设备和人员迁往四川泸州；将抚顺安全机器厂的部分设备和人员迁往四川德都；将抚顺矿灯厂的部分设备和人员迁往贵州贵阳；将抚顺火药厂的部分设备和人员迁往云南宣威天生桥。此外，为配合三线建设的整体战略部署，辽宁将大连医学院的 1200 名学生、400 名教职工和教学设备以及附属医院的部分人员、医疗设备迁往贵州，同时将沈阳东北制药六厂的麻醉药品车间迁往宁夏中卫。至 1970 年，辽宁省陆续支援的职工多达 99800 人，随迁家属 156600 人。

辽宁支援三线建设的企业基本都是当时实力最强的企业，设备基本都是当时最新的设备，如沈阳低压开关厂、鞍钢等。沈阳低压开关厂相继援建甘肃天水、河南鹤壁、四川德阳以及西安、新疆等地的开关建设。鞍钢是新中国第一个恢复建设的大型钢铁联合企业，也是最早建成的钢铁生产基地，在支援三线建设中发挥了重要作用。按照党中央"建设中国第一个强大的钢铁基地，为准备帮助中国第二个、第三个钢铁基地的建设而努力"的要求，自 20 世纪 50 年代起，鞍钢相继包建或支援了武钢、包钢、酒钢、攀钢、宝钢、湘钢等 30 余个钢厂，向全国 27 个省、自治区、直辖市的 300 多个单位先后输送各级领导干部、工程技术人员、业务管理人员 28878 名，技术熟练工人 96501 名，共计 125379 人，其中仅冶金工厂就选调职工 5 万多人。

武钢。1955 年 10 月，新中国成立后兴建的第一个大型钢铁联合企业——武钢拉开建设帷幕。鞍钢充分发扬"全国一盘棋"精神，精心选调各级领导干部和技术业务骨干1480人、技术熟练工人3066人。

包钢。1957年春，我国历史上在少数民族地区建设的第一个大型工业企业——包钢破土动工。1959年1月19日，《人民日报》发表社论《保证重点，支援包钢》。按照冶金工业部的部署，鞍钢负责对口支援，选派各级领导干部和技术业务骨干1605人、技术熟练工人2892人。

酒钢。1958年6月，国务院正式批准冶金工业部《关于建设西北酒泉钢铁厂的报告》，各路建设大军赶赴戈壁荒滩，共集结56000人，其中来自鞍钢的基建和生产人员达32000多人。

攀钢。1964年6月，在北戴河会议上，毛泽东说："攀枝花搞不起来，我睡不着觉。"1965年11月30日，邓小平亲临金沙江畔实地考察，一锤定音，最终圈定弄弄坪厂址。攀枝花钢铁建设作为大三线建设的重中之重，掀起高潮。周恩来亲点鞍钢支援，鞍钢迅即抽调各级领导干部和技术业务骨干1253人、技术熟练工人5426人，日夜兼程，赶赴"不毛之地"。

水钢。1966年2月，冶金工业部副部长夏云、徐驰急赴鞍钢，传达党中央指示，决定由鞍山市、鞍钢包建贵州水城钢铁厂。病榻上的鞍钢副经理陶惕成受命担任水钢建设总指挥，于次月赶赴乌蒙山区。一声令下，一支由9000余人组成的鞍钢建设大军，急速开赴建设工地。

宝钢。1978年12月23日，党的十一届三中全会闭幕的第二天，中国第一座现代化钢铁厂——宝钢，在长江之畔打下第一根桩。377名鞍钢技术骨干组成的精干队伍，由2名鞍钢副经理率领，投身于宝钢建设。

鞍钢支援三线和各地中小型企业技术骨干情况详见表1。

表 1　鞍钢支援三线和各地中小型企业技术骨干情况表

年份	支援三线和各地中小型技术骨干	外援职工人数	其中	
			技术干部	技术工人
1957	重点支援酒钢，支援中小型企业干部228人，工人193人	1736	877	859
1958	包钢、太钢、武钢重点企业干部2870人，工人4920人	9683	4390	5293
1958	攀钢800人	800		
1959	石钢、马钢、酒钢重点企业干部326人，工人3893人	5720	870	4850
1960	青海、宁夏重点企业干部339人，工人1766人	3756	1151	2605
1965	包钢、白银、武钢	14349	1800	12549
1966—1970	水城2522人，其中干部362人，工人2106人，随调职工54人；渡口6799人，其中干部1253人，工人5426人，随调双职工120人。马鞍山103人，常州机械厂88人，三九公司52人，青海三六厂36人，湘钢41人，凌源钢厂90人，吉林九四一厂52人，陕西华山电车厂19人，长城钢厂16人	10218	2009	8005 随调双职工204人
1971—1974	本溪北台钢厂668人，辽阳铁合金厂134人，盘锦化肥炼油厂132人，武钢冷轧厂17人	1958	269	1688 随调双职工1人
1975—1976	辽阳化纤厂360人，其中干部45人，工人315人；鞍山钢材改制厂62人	492	115	377
1977	冀东设计院168人，济南31人，河南4人，马鞍山7人，省计委6人，北京4人	220	220	
1978	辽阳铁合金厂250人，唐山钢厂107人	357		357
1979—1985	宝山钢铁总厂	377	278	99
总计		48866	11979	36887

随着全国各地钢铁企业建设的兴起，鞍钢在大批输送人才的同时，先后为各地钢铁企业以及国外企业代培人员达 11 万余人，仅 1967 年鞍钢就为攀钢培训 6172 名新工人（详见表 2）。

表 2　鞍钢代培管理人员和技术工人统计（1952—1985 年）

时间	代培委托单位	代培人数
1952 年	国内部分企业	308 人
1953 年	本溪煤铁公司及哈尔滨 101 厂等单位	1080 人
1954 年	国内有色冶铁局 101 厂、长汽、北满钢厂	881 人
1955 年	各地 92 家企业	1470 人
1956 年	武钢、包钢、本钢、北满钢厂、湖南冶炼厂、吉林铁合金厂、大冶钢厂、白银有色金属公司等	4488 人
1957 年	各地企业	10000 余人
1958 年	各地企业	27000 人
1959 年	26 个省市 257 家企业	43464 人
1960 年	各地企业	17499 人
1962 年	各地 18 家企业	725 人
1965 年	受冶金部委托	1100 人
1966 年	包钢、武钢、太钢、重钢、长城钢厂等	973 人
1967 年	渡口钢铁厂（攀钢）、水城钢铁厂（水钢）	7952 人
1971 年	按照冶金部指示招收，在氧气厂培训	200 人
1979 年	成都无缝钢铁厂、郑州铝厂、包钢、唐钢、马钢等	185 人
1981 年	马钢、湘钢、攀钢、长城钢厂、十四冶、海南铁矿、洛阳耐火材料厂	783 人
1984 年	各地企业	544 人
1985 年	各地企业	500 余人
总计		11 万余人

注：资料由鞍钢集团提供。

辽宁凭借资源优势、工业历史悠久以及国家大力投资形成的坚实工业基础，在支援三线建设的过程中作出了巨大贡献。支援力度之大，涉及行业之广，搬迁设备、援建人员之多，持续时间之长，均处于全国前列。

在党和国家的重点布局下，辽宁工业在工艺、技术、产品、生产基地、企业规模等方面都实现了长足的发展，为新中国形成独立、完整的工业和国民经济体系立下了卓越功勋。据辽宁省统计局数据显示，1952 年至 1965 年辽宁工业总产值逐年递增，由 1952 年的 44.2 亿元增长到 1970 年的 170.5 亿元，其间，辽宁工业总产值占全国的比重均在 10% 以上，1960 年更是高达 14.9% 以上（详见表 3）。到 1978 年，辽宁工业总产值占全国工业总产值的比重为 9.3%，国有工业产值占全国国有工业产值的比重为 9.6%，国有企业固定资产原值占全国国有企业固定资产原值的比重为 10.6%。[1]

表 3　1952—1965 年间辽宁及全国工业总产值数据

年份	辽宁工业总产值（亿元）	全国工业总产值（亿元）	占全国比重（%）
1952	44.2	349.0	12.7
1953	57.8	450.0	12.8
1954	64.2	515.0	12.5
1955	67.8	534.0	12.7
1956	83.5	642.0	13.0
1957	94.4	704.0	13.4
1958	138.9	1083.0	12.8

[1] 全树仁：《展望与回眸——辽宁五十年经济发展变革的思考》，辽海出版社，1999 年版，第 13—14 页。

年份	辽宁工业总产值（亿元）	全国工业总产值（亿元）	占全国比重（%）
1959	198.6	1483.0	13.4
1960	243.1	1637.0	14.9
1961	107.9	1062.0	10.2
1962	107.4	920.0	11.7
1963	119.0	993.0	12.0
1964	140.2	1164.0	12.0
1965	170.5	1402.0	12.2

注：数据来源于辽宁省统计局。

共和国工业发展史上的一千多个第一

新中国第一炉铁水。1945 年，日本帝国主义投降后，苏联红军进驻鞍山，拆卸运走全部高炉计量仪器和部分卷扬机等设备。1946 年到 1948 年，在国民党政府接管鞍钢的 22 个月里，虽然制定了《炼铁设备修复方案》及复工计划，却没有炼出一吨铁水。鞍山解放后，炼铁厂生产的恢复工作在一片废墟上开始。当时的厂区破烂不堪，设备残缺不全，主体设备全被苏联拆走，工人和技术人员失散，困难重重，日本人曾嘲笑"鞍钢只能种高粱"。而党和政府要鞍钢尽快恢复生产，支援全国的解放战争。在党的号召和老英雄孟泰的带动下，炼铁厂广大职工开展了收集和献交器材活动，修旧利废，解决了修复工作急需的机电器材不足问题。经过全体职工的共同努力，仅用半年时间就修复了二号高炉。1949 年 6 月 27 日，鞍钢二号高炉流出了第一炉铁水，为新中国炼出第一炉"争气铁"①。7 月 9 日，鞍钢举行盛大开工典礼，会上表彰了一批护厂和恢复生产的先进人物，老英雄孟泰荣立一等功。自此，新中国钢铁工业开始了从无到有的转变，从这里奔涌而出的第一炉铁水恰如一个开闸的源头，贯通了新中国奔腾不息的钢铁洪流，为新中国汽车、飞机和基础设施建设提供了重要的保障，成为全国重工业发展的基础。

· 新中国第一炉铁水生产时的场景

新中国第一台自行设计、测绘的 6 尺皮带车床。1949 年，沈阳第一机器厂（沈阳第一机床厂前身）试制成功新中国第一台 6 尺皮带车床。6 尺皮带车床的问世，成为沈阳机床创造中国"第一"的开端，对中国工业而言，既打破了西方的经济封锁，又极大地提高了

---

① 辽宁省档案局（馆）：《辽河儿女的丰碑：历经 90 载栉风沐雨　创造新中国工业第一》，辽宁民族出版社，2011 年版，第 36 页。

民族自信心。

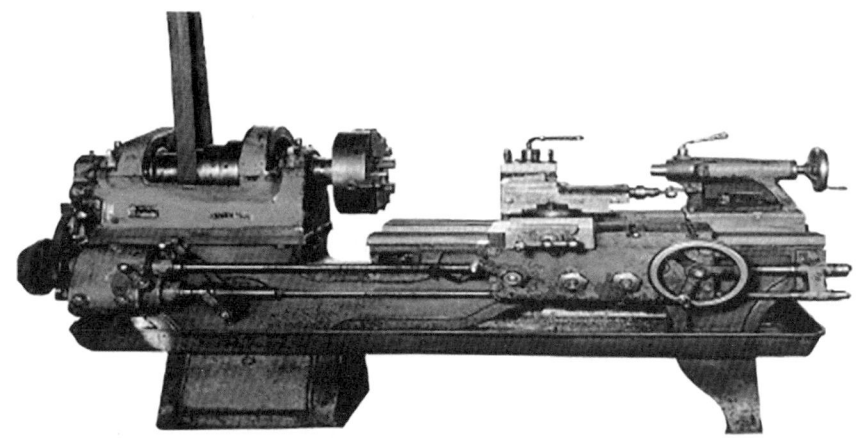

· 新中国试制成功第一台自行设计、测绘的 6 尺皮带车床

新中国第一枚金属国徽。1950 年，沈阳第一机床厂铸造出新中国第一批金属国徽。这些国徽通过专列运往北京，大型国徽中的一枚悬挂在天安门城楼上。国徽是国家特有的象征，第一枚国徽意义无比重大。

· 新中国第一枚金属国徽悬挂于天安门城楼上

新中国首次试制成功SAE3335炮钢。1951年，本溪煤铁公司特殊钢厂首次试制成功SAE3335炮钢，供一二七厂生产90火箭炮，为抗美援朝战争的胜利作出了贡献。

新中国第一台5吨蒸汽锤。1952年，新中国第一台5吨蒸汽—空气两用自由锻锤在沈阳重型机械厂研制成功，开创了我国生产重型机器的历史。

·新中国第一台5吨蒸汽—空气两用锻锤

新中国最大的机械化露天煤矿。1953年，新中国最大的机械化露天煤矿——阜新海州露天煤矿正式投产。海州露天煤矿东西长4公里，南北宽2公里，现垂深250米，总面积30平方公里，是当时亚洲最大、世界第二大的机械化露天煤矿。

·阜新海州露天煤矿出煤

新中国第一座近代化大型矿井。1954 年，新中国第一座近代化大型矿井——本溪彩屯竖井全部工程建成投入生产，设计能力年产 150 万吨焦煤。

· 本溪彩屯竖井

新中国第一台普通机床 C620-1。1955 年，沈阳第一机床厂试制成

· 新中国第三套人民币 2 元纸币正面图案车床由沈阳机床厂制造

功普通车床 C620-1，规格为 $\Phi 400 \times 1000$ 毫米，正式投产 5 个月后即达到设计产量，可与当时世界一流车床产品比肩。后来，这款车床上了第三套人民币 2 元纸币正面图案，名噪一时。

新中国第一架新型喷气式战斗机——歼 5 试制成功。1956 年，新中国第一架喷气式战斗机在沈阳松陵机械厂试制成功，命名为 56 式飞机（后改称歼 5 飞机）。从 20 世纪 50 年代至 60 年代中期，它是人民空军的主要装备，为保卫祖国领空、保卫世界和平作出了贡献。

· 新中国第一架新型喷气式战斗机——歼 5

新中国最大的金属镁生产基地。1957 年，新中国最早、产量最大的金属镁生产基地——抚顺铝厂建成并投产，采用电解法制镁，共安装 51kA 镁电解槽 14 台，年产金属镁锭 1200 吨，后扩至 3000 吨。

· 抚顺铝厂全景

新中国第一个海绵钛生产基地。1958年，新中国第一个海绵钛生产基地在抚顺铝厂建成，年产60吨。1959年生产出我国第一批海绵钛产品。1965年建成年产250吨的小型车间。1981年扩建，年产量达800吨。

新中国第一个页岩油生产基地。1959年，抚顺石油一厂经过不断技术改造，成为新中国第一家页岩油干馏工业基地。该项目于2001年再次通过了国家计委的立项审批扩建。由于油母页岩资源为抚顺矿区所独有，故抚顺矿务局页岩炼油厂是我国唯一的页岩油生产企业。

· 抚顺石油一厂

新中国最早实现攉煤机械化的矿区。1960年，阜新新邱煤矿矿区有各式攉煤机520台投入井下，基本实现了攉煤机械化，这是新中国最早实现攉煤机械化的矿区。1958年末，在技术革新和技术革命活动中，阜新新邱煤矿首先试制成功"红旗一号攉煤机"，接着平安矿也试制成功"五九链式攉煤机"。

新中国第一个生产精密合金的基地。1961年，大连钢厂建立了国内第一个生产精密合金基地——752研究所。1965年先后生产出180多吨精密合金产品，为我国兵器、航空、航天及核工业提供了急需的材料。

新中国第一艘万吨远洋货轮。1962年，大连船舶重工集团建造的万吨级远洋货轮"跃进"号在大连造船厂胜利交工，这是中国建造的第一艘万吨级远洋货轮，也是当时世界上同类船舶中的先进产品。"跃进"号总长 1699 米，载重 1.34 万吨，可航行世界任何航区，标志着中国造船工业和远洋运输业跃进万吨级时代，中国船舶工业实现了由制造中型船舶到制造大型船舶的质的飞跃。

·"跃进"号货轮

新中国第一枚地空导弹。1964 年，中国第一枚地空导弹红旗 1 号，由沈阳飞机制造公司、新光动力机械公司、新乐精密机器制造公司共同制造完成。以后，辽宁生产的导弹曾多次参加实战，为保卫祖国领空发挥了重要作用。

·"红旗一号"地空导弹

新中国第一套催化裂化装置。1965 年，新中国第一套催化裂化装置在抚顺石化公司建成投产。炼油新技术、新工艺"五朵金花"中的催化裂化装置在抚顺石油二厂投产成功，经过几次技术改造，年处理能力由原设计的 60 万吨提高到 90 万吨，工艺技术水平接近世界先进水平。

·抚顺石油二厂催化裂化装置

新中国首制导弹潜艇 6631 型。1966 年，大连造船厂建成 6631 型导弹潜艇首制艇，这是中国首次自主建造的导弹潜艇。

·6631 型导弹潜艇首制艇

新中国第一台立式红外线硫化设备。1967年，新中国第一台立式红外线硫化设备在沈阳第四橡胶厂试制成功。

新中国第一座大型干燥煤炼焦自动化装置。1968年，新中国第一座具有国际先进水平的大型干燥煤炼焦自动化装置，在本钢第二焦化厂投入使用。

共和国第一舰。1971年，由七院七〇一所设计，大连造船厂建造的051型中型火炮导弹驱逐首制舰（105舰）建成并交付海军服役，该舰是中国当时吨位最大、技术最先进、战斗力最强的主力战舰，有"共和国第一舰"的美誉。该型舰具有快速性能和适航性能，可在8—9级海情下安全航行，可同时实施对海、对空和反潜作战。

· 051型中型火炮导弹驱逐首制舰（105舰）

新中国第一台组合式真空泵。1973年，抚顺市真空设备厂试制成功我国第一台组合式真空泵。过去这种设备由两台不同的机组组成，仪表、管道繁多，操作极为不便。这个厂在东北工学院（今东北大学）、辽宁真空研究所等单位协助下试制成功的这种组合式真空泵，泵体的转子部分由一个整体式转子组成，具有体积小、轻便、操作简单、效率高等特点，深受工业部门的欢迎。

· 北票矿务局台吉千米竖井

新中国第一座自行设计、自行施工、施工期最短的千米竖井。1974 年，新中国第一座自行设计、自行施工、施工期最短的千米竖井——北票矿务局台吉千米竖井建成投产，井筒垂深 924.1 米，是国内最深的矿井。

新中国第一架普通铝锭堆垛机。1975 年，抚顺铝厂设计研制成功了国内第一架普通铝锭堆垛机。此种机器的应用，取代了人工堆垛普通铝锭的传统工艺，实现了铝锭堆垛机械化，大大降低了工人的劳动强度。

新中国自行设计、施工的第一座现代化 10 万吨级深水油港。1976 年，中国自行设计、施工的第一座现代化 10 万吨级深水油港——大连新港建成投产，成为全国最大的专门从事石油及其制品、化工品装卸和转运的港区，位于大窑湾口西侧，亦称鲇鱼湾港区。

新中国最大的现代化高炉。1977 年，鞍钢 7 号高炉建成投产，是当时我国最大的现代化高炉，容积为 2580 立方米，每年生产铁 150 万吨。7 号高炉是利用两座高炉同时大修的机会建成的，容积比原来的两座大，设计的产量比原来两座高炉增加 50% 以上，同时这座高炉还采用了 12 项当时国内外比较先进的技术。

新中国首台雷达图像信号记录仪研制成功。1978 年，大连电子研究所研制成功的雷达图像信号记录仪，先后为 751 雷达、352 雷达、

412 雷达配装图像记录系统。其中 751 雷达记录仪曾获国家"金鹰奖"，412 雷达记录仪获技术革新奖、辽宁省科技进步三等奖，南极考察船上也安装了这套系统。雷达图像信号记录仪填补了我国有关领域长期以来只能侦察、搜索发现，而不能自动记录和重放的空白，为国防科研和战况总结提供了关键设备。

新中国第一艘远洋油水干货补给船。1979 年，大连造船厂自行设计研制的中国第一艘远洋油水干货补给船建成交工，填补了中国海军装备的一项空白。

· 新中国第一艘远洋油水干货补给船

新中国第一套特大型轴承。1980 年，新中国第一套特大型轴承在瓦房店轴承厂试制成功。这套轴承专门为 150 吨氧气顶吹转炉设计制造，外径 1270 毫米，是中国轴承工业有史以来生产出的最大轴承。

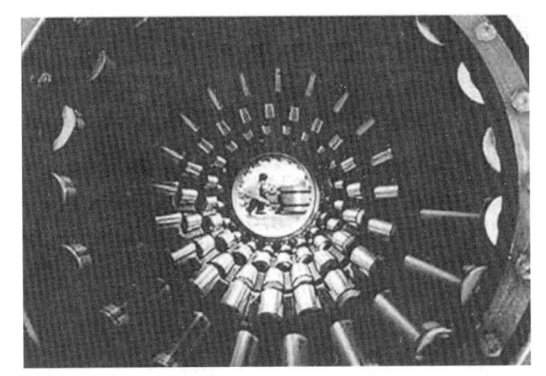

· 中国第一套特大型轴承

　　新中国第一座 10 万吨级半坞式船台。1981 年，新中国第一座 10 万吨级半坞式船台在大连造船厂香炉礁厂区建成，并正式通过国家验收。该船台可承建 15 万吨以下的各种船舶，是当时国内最大的造船台（后划归大连造船新厂）。大连造船新厂成为中国唯一能够承建 15 万吨级船舶的企业。

· 新中国第一座 10 万吨级半坞式船台

· 新中国最大的烧煤窑外分解水泥生产线

　　新中国最大的烧煤窑外分解水泥生产线。1983 年，新中国最大的烧煤窑外分解水泥生产线在本溪水泥厂试产，标志着我国水泥生产技术达到世界先进水平。本溪水泥厂 1933 年建成，曾是国内建材行业的一面旗帜。1976 年建设了 1200 吨 / 日熟料生产线，该厂具备年产 120 万吨水泥的生产能力。"长白山"牌水泥是国内水泥行业的知名品牌。

新中国第一座高凝油开采基地。1984 年，沈阳油田打出第一口超千吨油气井——胜 11 井。1985 年底，沈阳油气区产能建设已粗具规模，建成计量接转站、转油站 5 座，试验站 1 座，井口安装 1022 套，铺设油气集输管线 1672.87 千米。从开发难度和开发规模上比较，沈阳油田的高凝油开发堪称世界之最，是驰名中外的高凝油生产基地。

新中国最大的纯碱生产厂。1985 年，大连化学工业公司成为当时新中国最大的纯碱生产厂家。大连化学工业公司是以生产无机化工原料和化学肥料为主的大型化工企业之一，是新中国成立后第一个恢复生产的大型国营化工企业。大连化学工业公司是由大连化工厂和大连碱厂于 1957 年合并的，前身是满洲化学工业株式会社；大连碱厂的前身是满洲曹达株式会社。

· 大连化学工业公司全景

新中国第一座现代化海洋采油平台生产模块。1986 年，渤海埕北油田"A"区采油平台生产模块陆上建造工程竣工，是新中国第一座现代化采油平台生产模块。采油平台生产模块为桁架式钢结构，上面设有钻井设备、采油设备、储油设备、输油设备和动力设备等生产设施，总重量 2000 吨。内部安装有 126 台原油处理设备，1152 个自动监控测试仪表，有严格的防火防爆设施，整个工程均按国际规范设计施工。

新中国最先进的铝铸锭生产线。1988 年，由抚顺铝厂研制成功的"LDSF1 型铝铸锭生产线"是当时我国同类设备中最先进的。该生产线结构简单，容易操作，便于维修，占地面积小，机械化程度高，使铝锭从打铸、冷却、码垛到打捆等各个工序联为一体，从而开创了铝铸锭生产机械化和自动化。1988 年实现利用，1989 年获中国有色金属工业总公司科技进步三等奖，1991 年参加了北京"首届全国工业企业技术进步成就展览会"。

新中国第一台东风 4D 型内燃机车。1989 年，新中国第一台东风 4D 型内燃机车在大连机车车辆厂完成总装调试，上线运行。

·东风 4D 型内燃机车

新中国最大的表面活性剂原料生产基地。1990 年，国家"七五"重点建设项目——抚顺洗涤剂化工厂破土动工。该化工厂是国家"七五"期间全国 20 项重点建设项目之一，共有 16 套主要生产装置，全部引用美国、日本、英国、德国、荷兰、意大利、西班牙等国家的专利技术和先进设备，采用 DCS 集散控制系统。年产直链烷基苯 20 万吨、合成脂肪醇 5 万吨、烷基苯磺酸 3.5 万吨、驱油烷基苯 2.3 万吨，是亚洲最大的表面活性剂原料生产基地，产品国内市场占有率达 50% 以上。

· 抚顺洗涤剂化工厂

新中国第一台水下六足机器人。1991 年，沈阳自动化研究所"海蟹号"爬行式水下六足机器人研制成功，这是我国第一台水下六足机器人。该机器人可在水下 100 米高低不平的海底行走，具有观察和作业功能。从仿生学角度研制的这台仿螃蟹横行的六足步行机，解决了步态、足端和重心轨迹及适应海底不平地面行走的控制方法与技术，步行速度达 14 米 / 分，可用于大坝护滩检查、海底微地貌观察、过江管道检查等方面，是我国第一台水下步行模型机，1991 年获美国匹兹堡发明博览会金奖。

· "海蟹号" 爬行式水下六足机器人

新中国第一家完全股份制企业。1992 年，由金杯汽车股份有限公司与美国通用汽车公司合资经营的大型中外合资企业——金杯通用汽车有限公司成立，这是我国第一家以发行规范股票集资创办的多种经济成分并存的大型股份制企业。

1993 年，沈阳变压器厂建设的虎石台强电流试验站通过验收并正式投入使用。

· 金杯汽车股份有限公司股票

新中国第一套汽油醚化装置。1994年，抚顺石油一厂建成了我国第一套汽油醚化装置，使该厂生产的93#无铅汽油打入了国际市场。

新中国最大的造船坞。1995年，大连造船新厂建造的20万吨级船坞开始投产使用，该坞长365米、深12.7米、宽80米，可建造30万吨级船舶，也可同时并列建造2条半串联6万吨级船舶，被誉为"神州第一坞"。

· 大连造船新厂建造的20万吨级船坞

新中国第一条模具钢生产线。1996年，抚顺钢厂在亚洲地区第一个从奥地利引进了高精度可逆式方扁钢连轧机组，用以轧制大尺寸、高精度矩形截面钢材，以适应工模具、刀具、量具、叶片及不锈钢制品等行业原材料标准化、系列化需求。机组采用了数字计算机（CNC）控制轧制过程参数、液压马达主驱动装置、特殊设计的导卫装置、无孔型轧制工艺等先进技术，实现了大截面钢材的可逆式、微张力连续轧制。

1998年，大连软件园成立，作为新中国软件园区的样板，大连软件园先后被国家授予"国家火炬计划软件产业基地""国家软件产业基地""国家软件出口基地""软件产业国际化示范城市核心基地""中国服务外包基地城市示范园区"等称号，是国内唯一获得所有上述荣誉的软件园区。

· 大连软件园外景

新中国规模最大的单体铁矿。1999 年，齐大山铁矿与调军台选矿厂、调军台热电厂合并组建新的齐大山铁矿，成为新中国独有的集采矿、选矿、发电于一体的现代化大型冶金矿山企业，新中国规模最大的单体铁矿山。年设计生产能力为铁矿石 1700 万吨、矿岩总量 5100 万吨；铁精矿生产年设计能力为 480 万吨。其生产规模、设备装备、工艺水平、自动化程度均居国内外同行业一流水平。

· 鞍钢矿业齐大山铁矿采场

新中国第一台具有自主知识产权的燃气轮机。2000 年，新中国首台具有自主知识产权的燃气轮机在沈阳制造成功。这种新型汽轮机由沈阳黎明航空发动机集团公司、航空工业部沈阳第六〇六研究所和西安航空发动机有限责任公司联合研制生产。

·燃气轮机

新中国第一条领先世界水平的磁悬浮列车轨道梁加工生产线。2001 年，沈阳机床股份有限公司中捷友谊厂仅用 6 个月时间，就研制成功具有世界领先水平的上海磁悬浮列车轨道梁专用加工生产线，被誉为"中国机床工业史上的奇迹"。

·磁悬浮列车轨道梁专用加工生产线

新中国最大的数控加工基地。2002 年，沈阳飞机工业（集团）有限公司不断加大对数控加工厂的资金投入，已成为国内最大的数控加工基地，为企业圆满完成任务打下良好的基础。

新中国第一条数字化热轧中宽带生产线。2003 年，凌钢和鞍钢合作，对凌钢中宽带精轧机组进行技术改造。改造后的生产线实现由计算机模拟控制生产到全数字化控制生产的技术飞跃，成为国内第一条数字化热轧中宽带生产线。产品每百米长厚度误差不超过 0.05 毫米。

·顺利通过改造后的中宽带精轧机

新中国最大的石蜡生产基地。2006 年，抚顺石化 60 万吨 / 年酮苯脱蜡装置建成投产。至此，抚顺石化酮苯脱蜡总体能力达到 160 吨 / 年，年生产石蜡接近 60 万吨，出口量达到 177 万吨，成为世界上最大的石蜡生产基地。

新中国第一座海上风力发电站。2007 年，新中国第一座海上风力发电站在绥中 36—1 油田成功并网发电并投入运营，标志着中国发展海上风电有了实质性突破。

·新中国第一座海上风力发电站

新中国第一套润滑油型常减压蒸馏装置。2008 年，中国石油抚顺石化公司"千万吨炼油、百万吨乙烯"项目的龙头工程——800 万吨常减压蒸馏装置举行中交仪式，标志着我国首套润滑油型常减压蒸馏装置历时 12 个月的工程建设如期实现中交，进入开工试车阶段。

中国第一艘航空母舰"辽宁号"。2012 年，新中国第一艘航空母舰"辽宁号"在大连造船厂正式交付中国人民解放军海军，"辽宁号"航空母舰是新中国成立以来第一艘航空母舰，是中国人民解放军海军第一艘可搭载固定翼飞机的航空母舰，也是中国第一艘服役的航空母舰，标志着中国从此迈入航母时代。

· 中国第一艘航空母舰——辽宁舰

辽宁英模薪火相传

　　辽宁厚重的工业史也是一部英模辈出的历史，在各行各业、各条战线相继涌现出像"钢铁战线的老英雄"孟泰、"新纪录运动的创造者"赵国有、"全国劳动模范小组带头人"马恒昌、"新中国第一枚国徽铸造者"焦百顺、"老当益壮的技术革新闯将"赵奎元、"毛主席的好工人"尉凤英、"机床行业'神刀手'"董朗泉、"贡献卓著的革新大王"张成哲、"闻名全国的焊接大王"阎德义、"中国机器人之父"蒋新松、"自学成才的数显专家"史继文、"追求纯粹的雷锋传人"郭明义、"魂系海天的航空工业英模"罗阳等成千上万的先进典型，在他们身上集中体现着我国工人阶级自强不息、敢于创新、无私奉献的伟大品格。

　　孟泰，河北丰润人，中共党员，钢铁战线的老英雄。新中国成立后第一代全国著名劳动模范，先后担任鞍钢炼铁厂配管组组长、技术员、副技师、设备修理厂厂长、炼铁厂副厂长、鞍钢工会副主席等职务。在旧社会，孟泰在抚顺煤矿当过十年铆工，29岁到了鞍钢炼铁厂，当了配管工人。1948年，在东北解放战争中，他坚定不移地跟党走，并随军北

· 孟泰

上，在通化铁厂奋战在炼铁炉旁。1948 年 11 月 2 日，辽沈战役胜利结束，东北人民开始进入大规模经济恢复和建设的新时期。就在这时，孟泰带领全家跟随解放军，从通化铁厂回到了鞍钢。当时的鞍钢已被破坏得不成样子，有些器材国内不能生产，花钱也很难买到。担任炼铁厂配管领班的孟泰，每到厂内走一次，总是捡几件有用的东西带回工作间。完整能用的，分门别类保存起来；破旧的，就利用工余时间去修理，没有汽油去铁锈，他就捡些碎玻璃砸成粉末来磨。收集的器材，刚开始用几个小箱来盛，逐渐堆满一间屋子，工人给起个名字叫"孟泰仓库"。在他的带动下，许多工人都跟着他学，"孟泰仓库"更加丰富起来。修复炼铁炉期间，所有的冷却水管、风管、气管等零件都出自"孟泰仓库"，仅三通气门一种即在 3000 件以上。从工厂修复到 1950 年，材料科没接到一次领料单。1950 年末，"孟泰仓库"还保存数千件各种部件，为下一个工程准备了充足的材料。孟泰对工作不但积极而且非常负责任，他提出了保证不漏水、不漏风、不漏气及勤看、勤走、勤检查、勤修理的"三保四勤"制度，做到了全年不出责任事故。他接受任务从来不讲价钱，在安装原材料贮矿槽保温管工作中，和工友们一道研究改进工艺，不但节省了 30 个人工、120 个弯头，而且提前完成了任务。孟泰的先进事迹受到党和人民的高度赞扬，1950 年、1956 年和 1959 年连续三次被评为全国劳动模范和全国先进生产者，还被选为第一、二、三届全国人民代表大会的代表，担任中华全国总工会第七、八届执行委员会委员，多次受到毛泽东、周恩来、刘少奇、朱德等中央领导同志的接见。2019 年 9 月，被授予"最美奋斗者"称号。鞍钢办公楼前，松柏和鲜花簇拥着一尊塑像——鞍钢老工人孟泰。

·赵国有

赵国有，辽宁辽阳人，中共党员，新纪录运动的创造者。曾任沈阳第三机器厂车工、中华全国总工会生产部副部长、中国第二重型机械集团公司设备处副处长。1948年11月2日，沈阳解放，工人成了国家的主人。面对千疮百孔、百废待兴的沈阳，工人们纷纷站出来，以主人翁姿态挑担子、出主意、想办法、献力量。赵国有15岁便到沈阳的"满洲制作所"当学徒。新中国成立后，他被选派到沈阳市总工会组织的第一期职工训练班学习，政治觉悟迅速提高，被分配到第三机器厂（即后来的沈阳第三机床厂）当车工。11月23日，中共中央东北局作出了具有重大历史意义的《关于东北解放后的形势和任务的决议》，要求把东北解放区的工作重点转移到经济建设方面来。工人们在积极献纳工厂严重短缺的器材、帮助政府恢复生产的同时，开展了以发明创造、技术改进、提合理化建议、节约原材料为内容的创造新纪录运动。赵国有等一大批优秀工人，便是这次运动的创造者。

当时的车床吊挂塔轮要16个小时才能车出一个，几经改进技术，车出一个塔轮最快也要8个小时。赵国有开动脑筋，潜心钻研，诚心向兄弟工厂学习生产经验，虚心向老工人请教改进方法，终于在1949年8月创造了2小时20分钟车出一个塔轮的纪录，轰动全厂。此后，他再接再厉，仅一个月后又把时间缩短到1小时16分钟，到年底，他竟创造出50分钟车出一个塔轮的新纪录。赵国有的成功立即在全厂、全市掀起一个创造新纪录的热潮。当时的《东北日报》报道："赵国有是东北新纪录运动的创造者，今天不但成为东北工人的一面旗帜，而且在全国人民面前享有很高的荣誉。"抗美援朝战争爆发后，赵国有团结工人，以"保证坚守岗位、严防敌特破坏、团结技术人员、完成生产任务"为条件，向全东北工厂发出了开展爱国主义劳动竞赛的挑战，在东北影响深远，成为东北工人的一面旗帜。1950 年 10 月，赵国有被评为全国劳动模范，出席全国工农兵劳动模范代表大会时代表全体英雄、模范向大会致词，受到毛泽东的接见。曾当选第一届全国人大代表。

马恒昌，辽宁辽阳人，中共党员，全国劳动模范小组带头人。曾任沈阳第五机器厂车工一组组长，齐齐哈尔第二机床厂车间主任、总机械师、党委副书记。1949 年初，马恒昌所在的工厂更名为东北第五机器厂（后改为中捷友谊厂，1995 年与沈阳第一机床厂、第三机床厂共同组建沈阳机床股份有限公司）。依据需要，新任厂长郑重地让工

· 马恒昌

人推选一位信得过的车工组组长。经过酝酿、推举，忠厚、肯干、技术高超的马恒昌当选。上任后，他身先士卒，累活脏活带头干，用实际行动带动全组工人进行民主管理，自任检查干部，其他骨干也分别毛遂自荐担任了学习、卫生、工具保管、文教、评功、安全、劳保、福利、文娱干事等工作，开创了全国第一个生产班组民主管理的新模式，即"十大员分工合作管理模式"。为了支援解放战争，马恒昌小组在无生产经验、无制造工具、无技术资料，时间紧、任务重的情况下，克服重重困难，啃下了"高射炮撞针套管"这块硬骨头，成功地完成了制造高射炮炮栓的任务，创造了保质保量生产的奇迹。1949年春，厂里开展了迎接"红五月"劳动竞赛，马恒昌小组又率先提出了"消灭废品、提高质量"的倡议。之后为完成生产螺旋铣床的任务，又创造性地建立了"技术研究会"、"先检查头一个活的制度"和"三人技术互助组制度"，在生产中改进了十多种工具，创造了连干37天不出废品的新纪录，使全厂废品率由5%降到1.5%，并由此被厂命名为"生产竞赛模范小组"。1950年9月，马恒昌代表模范小组去北京参加全国工农兵劳动模范、战斗英雄代表大会，受到了毛泽东、刘少奇、周恩来、朱德等党和国家领导人的亲切接见。9月30日晚国庆宴会，马恒昌获得了代表工人阶级向毛主席敬酒的殊荣。1950年，马恒昌被评为全国劳动模范，马恒昌小组被评为全国劳动模范小组，曾当选第一至第六届全国人大代表。实践证明，马恒昌小组是一个拉得动、攻得上的坚强集体。几十年过去了，"马恒昌小组精神"代代相传。

焦百顺，山东掖县（今莱州市）人，共产党员，新中国第一枚国徽铸造者。曾任沈阳第一机器厂铸造车间大型工段工长。国徽象征着国家的主权和尊严。鉴于沈阳第一机器厂拥有一定的铸造技术力量，

1950 年 9 月，中央人民政府把铸造新中国第一枚金属国徽的任务交给了该厂。沈阳第一机器厂领导推荐铸造技术尖子焦百顺担此重任。当时，沈阳第一机器厂在铸造技术上虽说有名，但生产条件却十分有限，不仅设备简陋、

·焦百顺

工具落后，技术上也存在很多难题，从模具制作到浇铸成型主要凭借经验手工操作。要完成国徽这样高精度的铸件，工艺难度相当大。在铸造国徽的日子里，焦百顺和工友们不分昼夜连轴转，困了就在厂房里和衣而睡，饿了就拿窝窝头就着咸菜吃。铸造车间常常彻夜灯火通明。1951 年 4 月，焦百顺和工友们团结协作、攻坚克难，硬是凭借目测、手工操作的精湛技艺，攻克了一道又一道难关，提前 20 天成功铸造出 10 多枚不同型号的国徽，圆满完成了任务。其中直径为 2 米的大型国徽于 1951 年五一国际劳动节，庄严地悬挂在天安门城楼上。

焦百顺不骄不躁，在"一五"时期工厂改建中刻苦学习技术，不断创造新成绩。他试验利用新技术铸造成功 1A62 床身铸件，试铸成功水平尺铸件，主动承担的试铸空气压缩机气缸的任务，解决了生产上的难题。1956年，他被评为全国机械工业系统先进生产者。

·赵奎元

赵奎元，辽宁沈阳人，中共党员，国营七二四厂工人、工人工程师，被誉为"老当益壮的技术革新闯将"。沈阳解

放时，赵奎元已经 48 岁，在党组织的教育下，他把全部精力都倾注到工厂的恢复、建设和发展的事业中。"生产上有关键没有？"是赵奎元与工友们交谈时常挂在嘴边的一句话。1953 年，国营七二四厂推行产品制式化，主要产品原材料质量低、产量低，严重影响冲压车间新产品试制定型。他和技术人员以及其他工人师傅一起攻关，试制成功碾片机，用这台机器生产原材料，不仅大幅度提高原材料质量，产量更是提高了 9.5 倍，满足了新产品试制定型的需要。之后，七二四厂接受了试制大型氨肥设备——2400 马力氮氢气压缩机的任务。这是一项大型的、填补国家空白的艰巨任务。赵奎元当时患高血压病，车间领导强令他休息养病，但是他三番五次找领导要求上班，最后勉强批准他半休，即允许上班半天。在没有资料和设备的情况下，他带领攻关小组四处请教，到外厂学习经验，之后便一头扎进车间，夜以继日地搞攻关，为我国第一台氮氢气压缩机的研制作出了突出贡献，被誉为"老英雄"。赵奎元随厂里带着试制成功的氮氢气压缩机进京报捷，在中南海怀仁堂受到刘少奇、周恩来等党和国家领导人的接见，周恩来总理特地和他握手。赵奎元的业绩使他自 1950 年起 12 次当选沈阳市劳动模范，1956 年、1959 年两次被评为全国先进生产者。

尉凤英，辽宁抚顺人，中共党员，"毛主席的好工人"。东北机器制造厂工人。曾任沈阳一三九工厂副厂长、工会主席。1953 年，为赶制抗美援朝战争需要的产品配件，在老师傅的帮助下，她研制成功自动分料器和半自动搬柄，提高了生产效率。此后，她把全部精力投入技术革新中，到 1959 年年底，实现技术革新 170 多项。她倡导成立"业余红专大队"，并带领队员积极参加职工技术协作活动。曾 13 次受到毛泽东的接见。1966 年 3 月，中华全国总工会发出"关于开展

学习尉凤英同志活动的
通知", 1966 年 4 月末,
中共中央批准举办"毛
主席的好工人尉凤英同
志事迹展览", 1966 年
10 月 22 日,《人民日
报》发表"向毛主席的
好工人"尉凤英学习的

· 尉凤英

社论,从此"毛主席的好工人"尉凤英享誉全国。1956 年、1959 年
被评为全国先进生产者。曾当选中共第九、第十届中央委员,第十一
届中央候补委员,第二、第三届全国人大代表。

　　董朗泉,辽宁辽阳人,中共党员,机床
行业"神刀手"。曾任沈阳第一机床厂车间
技术主任、设计科长,车床研究所所长、党
支部书记,高级技师。董朗泉是技术革新能
手,虽然只有小学六年级文化,但聪明上
进、勤奋好学,在学习技术过程中有种"打
破砂锅问到底"的执着精神,善于同工友们
切磋技术。长期的一线生产实践,特别是
经过三次脱产学习,他在文化水平、工作
能力和生产经验上都有了显著提高,技术

· 董朗泉

等级达到八级。1953 年,被提拔为新中国第一批工人出身的技术员,
了解工人生产操作上的问题,能根据每个工人的实际水平,随时给予
适当的技术帮助,被工友们亲切地称为"董师傅"。1954 年,为适应

改扩建后大规模生产的需要，使工人们能正确、熟练地掌握新机床的操作，倡议成立先进经验推广组，集中全厂技术员给工人上技术课。1955年，他组织车间60多名工人开展以"学习苏联先进经验，学习技术和技术革新"为主要内容的社会主义竞赛，帮助工人掌握先进技术。董朗泉的"传帮带"，让全厂工人的技术等级都有了不同程度的提高，解决了工厂改建后技术力量缺乏的困难，推动了工厂生产效率的不断提高。1956年，董朗泉被评为全国机械工业系统先进生产者、全国先进生产者，与其他进京受奖劳模不同的是，这次他还有一个特殊的任务，就是代表沈阳第一机床厂在全国先进生产者面前做现场表演。在千百双眼睛的注视下，他熟练地操作机床，圆满完成了现场表演准备的项目，给沈阳工人争了光，被誉为机床行业"神刀手"。

· 张成哲

　　张成哲，辽宁盖县（今盖州市）人，中共党员，贡献卓著的革新大王。1950年，进入沈阳铸造厂当设备维修工人，通过刻苦学习、虚心求教，掌握了设备维修技术，先后实现自动操作的芯片机、"六〇"大暖气片造型机、铸造管漂浮试验机、自动送砂机、双头压轮机等800余项技术革新。其中重大项目60余项，填补国内、省内空白18项，节约各种原材料数千吨，为国家创造和节约100多万元。1961年，开始参加群众性的技术协作活动，成为沈阳市第一批技协积极分子，并兼任省、市技术协作委员会副主任。在那个连肚子都填不饱的年代里，他怀着对党和社会主义事业的坚定信念，拖着浮肿的双腿，东奔西走，哪里有问题就出现在哪里，先后帮助苏家屯区 30 多个中小型企业和乡镇企业解决技术难题 110 多项，救活普兰店铸造厂等 3 个企业。他的足迹遍布各行各业，但从不收礼品谋私利，没往家里拿一件东西。人们赞誉他"精神高尚、技艺高超、贡献卓著"。辽宁省、沈阳市总工会分别作出决定，号召职工向张成哲学习。张成哲先后 8 次被评为沈阳市劳动模范，3 次特等劳动模范；6 次被评为辽宁省劳动模范，4 次特等劳动模范；2 次被评为全国劳动模范，并被全国总工会评为全国职工技协先进个人。1985 年获全国五一劳动奖章，多次受到党和国家领导人的接见。1992 年 12 月，张成哲又发起成立了"沈阳成哲群英实业总公司"，任董事长、总经理，带领劳模进入市场经济。1996 年 5 月 1 日当选沈阳市劳模协会会长。1997 年 3 月建立起市劳模物业管理有限公司，会同王凤恩、马洪谦、杨德林、金福长、尉凤英、田桂英等 30 多名老劳模一起看护、保洁新开河，为建设新沈阳作出了新贡献，受到各级领导的好评和市民的赞扬。

阎德义，天津人，中共党员，闻名全国的焊接大王。曾任黎明机械公司焊工、工程师、工会生产部副部长。1949年，阎德义积极报名，到空军工程部东北总厂第三厂（现中航工业黎明公司）冲焊厂 23 车间当了一名焊工，由于表现突

·阎德义

出，同年 10 月加入中国共产党。他立足工作岗位，带头钻研技术，练就了一身响当当的绝活儿，在保证质量的前提下，改进一层焊接技术，为工厂解决了航空发动机特种材料焊接诸多难题，填补了多项国家空白，1957 年晋升为工程师。在参加歼 5、歼 6、歼 7 等型号飞机发动机的试制和批量生产工作中，阎德义带病攻关，在工程技术人员的配合下，把涡喷 6 发动机的半气膜火焰筒，加上十几个"漏斗"，改为全气膜火焰筒，解决了火焰筒使用几十个小时就掉块、裂纹的问题，使其寿命延长到 200 小时，为涡 6 发动机延寿作出了贡献。1979 年，在试制国产新型歼击机发动机过程中，他大胆提出在大气层中焊接的设想，用拖斗充氩和反面保护的新工艺成功地在大气层中直接进行钛合金焊接，书写了中国焊接技术史上的精彩一页。1982 年，在解决新机试制任务中环形件焊接问题时，通过制作一个通气夹具，在焊缝的背面进行通氩气的保护，保证了技术要求。此外，他还制作了一台无级变速焊接转具，解决了焊接时烧损零件及焊透不均等质量关卡。在应邀参加辽化工程会战时，他带领 80 多名焊工，闯过铆焊、横焊、立焊、平焊等技术难关，完成了大型金属罐的焊接任务，并一次测试合格。外国专家惊讶地竖起大拇指，连说："了不起！了不起！"从 1977 年起，阎德义 7 次当选沈阳市劳动模范，5 次当选辽宁省劳动模范。1978 年出席全国科学大会，获得先进科技工作者称号。1979 年被授予全国劳动模范称号。曾当选第五届全国人大常委会委员、第六届全国人大代表。

蒋新松，江苏江阴人，中共党员，"中国机器人之父"。1956 年进入中国科学院工作，1977 年参加中国科学院 1978—1985 年学科发展规划制定工作，主持起草自动化学科发展规划，并把开展机器人和人工智能研究列入该规划之中。1980
年担任沈阳自动化所所长，在智能
机器人、工业自动化等方面取得了
突出的成绩，为国家的科技进步、
战略发展作出了巨大贡献。1982 年
领导研制出我国第一台计算机控制
的示教再现工业机器人。1985 年领
导研制的"海人一号"水下机器人
海试成功。此后，以瑞康—4 为起点

·蒋新松

相继开发出我国机器人产品系列。1986 年主持建设了国家机器人示范
工程。在国家"863"计划实施后，被聘为"863"计划自动化领域首
席科学家。1994 年领导潜深 1000 米"探索者号"无缆水下机器人和
潜深 6000 米"CR—01"无缆水下机器人的研制工作，把我国水下机
器人研究推向世界最高水平，使我国跻身世界机器人研究强国之列。
他还积极推动工业机器人研究开发和应用，为工业机器人的产业化发
展奠定了基础，被誉为"中国机器人之父"，曾荣获全国五一劳动奖
章，1996 年获中国工程院首届工程科技奖。

史继文，辽宁盘锦人，中共党员，自学成才的数显专家。曾任沈
阳鼓风机厂数显中心站站长，辽宁省数控数显技术服务中心经理。他
自学成才，大胆革新，是工人出身的数显专家。他三次与病魔、死
神抗争，身患重症仍坚持工作，彰显了新时期的"铁人精神"，被誉
为"铁汉"。1989 年被评为全国劳动模范。1963 年，20 岁的史继文考
入沈阳鼓风机厂。之后十余年间，史继文坚持自学，先后学习摘抄了
《晶体管脉冲数字电路》《机械设计原理手册》《数控机床》等 300 多本

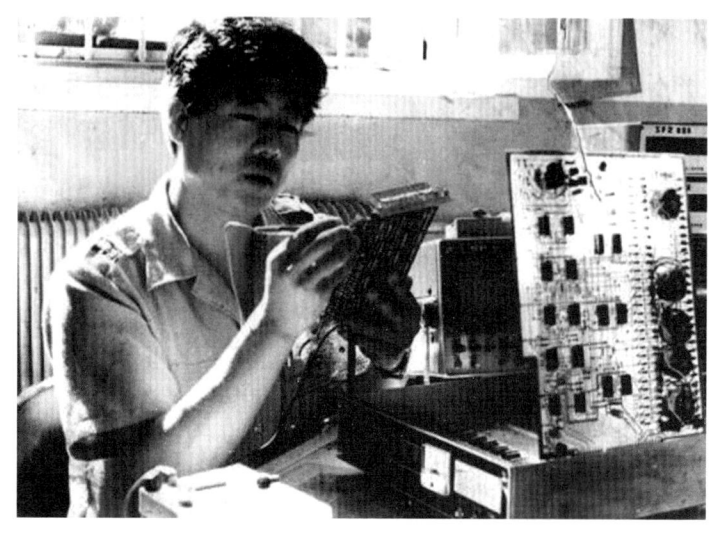

·史继文

电气机械方面的理论书籍，累计抄写 20 万字，仅读书笔记就达 13 本
之多。1977 年，车间成立了革新小组，知识储备丰富、技术水平高超
的史继文当上了组长。其间，史继文勇于革新，专攻数显技术，将车
床的废品率由原来的 20% 下降到 2%，震惊了业界。辽宁省机械厅还
给他颁发了机械设备改造的奖励证书。在企业领导支持下，他很快成
立了数显站，先后有来自省内外的 300 多家单位前来学习取经，许多
单位还邀请他去讲课。到 1984 年，全国已建立了 6 个数显技术服务中
心。在史继文的带领下，辽宁省数显技术服务中心也组建起来，就在
此时病痛向他伸出魔爪，他的左腹内长了一个巨型肿瘤。幸运的是，
在北京中日友好医院，著名的外科专家潘瑞芹教授用了 6 个小时，切
除了他腹内 1.6 公斤的神经纤维恶性肿瘤，挽回了他的生命。手术后
的史继文情况依旧不乐观。可是，病魔和死亡的威胁并没有让史继文
觉得害怕或是选择退缩，相反地，他立下了"生命不息、奋斗不止"
的誓言。之后的 5 年间，史继文先后接待了来自全国 17 个省 38 个市

285 个单位的 2000 多人，对他们进行技术辅导和服务；为全国 15 个省 27 个市推广应用了 1000 多个坐标数显，累计创造经济效益 3000 多万元。他还编制了 90 个学时的数显数控录像带，作为各地的培训教材。1986 年和 1990 年，史继文两次参加全国劳模报告团，他的报告《理想是人生的精神支柱》，感人至深，催人奋进，成为全国职工学习的榜样。

郭明义，辽宁鞍山人，中共党员，"追求纯粹的雷锋传人"。他作为鞍钢矿业集团有限公司齐大山铁矿生产技术室业务主管，当选第十八、十九届中央委员会候补委员，中华全国总工会兼职副主席。先后荣获全国优秀共产党员、全国五一劳动奖章、全国道德模范、2010 年感动中国人物、"当代雷锋"、辽宁省"优秀共产党员"

·郭明义

等荣誉称号。2018 年，中共中央、国务院授予郭明义改革先锋称号。郭明义以雷锋为榜样，几十年如一日敬业爱岗、无私奉献，累计义务献工 21000 余小时，捐款 54 万多元，资助贫困学生 300 多名，无偿献血 7 万多毫升，影响带动了 230 多万人加入郭明义爱心团队，广泛掀起了"跟着郭明义学雷锋"的热潮。他把走雷锋道路作为自己的人生选择，甘当矿石，善小而为，追求纯粹，时时处处发挥共产党员先锋模范作用，矢志不渝地传承雷锋精神。2010 年 8 月 1 日，胡锦涛同志对郭明义的先进事迹作出重要批示。2014 年 3 月 4 日，习近平总书记给郭明义爱心团队回信强调："让学习雷锋精神在祖国大地蔚然成风。"

罗阳，辽宁沈阳人，中共党员，"魂系海天的航空工业英模"。生

· 罗阳

前任航空工业沈阳飞机工业（集团）有限公司董事长、总经理，高级工程师。任职期间，他组织完成了多个国家重点工程项目，为国防现代化建设作出了突出贡献。2012 年 11 月 25 日，在执行新型舰载机实验任务中，因劳累过度，他突发心脏病，不幸以身殉职，年仅 51 岁。他生前曾被评为辽宁省劳动模范、国防科技工业创新领军人物。牺牲后，中共中央总书记、国家主席、中央军委主席习近平作出重要指示，要求全体党员干部学习罗阳的优秀品质和可贵精神。国务院追授他"航空工业英模"，中共中央组织部追授他"全国优秀共产党员"，中华全国总工会追授他"全国五一劳动奖章"，辽宁省委、省政府追授他"辽宁省特等劳动模范"，沈阳市委、市政府追授他"新时期优秀共产党员""沈阳市劳动功勋奖章"。2013 年，罗阳被评为第四届全国道德模范、感动中国年度人物，2019 年被授予"最美奋斗者"称号。

辽宁工业遗产

辽宁工业文化是新型工业化的特有资源。[①] 第三次全国文物普查将工业遗产纳入文物普查之列。辽宁在"三普"中"相继确认登记了

---

① 辽宁省文化交流协会，等：《辽宁工业文化遗产》，辽宁人民出版社，2021 年版，第 5 页。

160 多处工业遗产"①，其中：沈阳 13 处，大连 18 处，鞍山 24 处，抚顺 35 处，本溪 12 处，丹东 7 处，营口 11 处，阜新 2 处，辽阳 11 处，盘锦 8 处，铁岭 8 处，葫芦岛 12 处。数量众多、门类齐全的工业遗产，印证了辽宁悠久的工业历史，也映射出新中国工业化的缩影。

中国工业博物馆

中国工业博物馆坐落于沈阳市铁西区卫工北街 14 号，是我国最大的展示工业题材的综合性博物馆，2018 年工业和信息化部将馆中的铸造馆评为国家工业遗产。中国工业博物馆是国家二级博物馆，也是全国爱国主义教育基地、国家 AAAA 级旅游景区、辽宁省党性教育基地、沈阳市社会科学普及基地，是研究中国工业发展史、弘扬产业工

· 中国工业博物馆

---

① 郭宝平、王岩頔：《近代史中的共和国工业长子》，《今日辽宁》，2011 年第 4 期，第 46—65 页。

人光荣传统和劳模精神的重要平台。

中国工业博物馆总占地面积5.3万平方米，其中原遗址部分2万平方米，新建部分3.3万平方米。馆藏品15000余件，定级文物300件。沈阳市铁西区委、区政府于2011年5月18日奠基建设，于2012年5月18日建成并正式对外开放。

中国工业博物馆采用了新老结合的建筑手法，在原沈阳铸造厂第一车间北侧建设新馆，体现了新馆、老馆同根相连，中国工业一脉相承的设计理念。新馆为现代博物馆展区，重在激发观众的想象力，发挥博物馆启迪和激励观众的功能；老馆为工业遗址展区，重在引发观众的怀旧共鸣，在观赏和游览中获取工业的知识和信息。

中国工业博物馆目前开放的是5个基本陈列馆和两个临时展区，分别是通史馆、机床馆、铸造馆、汽车馆、铁西馆及冶金展区、外国机床展区。主题不同，题材各异，在内容设计上既体现了历史、揭示了内涵，又物尽其用、扬长避短。

通史馆主线为"走向工业化"，为整个博物馆的精髓，是其他各展馆的浓缩与升华。在内容设计上，采取中西对比、双线并展的表现手法。主展线以中国工业大事件为核心，穿插东北、沈阳重工业代表性实物。辅线重点介绍西方工业革命史上的重大事件、著名人物，向观众传播信息和知识。纵向依历史时间脉络勾画发展逻辑，横向以"三工"即工业、工厂、工人为重点展开。中国工业史展示采用平面、立体展品及多媒体方式，西方工业革命展示侧重平面的图文资料。博物馆收集的捐献文物、文献结合工人口述史作为中国工业故事线讲述这里曾经发生的城市记忆。

机床馆以"万械之基"命名，是全面介绍机床工具工业发展史的专题馆。沈阳的铁西素有"机床故乡"的美誉，其在我国机床工业发展史上贡献卓著，而且中国工业博物馆有关此方面内容的收藏较为丰富，且品相较好，数量众多，种类齐全，造型震撼。机床馆在内容设计上更注重让文物诉说，让文物表达。中外机床发展史采取前后串联的表现手法，并以 20 世纪 50 年代为节点，以新中国成立后中国机床工具工业的发展为重点，生动呈现出各类机床实物诠释中国经历由购买到仿制革新，再到创新进而走向世界机床大国的进程。

铸造馆以"铁流凝变"命名，是整个展馆的亮点和重点。铁西老工业区中在全国叫得最响亮、历史最悠久的工厂——沈阳铸造厂，即现今铸造馆所在之地。铸造馆保存了大量的不可移动工业遗产，例如整套烘砂系统和两个 10 吨冲天炉。在内容设计上，采用了原状陈列与新设陈列并存并展、交相辉映的方法。全面保留原有存留的机器设备，并辅之以工艺流程介绍，揭示老铸造车间的深厚文化底蕴，让观众感知它曾经的辉煌。同时在不影响设备展示的前提下，还设置了中国古代铸造、现代铸造工法、当代铸造成就、铸造工艺品以及大体量的各类铸件文物等内容，延伸老铸造馆的历史内涵，提升老铸造馆的展示主题，让观众领略中国铸造的悠久历史和当今铸造大国的风采。

汽车馆以"车行天下"命名，立足中国汽车工业发展的特点，从古今中外车辆的使用、国产汽车、进口汽车、苏联汽车和未来汽车的展望 5 个层面，采取故事性手法，组织实物、展品，呈现汽车工业的发展足迹。

铁西馆是铁西百年记忆的诗卷，集中展现了铁西区艰苦卓绝、波澜壮阔的百年历程，为广大市民特别是青少年提供了一个感受历史、激励未来的文化教育平台，为推动社会振兴发展注入新的精神活力。铁西馆是在充分尊重历史的基础上，紧紧抓住观众心理，通过对文字、照片和实物等元素的有机整合，赋予工业符号以鲜活的生命。展陈风格力求庄重大气，在把握主次、合理取舍中巧妙设计结构布局，形成跌宕起伏、荡气回肠的展陈体验。空间划分力求错落有致，营造意境深远的展陈效果，让铁西百年工业历程气韵生动地呈现出来，在铁西百年记忆中记录了一幕幕铁西为新中国经济建设作出的巨大贡献：在国家"一五"和"二五"时期，铁西区创造出100多个"新中国第一"；改革开放后，沈阳经历企业转型，在改革的锐意进取中仍创造出多项全国第一；铁西工业是中国百年工业发展的记录，是中国工业文明的承载，是东北乃至中国工业砥砺前行的浓缩样本。

鞍钢集团博物馆

鞍钢集团博物馆位于鞍山钢铁公司正门西侧，2014年12月26日，鞍钢集团博物馆建成并正式对公众免费开放。鞍钢集团博物馆占地面积67600平方米，其中展馆面积12600平方米，钢铁主题公园55000平方米，是集历史文化展示、爱国主义教育、钢铁冶金知识科普和工业遗产保护于一体的综合性文化基地。内设沧桑岁月、长子鞍钢、鞍钢宪法、创新鞍钢、摇篮鞍钢、奉献鞍钢、魅力鞍钢、绿色鞍钢、资源鞍钢、英模鞍钢、品牌鞍钢、排头鞍钢等12个主题展厅和老高炉、烧结机两个特展区，全馆共收藏具有珍贵历史价值的3000多幅照片和10000多件实物。馆内的每一幅照片、每一件文物、每一尊塑像，都蕴含着中国工人阶级感人的故事。建博物馆时，老一号高炉也被搬迁到馆里，形成了独特的工业遗存景观，是博物馆的镇馆之宝，国家一级文物。馆内应用了幻影成像、智能调光玻璃、魔幻透屏、飘屏互动演示、球幕投影、数字沙盘、虚拟漫游、环幕影院等高科技手段，在这里观众可以完成"钢铁是如何炼成的"钢铁工业科普之旅，实物展示国防教育之旅。

·鞍钢集团博物馆内景

沈飞航空博览园

沈飞航空博览园位于辽宁省沈阳市皇姑区陵北街 1 号，2001 年 6 月 29 日竣工，2002 年 5 月正式对社会开放，总占地 25000 平方米，室内场馆建筑面积 4600 多平方米，精选 1000 多幅珍贵的军工文化图片，500 多件实物，50000 余字文字说明，10 余种航空科普体验项目，20 余种多媒体项目，集科技、教育、旅游于一体，秉持"讲好航空人故事，普及航空科普知识"的理念，是全国唯一一家系统介绍我国歼击机发展历程和航空科普知识的大型综合性展馆。沈飞航空博览园分为室外展区和室内展览区两个部分，室外展区设有休闲广场、服务部和歼击机真机展示区，陈列有歼 5 型飞机、歼 6 型飞机、歼教 6

型飞机、歼 6 Ⅲ 型飞机、歼 7 型飞机、歼 8 型飞机、歼 8 Ⅱ 型飞机、强 5 型飞机、运 5 型飞机等真机；室内展厅三层，共分为序馆、蓝天梦圆、航空报国、振翮高飞、创新超越、功炳天疆、展翅翱翔 7 个展馆，包括宽屏幕飞机飞行表演、宽屏幕"航空利剑"专题片、飞机弹射救生系统演示、受油机空中受油演示、飞机机体制造演示等影视展示，1：2 概念机模型、飞机静力实验模拟演示、发动机工作原理演示、高速风洞模拟演示系统等科普模拟，伞翼机飞行模拟器、模拟驾驶空战、三维滚环、气流投篮、小球走迷宫等电子互动，以及大型浮雕、人物雕像、弹射座椅、飞机航炮、飞机各仪表、机载设备、40 多种飞机模型等实物和文献实物模拟。2001 年 12 月，沈飞航空博览园被国家旅游局确定为全国首批 100 个工农业旅游示范点候选单位；2002 年 2 月，沈飞航空博览园被沈阳市旅游局批准为沈阳市旅游点；2002 年 3 月，沈飞航空博览园被辽宁省旅游局批准为辽宁省工农业旅游示范点；2003 年 2 月，被辽宁省国防教育委员会命名为辽宁省国防教育基地；2021 年 6 月，沈飞航空博览园被中央宣传部命名为"全国爱国主义教育示范基地"。

抚顺煤矿博物馆

抚顺煤矿博物馆坐落于抚顺浑河南岸，西露天矿矿坑的西南部——西露天矿参观台原址，占地面积约 3 万平方米。至今已有 140 多个国家和地区国际友人及省内外各界人士来这里观光旅游，饱览亚洲第一大露天矿坑的神奇景观。抚顺煤矿博物馆共分露天矿大型设备陈列广场、文化休闲广场、大型毛泽东纪念铜像、西露天矿矿坑和抚顺煤矿博物馆 5 个主要景区，包括 10 个"之最"与刻有多位中央领导人签字的文化墙在内的多个景点。目前，抚顺煤矿博物馆已经进入国家 AAA 景区行列，成为辽宁省工业旅游示范基地、辽宁省爱国主义教育基地，抚顺西露天矿被评为国家第三批工业遗产。

本溪湖工业遗产群

本溪湖工业遗产群位于本溪市溪湖区，包括本钢一铁厂旧址、本钢二电冷却塔及发电车间、本溪湖煤铁有限公司及事务所旧址、本溪煤矿中央大斜井（含肉丘坟）、彩屯煤矿竖井、本溪湖火车站、大仓喜八郎遗发冢、张作霖别墅等 8 处遗址，20 余个单体及大量 20 世纪初大型钢铁设施设备。2009 年被列入"全国文物普查百大新发现"之一、2011 年 4 月被列入第二批全国红色旅游经典景区名录、2017 年 12 月被列入第二批中国 20 世纪建筑遗产名录、2018 年 1 月被列入国家第一批工业遗产名录、2020 年 12 月被列入辽宁省爱国主义教育示范基地。

英雄土地
红色辽宁

雷锋精神
发祥地

雷锋是实践社会主义、共产主义思想道德的楷模，以短暂的一生谱写了无比壮丽的人生诗篇，树起了一座令人景仰的思想道德丰碑，是全国人民学习的光辉榜样。

2018年9月28日，习近平总书记在参观辽宁省抚顺市雷锋纪念馆时强调："雷锋是时代的楷模，雷锋精神是永恒的。实现中华民族伟大复兴，需要更多时代楷模。我们既要学习雷锋的精神，也要学习雷锋的做法，把崇高理想信念和道德品质追求转化为具体行动，体现在平凡的工作生活中，作出自己应有的贡献，把雷锋精神代代传承下去。"[1]

雷锋在辽宁成长

雷锋从湖南来到辽宁鞍钢当工人，又从工厂走向军营，最后牺牲在辽宁、长眠在辽宁。在辽宁的3年零9个月时间里，雷锋完成了从公务员到工人、士兵、伟大的共产主义战士的转变，为我们留下弥足珍贵的精神财富。中共中央办公厅印发的《关于深入开展学雷锋活动的意见》指出："雷锋精神体现了中华民族的传统美德，顺应了社会

---

[1] 《习近平在东北三省考察并主持召开深入推进东北振兴座谈会时强调：解放思想锐意进取深化改革破解矛盾以新气象新担当新作为推进东北振兴》，《光明日报》，2018年9月29日第1版。

进步的时代潮流，彰显了我们党的先进本色，内涵十分丰富、意蕴十分深刻，是一面永不褪色、永放光芒的旗帜。当前，要大力弘扬雷锋热爱党、热爱祖国、热爱社会主义的崇高理想和坚定信念，弘扬雷锋服务人民、助人为乐的奉献精神，弘扬雷锋干一行爱一行、专一行精一行的敬业精神，弘扬雷锋锐意进取、自强不息的创新精神，弘扬雷锋艰苦奋斗、勤俭节约的创业精神。"

工人标兵雷锋

1940 年 12 月 18 日，雷锋出生于湖南省望城县的一户贫苦农民家里。苦难深重的旧社会夺走了父母兄弟的生命，雷锋小小年纪便成了孤儿，是共产党使他翻身做主人，因此雷锋对党和国家怀有朴素的感恩之情。带着这种真挚的感情，雷锋在工作和生活中严格要求自己，不断进步和成长。

20 世纪 50 年代末 60 年代初，新中国成立不久，刚刚取得抗美援朝战争的胜利，完成了社会主义改造的任务，面对各种困难和挑战，全国人民以高昂的热情和艰苦奋斗的精神开始了社会主义建设。辽宁作为新中国的工业化重地，展现了社会主义建设的火热图景，雷锋精神正是在这样的时代背景中生成的。

雷锋在鞍钢。在来到鞍钢化工总厂之前，雷锋在家乡湖南望城县有着很好的工作，是县里的第一名拖拉机手。但是他想要加入祖国工业化建设的大军中，因此从南方来到遥远的东北钢城。他在报名到鞍钢的决心书中写道："根据国家形势的发展，钢铁生产占了目前的重要地位，我自己申请，经望城县委批准，我来鞍钢学习，我愿把我的青春献给祖国……我一定服从组织的调配，到工厂后，一定刻苦学习，克服一切困难，发挥一个共青团员的应有热能，为祖国人民幸福生活而奋斗到底！"①"雷锋到鞍钢，从农村进入了工厂。鞍钢是产业工人集中的地方，那不是手工业，而是大工业，这种环境对造就雷锋起了很大作用。"②

1958 年 11 月 15 日，雷锋来到辽宁的鞍钢化工总厂洗煤车间，成为一名推土机手。雷锋每天上班早下班晚，跟着师傅专心学习操作方法，牢记各部件名称和性能，不到一个月就能单独驾驶了。推土机是苏式重型的"C-80"，雷锋个子小，坐在驾驶座上就看不见作业面，站起来头又碰了顶棚，他必须站起来，还要弯着腰才能正常驾驶。这样辛苦，即使在严寒中他也累得满头大汗，但他从没叫过一声苦。东北的冬天寒风刺骨，推土机推煤时，为了避免吊车与推土机相撞，雷锋总是跳下车来指挥作业。工间休息时，师傅让他去屋里烤火，他担心水箱和发动机结冰，坚持坐在驾驶室中不走。雷锋的师傅说，他带过许多徒弟，雷锋是其中年纪最小却学得最快最好的。因为雷锋善于动脑，勤于钻研，提前拿到了合格证书，成为一名优秀的推土机手。推土机作业班每周评一次生产标兵，每月 4 次。雷锋连续 3 个月的"标兵"就成为"季度先进生产者"。雷锋干了 3 个季度就当了 12 次"标兵"、3 次"季度先进生产者"，而且还有 5 次被评为"车间红旗手"。

雷锋以全身心投入的工作热情成为先进工人的代表，他说："光荣应该归于教育我成长的党，应该归于热情帮助我进步的同志们。我懂得一朵花打扮不出春天来，只有百花齐放才能春色满园的道理。一

---

① 雷锋：《雷锋全集》，华文出版社，2012 年版，第 185 页。
② 殷允岭：《雷锋传》，人民出版社，2018 年版，第 130 页。

·1959 年 2 月，雷锋所在洗煤车间吊车组被评为红旗组，后排右二为雷锋

花独秀不是春，百花齐放春满园。"[1]雷锋以此鞭策自己，不仅自己成为先进，也积极帮助他人进步。雷锋担任推土机教员，为了教好 3 个学员，他钻研和学习机器构造原理，和学员一起研究，不懂的地方就去请教其他师傅，再教给学员们，只用了 4 个月就教会了学员开推土机，工厂要给他 36 元带学员的钱，雷锋坚持不收这笔钱，他认为自己的技术是党培养的，教会学员是应该的。

　　雷锋在鞍钢化工总厂只工作了 9 个月零 5 天，但是他工作积极，乐于助人，和工友结下了深厚情谊。工人刘大兴母亲生病，需要 50 块钱看病，但他当时手头只有 20 块钱，雷锋得知后当即拿出 30 块钱，陪他一道到邮局给他母亲寄去。炼焦工人王大修不慎将当月工资、粮

———————————

[1] 雷锋：《雷锋全集》，华文出版社，2012 年版，第 220 页。

票和饭票全丢失了。雷锋得知后，开饭后把他拉到食堂去，发动伙伴们给他凑钱买饭票，还带头捐出了 10 元钱和 8 斤粮票。青年工人邹本国感冒发烧两天没上班，雷锋得知后连夜背他到医院看病。邹本国住院七天，雷锋常去看望，并给他带去水果和病号饭[1]。

雷锋在弓长岭。1959 年 8 月，鞍钢决定在弓长岭兴建一座焦化厂，需要抽调一批年轻人参加基本建设。但当时的弓长岭地处山沟，条件极其艰苦，很多人都不愿意去。雷锋认为最艰苦的地方也是党最需要的地方，他不仅自己第一个报名，而且还带动了一大批年轻人同他一起到弓长岭矿区，全力投身新建焦化厂的工作。为了盖房子，要在寒冷的天气中和泥，有人嫌这个活太累，但雷锋却争着和泥，水结了冰，和不动，他就脱掉鞋袜，赤着脚，手脚都冻得麻木了，也要把活干好。在刚到弓长岭不久的一篇日记中他写道："自从由鞍山转到弓长岭以来，自己就抱定决心：一定要很好地工作、学习，争取加入中国共产党。对各种学习任务都能认真完成；自学较好，每天早晨学习一小时，晚上总是要自学到深夜 10 至 11 点钟；早晨坚持做早操，没有违犯过纪律，都能按规定去做。今后，我应当继续加强组织纪律性，向违法乱纪做斗争，严守纪律，听从指挥，做好机器检查和保养，保证安全，消灭事故。努力学习政治，开展思想斗争和批评与自我批评，加强团结，虚心学习。"[2] 此时的雷锋，思想觉悟已经有了进一步的提高，他把对党朴素的感恩之情转化为努力工作的动力，并且明确表达了想要加入中国共产党的愿望。"党的声音，就是人民的声音。听党的话，就会开放出事业的花朵！"并且下决心"把自己的全

---

[1] 陶克：《告诉你一个真实的雷锋》，陕西人民出版社，2013 年版，第 88 页。
[2] 雷锋：《雷锋全集》，华文出版社，2012 年版，第 5 页。

部力量献给党的建设事业，在生产中一定完成任务，一红到底，有一分热发一分光。""为党和人民的事业贡献自己的一切，做一个毫无利己之心的人"①。

在弓长岭期间，雷锋组织青年雨夜抢救水泥的事迹广为人知："深夜十一点钟了，走出门外，天黑得伸手不见五指，这时候突然下起雨来了。陈调度员说，我们建筑焦炉工地上，还散放着 7200 袋水泥。陈调度员急得一时手足无措。……雨越下越大，这时我猛然想到了党的教导，要我们爱护国家财产，又想到了我是一个共青团员。想到这些，一种无穷的力量鼓舞着我急忙跑到工地，用自己的被子，并脱下了衣服，抢着盖在水泥上。后来，我又跑到宿舍，发动了 20 多个小伙子，组织了一个抢救水泥的突击队，他们有的忙着找雨布，有的忙着找芦席，盖的盖，抬的抬，经过一场紧张的战斗，避免了国家的财产受到重大损失。这时，我才松了一口气，抹掉头上的汗，带着乐观的心情，昂首阔步回到了宿舍，回忆自己为国家、为党做的一点点工作而高兴。"②

为了抢救水泥，雷锋的棉被被雨水淋湿了，烘干后里面的棉絮变得硬硬的，在寒冷的冬天既不保暖又不舒服。同乡工友易秀珍在为雷锋拆洗棉被时，偷偷换上了自己被子里的棉絮，她了解雷锋总是帮助别人，却从不愿麻烦别人，所以没有告诉雷锋这件事。其实聪明的雷锋还是知道了。在入伍前，他把这床棉被留给易秀珍作为纪念。2010年，易秀珍将这床珍藏了几十年的棉被无偿捐赠给辽阳雷锋纪念馆，成为珍贵的雷锋遗物。

① 雷锋：《雷锋全集》，华文出版社，2012 年版，第 6、7 页。
② 雷锋：《雷锋全集》，华文出版社，2012 年版，第 8 页。

·雷锋在鞍钢的工友易秀珍为少年儿童讲述雷锋抢救水泥的事迹

　　雷锋将关心和帮助他人的作风也带到了弓长岭。"一次碰到了一个老人，在冬天早晨没有穿棉衣，我就脱了自己的棉衣送给了他。毛主席说关心他人比关心自己为重。老人说不出话来，约我到他家去。他给地主放过 20 多年羊，现在是个工人，有个母亲 70 岁，爱人 50 岁，还有三个孩子。我后来又送了几件衣服给他家，我常到他家，他还要我做干崽，我很爱他家。这是毛主席思想教导我所产生的阶级感情。"① 这是雷锋在 1960 年 11 月的一次忆苦思甜报告中的讲述。雷锋提到的这位老人叫吕长太，雷锋得知他家生活十分困难，七口人盖一床被子，内心受到强烈的震撼。为了帮助吕家，雷锋认吕长太夫妇为义父义母，认吕学广为义弟。他经常到吕家干活，并省吃俭用把剩下来的钱，补助吕家的生活。他还经常为义弟吕学广补习功课、购买学习用品。入伍后，还多次给义父寄钱。

---

① 雷锋：《雷锋全集》，华文出版社，2012 年版，第 240 页。

从鞍钢化工总厂到辽阳弓长岭矿区，作为工人的雷锋，时时处处严格要求自己，在学习和实践中提升了思想觉悟，认识到"真正的青春，只属于这些永远力争上游的人，永远忘我劳动的人，永远谦虚的人"[①]。在弓长岭矿焦化厂仅工作了 4 个多月，雷锋就被评为"先进生产者""红旗手""节约能手"。雨夜护水泥的事迹登上了报纸，雷锋和大家一样感到高兴，同时又提醒自己："我这么一点点贡献，比起党对我的要求和希望还是做得很不够的，但是我有决心忘我地劳动，赤胆忠心，不骄不傲地乘胜前进，多为党做一些工作，这就是我感到最光荣的"[②]。

模范战士雷锋

1959 年 12 月，雷锋在听了征兵报告以后写下决心书，坚决要求参军，担负起保卫祖国的神圣职责。《我决心应召》的申请书在鞍钢弓长岭矿党委会主办的《弓长岭报》上发表："伟大的党啊！您是我慈祥的母亲，要是没有您，我很难想象自己的一切。今天您需要我，我一定挺身而出，不怕牺牲和一切困难，永远忠于您，忠于人民，继承长辈的革命传统，为建设现代化的强大的国防军，为保卫社会主义建设，保卫世界和平，我要把自己可爱的青春献给祖国最壮丽的事业，做一个真正的共产主义战士。"[③]

1960 年 1 月，雷锋如愿以偿穿上了军装，成为一名光荣的解放军战士，内心十分激动："这天是我最大的荣幸和光荣的日子……我好

---

① 雷锋：《雷锋全集》，华文出版社，2012 年版，第 7 页。
② 雷锋：《雷锋全集》，华文出版社，2012 年版，第 9 页。
③ 雷锋：《雷锋全集》，华文出版社，2012 年版，第 227 页。

· 雷锋入伍前胸前戴着大红花留影

几年来的愿望在今天实现了，我真感到万分的高兴和喜悦。这是我一生最大的幸福。"① 雷锋戴着大红花跑到照相馆，留下了成为战士的第一张照片。在营口新兵连，雷锋作为新兵代表在工兵第十团欢迎新兵大会上发言。新兵集训结束后雷锋被分配到运输连成为一名汽车兵，并随部队来到抚顺执行施工任务。

雷锋来到运输连后，他驾驶的汽车是运输连状况最差的"嘎斯 51"型卡车，这是抗美援朝时期苏联卖给中国的，上过朝鲜战场，到 1960 年已经快有 10 年历史了，车龄长而且机件磨损严重，是有名的"耗油大王"，别人都不想开，但是雷锋却主动向连里申请驾驶这辆车，他出色完成工作任务，安全行车 4000 多公里无事故。"今天下了大雪，刮着刺骨的北风，为了使车辆经常保持良好的技术状态，随时开得动，我和韩玉成同志主动到车场保养车辆，双手拿着冰冷的工具调整和修理铁的机器，的确冷得很，有时手拿着铁的机件就把手和机件粘在一起了，特别是双手伸到汽油里去清洗机件，更把手指冰的好像针扎一样……经过 8 个多小时野外苦战，终于把汽车保养好了。"② 雷锋除了对汽车进行精心保养之外，还虚心请教刻苦钻研，一个个排

① 雷锋：《雷锋全集》，华文出版社，2012 年版，第 14 页。
② 雷锋：《雷锋全集》，华文出版社，2012 年版，第 69 页。

查耗油多的原因，摸索出一套节油方案，最终这辆车由"耗油大王"变成了全连的"节油标兵车"。雷锋文化程度并不高，却能靠努力和执着实现了工作中的创新和突破。

雷锋热爱学习，除了钻研技术之外，更是如饥似渴学习理论和文

·雷锋对照教材学习汽车原理和构造，制服"耗油大王"——13 号"嘎斯 51"型汽车，使之成为有名的节油车

化知识。白天忙，就靠晚上挤时间学，困了洗把脸再坚持学习，熄灯后用手电在被子里学，学完了《毛泽东选集》一至四卷，还有其他政治书籍 60 多本。通过学习，雷锋找到了正确的政治方向，"懂得了一个人应该怎样活着，树立什么样的人生观，对我帮助很大。在学习中，我曾碰到很多困难，但我没有向困难低头"①。从入伍到牺牲，留下了许多学习毛泽东著作的笔记，在《毛泽东选集》第三卷第 1095 页的书眉笔记中雷锋写道："思想教育应该是经常的，长期的。正如洗脸一样，一天不洗，脸上的脏东西和灰尘就不掉。要是长期不洗，脏东西和灰尘就会在脸皮上结成壳，人家看了，肯定骂他是懒汉。人的思想也是这样，如果不经常教育，不用正确的思想克服错误的思想，思想就会出毛病。思想上背了包袱，工作就会消极，干劲就不足，各

① 雷锋：《雷锋全集》，华文出版社，2012 年版，第 242 页。

项任务就不能完成。我们应该重视思想教育。无论干什么事，只要把人的思想搞通了，一切就好办了。"①20 岁出头的雷锋，能够有这样深刻的认识，是他认真学习理论的结果。

雷锋还以自己的技术和文化毫无保留地帮助他人。战友佟占佩学习汽车理论很吃力，测验不及格。雷锋被分配帮助这个战友，他不厌其烦地一点一点讲解，一句一句地教，一遍一遍重复，起早贪黑跟他一起学习，第二次测验时佟占佩终于得了 5 分。在大家的推举下，雷锋当上了连队俱乐部的学习委员，每天给大家读报、广播、教歌。在部队的学文化热潮中，雷锋又自告奋勇当了一名兼职小教员，利用业余时间备课、上课、批改作业。"我们班乔安山同志，文化程度比别人低，学习信心也不足，一学数学就头疼，上课不带笔和本，有时还缺课。有一次，我让他做作业，他说钢笔丢了，我把自己的一支笔送给他，还给他订了一本作业本。他很受感动，学习热情渐渐高起来，考试成绩也不错。我按期完成了教学任务，全班总评成绩优秀。"②

1960 年 8 月，暴雨一连下了几天，抚顺地区的洪水不断上涨。雷锋所在连队接到上级命令：到郊外上寺水库去抗洪抢险。连长让身体不好的雷锋在家执勤，但是雷锋坚决要求和全连同志一起到水库抢险。来到水库，看到洪水很快就要漫过大坝，情况万分危急，市委防汛指挥部要求部队连夜开掘溢洪道。挖掘过程中，雷锋手中的锹被塌下的土方打掉了，天黑雨大没找见，只好用手当锹挖泥，手指挖破了皮，但雷锋仍然坚持挖掘。一连干了四天后病倒了，晕倒在堤坝上，被同志们扶到老乡家休息，但他醒来后却又跑到水库工地上去。经过

---

① 雷锋:《雷锋全集》，华文出版社，2012 年版，第 100 页。
② 雷锋:《雷锋全集》，华文出版社，2012 年版，第 229—230 页。

七天七夜的连续奋战，终于战胜了洪水。部队进行抗洪抢险总结时，运输连提出为雷锋记三等功一次，但是雷锋却说："抗洪抢险是全团的行为，战胜洪水人人也出了力，我和大家一样尽了一个战士的责任，没有必要单独为我请功。"①

日常生活中，雷锋帮战友缝被子洗衣服，利用休息时间参加义务劳动。出差途中，给老年人让座、帮列车员收拾卫生、给旅客倒水、帮助妇女抱孩子、帮助中途下车的旅客拿东西，已经成为雷锋的自觉行动。一次在沈阳火车站乘车回抚顺。"早晨5点钟到了上车的时间，我背着背包刚走近天桥，看见一位白发苍苍的老太太背着个大包袱，走几步歇一歇，很吃力，我急忙赶上前去，帮助老人背起包袱，搀扶她上火车。老太太累得满头是汗，喘了半天气，才对我说了一句话：'好孩子，大娘忘不了你呀！'上了车，人很挤，我给老人找了个座位，自己就站在老人的身旁。火车开动了，因为我没吃早饭，肚子饿了，我拿出在车站买的两个面包，送给老太太一个。她接过面包，忙说：'你这个当兵的，真好，我见到儿子叫他写信给你们首长……'老人说她从山东来，到抚顺去找儿子，但又不知儿子的住处。她掏出一封信叫我看，记得上面写的地址是'抚顺市××信箱第四宿舍'。这个地方我当然不知道，但为了使老人安心，我就说：'大娘，你莫急，有地址就好办，下了车我帮你去找。'6点多钟到了抚顺，我把自己的背包存放在车站，背上老人的包袱，领着老人四处打听，走走停停地快9点钟了，终于找到了，这个'××信箱'原来是个保密工厂。老人见了儿子，高兴得满眼是泪说：'儿呀，要不是这位军人同志帮娘

①陶克：《告诉你一个真实的雷锋》，陕西人民出版社，2013年版，第120页。

找，今天难以见到你……'临走时，他们母子二人千感谢万感谢的，送出我很远。我本不想汇报这件事，因为这是自己应该做的。谁知，那老人的儿子果真给部队写来一封信，请求领导表扬这位不知名的战士。那天我回连晚了三个小时，想瞒也瞒不住。"[1]"雷锋出差一千里，好事做了一火车"，正是对雷锋助人为乐无私奉献精神的生动描述。

雷锋生活的年代，新中国还是"一穷二白"，又遇到了困难时期。雷锋牢记毛泽东主席的话，我们的国家现在还是一个很穷的国家，全靠青年和全体人民在几十年时间内，团结奋斗，用自己的双手创造出一个富强的国家。发扬勤俭节约、艰苦朴素的优良传统，"在工作上，要向积极性最高的同志看齐；在生活上，要向水平最低的同志看齐"[2]。雷锋从不乱花一分钱，连队卖苹果很便宜，每人可以买两斤，他也舍不得花钱。过春节只花了2角5分钱理发，别的钱分文未花。袜子补了又补接着穿。每月6元的津贴只留下5角钱，其余的全都存起来。部队规定每个人两套单军装、两套衬衣、两双鞋子，而雷锋却只领一套，把省下来的支援灾区。他专门有一个节约箱，把牙膏皮、螺丝钉等都积攒起来，点滴汇聚，为国家建设积蓄基础。"我们是国家的主人，应该处处

· 抚顺雷锋纪念馆内陈列的雷锋生前所使用过的"节约箱"

[1] 雷锋:《雷锋全集》，华文出版社，2012年版，第230页。
[2] 雷锋:《雷锋全集》，华文出版社，2012年版，第18页。

为国家着想，事事要精打细算，不能今朝有酒今朝醉，明日愁来明日忧。我们要发愤图强，自力更生，克服当前存在的暂时困难。"[①]雷锋参加沈阳军区工程兵体育运动大会时，正值炎热的夏天，大家都去场外买汽水喝，雷锋却舍不得花钱，喝了自来水。有人嘲笑他小气，他不为所动，认为在国家困难时期，大家都应该为国分忧，就要一点一滴节省。雷锋自己在生活上舍不得花钱，却把省吃俭用存下的200元钱全部拿出来，抚顺望花区和平人民公社成立时，他捐出了100元钱；当辽阳地区遭受特大洪水灾害时，他又把100元钱寄给了灾区。"现在国家和人民有困难，我是一名中国人民解放军战士，我一定要挺身而出，以实际行动来支援灾区人民。"[②]

优秀校外辅导员雷锋

从1960年10月10日起，雷锋先后担任了抚顺建设街小学（现抚顺市雷锋小学）和本溪路小学（现抚顺市雷锋中学）的校外辅导员。雷锋的工作和出差任务很多，但是在担任校外辅导员期间，他经常利用业余时间和节假日的休息时间，教孩子们唱歌、跳舞、做操，与他们打成一片，帮助孩子们解决各种问题，不仅帮助家庭困难的同学，还解决同学间的小矛盾，成为孩子们的知心朋友。

雷锋全心为孩子们付出，帮助少先队开展一些有益的活动，给少年朋友们讲战斗英雄故事、讲新旧社会对比，启发同学们的上进心。"本溪路小学有个叫刘静的同学，她在福中生，也在福中长，可是不知旧社会的苦，所以也不懂今天的甜，因此，在当前国家处于困难时

---

① 雷锋：《雷锋全集》，华文出版社，2012年版，第43页。
② 雷锋：《雷锋全集》，华文出版社，2012年版，第293页。

期，她的思想有些波动，学习不够安心，工作不主动，成绩也不好。自从我和她谈了新旧社会回忆对比，加上老师的耐心教育和同学们的帮助，她有了转变，变成了一个好同学，加入了光荣的少先队，还担任了中队的文娱委员，学习成绩也取得了 5 分。"[1] 针对有些同学爱花零钱的问题，雷锋给他们讲艰苦朴素、勤俭节约的故事，并把同学们带到部队，搬出自己的节约箱给他们看。同学们看后十分感动，理解了积少成多的道理，回去之后也做了节约箱，变废为宝。雷锋看到孩子们以自己为榜样，更加严格要求自己。"我想：孩子们处处向我们学习，那我们更应该好好地听党的话，积极工作，努力学习，提高自己，处处以身作则，以我们的模范行为去影响和教育他们。从此，我

· 雷锋在任抚顺市建设街小学校外辅导员期间与孩子们在一起

---

① 雷锋：《雷锋全集》，华文出版社，2012 年版，第 273 页。

便时刻严格要求自己，老老实实地工作，更刻苦地学习，丰富自己的知识。"①1961年初，雷锋离开抚顺到各部队去作报告，但他始终心系孩子们，其间还专门给建设街小学的同学们写了一封信，嘱咐小朋友们好好学习，天天向上，以优秀的学习成绩向党汇报。

1962年6月29日，雷锋出席了共青团抚顺市委表彰少先队优秀辅导员大会，并以"做个优秀的校外辅导员"为题写下了发言提纲：

> 两年来，在党的领导下，在同志们和老师们的帮助下，我协助少先队做了一点点本身应做的工作，党和共青团却给了我很大的荣誉。这荣誉应归功于党，没有党我一事也做不成。我衷心感谢党和共青团对我的鼓励和关怀……我决心更好地和小朋友们打成一片，帮助他们开展一些有益的活动。教育他们不忘过去，发奋读书，好好学习，天天向上。我要为培养共产主义的优秀接班人贡献自己的一点力量。②

在雷锋辅导过的学生中，有一个困难家庭的孩子，名字叫王文阁，雷锋非常关心他，带给他很多的温暖。知道他家生活困难后，给他买作业本和铅笔；知道他对世界充满好奇，便送给他一套《十万个为什么》。雷锋在赠书上写道："愿你插上幻想的翅膀，去探索大自然的奥秘，长大成为一名科学家。"雷锋的赠言，王文阁始终铭记在心，雷锋对他的期望和嘱托鼓舞着他在思想上不断进步，学业上不断提高，最终王文阁没有辜负雷锋的关怀和期望，真的成为一位多项发

---

① 雷锋：《雷锋全集》，华文出版社，2012年版，第274页。
② 雷锋：《雷锋全集》，华文出版社，2012年版，第274—275页。

明获得国家专利的科学工作者。

如果你是一滴水，你是否滋润了一寸土地？如果你是一线阳光，你是否照亮了一分黑暗？如果你是一颗粮食，你是否哺育了有用的生命？如果你是一颗最小的螺丝钉，你是否永远坚守在你生活的岗位上？如果你要告诉我们什么思想，你是否在日夜宣扬那最美丽的理想？你既然活着，你又是否为未来的人类的生活付出你的劳动，使世界一天天变得更美丽？我想问你，为未来带来了什么？在生活的仓库里，我们不应该只是个无穷尽的支付者。[①]

在雷锋留下的日记中，第一篇就是雷锋七问，而他以自己短短22年的生命给出了完满的回答。毛泽东曾经说过："一个人做点好事并不难，难的是一辈子做好事，不做坏事，一贯地有益于广大群众，一贯地有益于青年，一贯地有益于革命。"[②]雷锋就是这样一个一辈子只做好事的人。

雷锋的发现和培养

雷锋来到辽宁后，满腔热情投入社会主义建设并迅速进步和成长。火热的时代呼唤榜样也造就了榜样，在组织的培养教育下，雷锋

① 雷锋：《雷锋全集》，华文出版社，2012年版，第3页。
② 中共中央文献研究室：《毛泽东文集》第二卷，人民出版社，1993年版，第261页。

很快成为那个时代的道德楷模和青年榜样。他在日记中写道："今天我们处在一个翻天覆地、千变万化的时代，一个英雄辈出、百花盛开的时代，一个 6 亿人民精神振奋，斗志昂扬，意气风发的时代。在这样的时代里，我们应当鼓足更大的革命干劲，激发更大的革命热情，站得高些，更高些；看得远些，更远些！"①

无论在工厂还是到部队，雷锋总是不知疲倦地服务人民、奉献社会。优秀的人总是会被发现的，雷锋也不例外，从他多次获评先进和立功受奖也能够看出这一点。雷锋当工人的 1 年零 2 个月时间里，3 次被评为先进工作者，5 次被评为红旗手，18 次被评为标兵。1959 年9 月，雷锋光荣出席了鞍钢青年社会主义建设积极分子授奖大会，在大会发言中他说："我这样一个孤苦伶仃的穷孩子，今天能够参加这样光荣的大会，心中感到十分光荣，万分感激党对我的教育和培养，我的一切都是党给我的。"②

雷锋参军后一如既往地表现突出，所在部队也很早就发现了这个典型，并且一直非常重视对雷锋的培养和教育。从雷锋生前所在运输连党支部到沈阳军区党委，都为发现、培养和宣传雷锋做了大量工作。雷锋 1960 年初参军入伍，当时正值我国经济困难时期，雷锋爱党爱国、勤俭节约、艰苦奋斗、全心全意为人民服务，很快就成为模范榜样。雷锋所在的运输连党支部认为他是棵好苗子，一直很重视对他进行培养和教育，运输连政治指导员高士祥说："我们经常在会上和利用黑板报形式宣传、表扬他的先进思想和事迹。1960 年下半年，雷锋的事迹就传开了，全团各营、连都来我们连参观雷锋的节约展览，团领

---

① 雷锋：《雷锋全集》，华文出版社，2012 年版，第 23 页。
② 雷锋：《雷锋全集》，华文出版社，2012 年版，第 220 页。

导又让雷锋同志在全团国庆节军人大会上讲话，他事先准备了一个讲话稿，可是讲起来就不照稿子讲了，而且讲得很生动。从此，雷锋出名了，工程兵部队宣传部门还派人整理雷锋的先进模范事迹材料。"①

高士祥提到的雷锋事迹传开，缘于工兵十团收到的两封感谢信。1960年八九月间，团政治处先后收到了抚顺市望花区和平人民公社以及辽阳市委寄来的两封感谢信。望花区和平人民公社来信的大意是：你部战士雷锋，把自己的100元钱支援给公社，他这种热爱集体的精神使我们深受感动。建议部队领导给予表彰。辽阳市委的信中说：雷锋同志在我们遭受特大水灾之时，给我们来信并寄来100元钱，从道义上和财力上支援我们灾区。这种崇高的阶级友爱精神，说明了我们

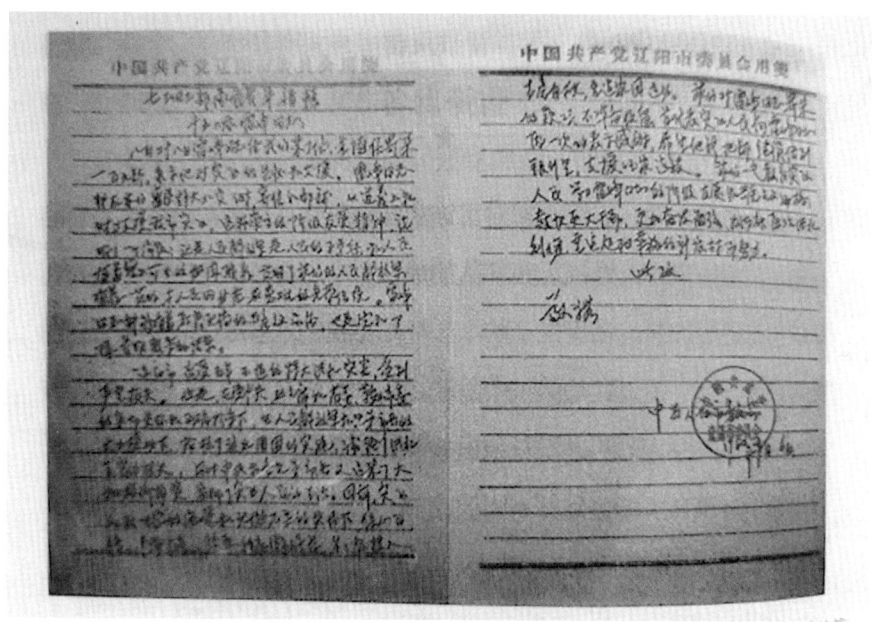

· 辽阳市委写给部队感谢雷锋为灾区捐款的信

---

① 王和利：《雷锋在部队成长的经过——原雷锋所在连政治指导员高士祥老人的回忆》，《疏导》，1999年第1期。

的人民解放军有着一贯的与人民同甘苦共患难的光荣传统。雷锋同志有着至高无上的共产主义品质，是党和部队长期教育的结果。

团政治处得知雷锋的举动，既感动又惊奇，要知道在那个年代，200块钱可不是个小数目，一个普通战士要省吃俭用多长时间才能攒出这些钱。后来据储蓄所的人回忆，当时雷锋的存折上一共有203元钱，他把自己所有的积蓄都拿出来支援人民公社和灾区，这是一种多么可贵的精神！①

政治处宣传股的吴广信和庞士元找到雷锋，弄清了两次捐款的来龙去脉，被雷锋的高尚觉悟所感动，决心把雷锋事迹整理出来，让更多的人向他学习。雷锋所在运输连的干部战士们提供了很多雷锋帮助他人和勤俭节约的感人事迹。吴广信组织庞士元和陈广生整理了一份《雷锋同志模范事迹》报给团里，团政委韩万金认为雷锋有文化，可以让他自己改改稿子。雷锋看后将标题改为"解放后我有了家，我的母亲就是党"。经过团党委研究，把他的事迹材料上报给军区工程兵党委。

沈阳军区工程兵政治部副主任王寄语在听到雷锋的事迹后，专程深入到工兵十团了解雷锋的情况。"当时，雷锋所在的工程兵工程第十团正在抚顺执行任务，分配到这个团的工作组，是由司令部副参谋长朱玉山和政治部宣传处副处长赵琪率领的。他们在蹲点中了解到，雷锋在入伍短短几个月里就表现出了一些先进思想、模范事迹，部队业已提出在各连队开展向雷锋学习的活动。在一次交流蹲点情况时，他们向我作了汇报，我听后感到这是一件好事，是应该认真对待的一个战士典型。特别是在1960年，国家正处于暂时困难时期，雷锋能从

① 陶克：《告诉你一个真实的故事》，陕西人民出版社，2013年版，第127—128页。

小处注意节衣缩食，对于浪费粮食现象，他通过读报给大家讲清节约每一粒粮食的道理，这虽然是先进事迹中一个小小的例子，但很有普遍教育意义。""1960 年 7 月工程兵部队在丹东召开体育运动大会时，我第一次接触到雷锋并同他进行了单独交谈。从谈话中我感觉到，他确实是一个很不平凡的兵，他对党、对社会主义、对毛主席的深厚感情，从每句话中都能听得出来。他思想觉悟高，对问题认识深刻，心怀国家，关心集体。那次交谈，给我留下了深刻印象。"[①] 王寄语将了解到的情况在军区工程兵党委会上做了专题汇报。

1960 年 9 月，雷锋被团队树为"节约标兵"。"首先在本团队作了忆苦报告。1960 年 11 月初，军区工程兵党委决定召开工程兵部队连队政治工作会议，把学习宣传雷锋事迹作为会议的一项重要内容，并让雷锋本人到会作忆苦报告，以典型引路，把连队的政治工作扎扎实实地开展起来。从 11 月 2 日开始，军区工程兵政治部组织雷锋在本

· 雷锋在诉苦大会上。连长李超群（雷锋右边第二人）、指导员高士祥（雷锋左边第二人）

---

① 王寄语：《沈阳军区发现和宣传雷锋始末》，《秘书工作》，2012 年第 3 期。

系统内作忆苦报告，并汇报他的先进思想和模范事迹。至 1961 年 1 月 15 日，雷锋在本部队内以及应邀到兄弟部队和地方大中小学所作的报告总计 27 场，听众达 2.2 万余人。"[1]

1960 年 11 月 8 日，入伍不到一年的雷锋光荣加入了中国共产党。11 月 23 日，沈阳军区工程兵党委作出决定，授予雷锋"模范共青团员"称号，沈阳军区政治部做出了《关于在部队中开展学雷锋、赶雷锋运动的指示》，并转发了《关于运用雷锋的典型事迹做活教材，配合部队当前教育的报告》，号召大家向雷锋同志学习；1961 年 5 月，21 岁的雷锋当选为抚顺市最年轻的人大代表，并在 8 月出席了抚顺市第四届人民代表大会第一次会议，在大会上代表人民军队做了发言，雷锋将自己的激动心情写在了当天的日记中：

· 抚顺市雷锋纪念馆内展示着雷锋会前拍摄的照片

今天是我永远不能忘记的日子，我光荣的参加了抚顺市第四届人民代表大会第一次会议。像我这样一个给地主放猪

---

① 王寄语：《沈阳军区发现和宣传雷锋始末》，《秘书工作》，2012 年第 3 期。

出身的穷孩子，能够参加这样的大会，心里有说不出的高兴和感激。

首先我要衷心的感谢党和毛主席把我从虎口中救出来，把我抚育成人，教给我无产阶级的思想，感谢政府对我的亲切关怀和照顾，感谢人民对我的爱戴。今天，我深刻地认识到，只有在党和毛主席的正确领导下，才有我们穷人的天下，才有穷苦大众当家作主的权利，才有我们今天幸福的新生活。

我们的党是英明的、伟大的、正确的。我要坚决听党的话，一辈子跟着党走，认真贯彻党的方针政策，对党有利的话，有益的事，我要多说、多做；对党不利的话，没有益的事，我坚决不说、不做。我要全心全意为人民服务，永生为伟大的共产主义事业而奋斗。[①]

雷锋从旧社会的一名孤儿成长为工人、战士，他将对党的感恩之情转化为工作动力，并表达了加入党组织的决心："一定要很好地工作、学习，争取加入中国共产党。"他认真学习提升修养，努力工作争做模范团员，"把自己的全部力量献给党的建设事业。……有一分热发一分光"[②]。雷锋光荣入党，激动的心情难以平静：

1960 年 11 月 8 日，是我永远不能忘记的日子。今天，我光荣地加入了伟大的中国共产党，实现了自己最崇高的理

---

① 雷锋：《雷锋全集》，华文出版社，2012 年版，第 49 页。
② 雷锋：《雷锋全集》，华文出版社，2012 年版，第 5、6 页。

想。我激动的心啊！一时一刻都没有平静。伟大的党啊！英明的毛主席！有了您，才有了我的新生命。我在九死一生的火坑中挣扎和盼望光明的时刻，您把我拯救出来，给我吃的，穿的，还送我上学念书。我念完了高小，戴上了红领巾，加入了光荣的共青团，参加了祖国的工业建设，又走上了保卫祖国的战斗岗位。在您的不断培养和教育下，我从一个孤苦伶仃的穷孩子，成长为一个有一定知识和觉悟的共产党员……今天我入了党，我变得更加坚强，思想和眼界变得更加开阔和远大。我是一个共产党员，人民的勤务员，为了全人类的自由、解放、幸福，哪怕高山、大海、巨川，为了党和人民的事业，就是入火海进刀山，我甘心情愿，头断骨粉，身红心赤，永远不变。①

在党组织的重视和培养教育下，雷锋也更加严格要求自己，不断进步，在部队期间快速成长。雷锋入伍 8 个月成为全团艰苦奋斗"节约标兵"；入伍 9 个月荣立一次二等功；入伍 10 个月加入中国共产党；入伍 11 个月，军区工程兵党委授予他"模范共青团员"称号。一个入伍不到一年的新战士，获得这些殊荣，这在和平建设时期的建军史上是罕见的。②

在荣誉面前，雷锋认为"今天我所取得的一点点成绩，应该归功于不断培养教育我成长的党和毛主席，应该归功于热情帮助我进步的

---

① 雷锋：《雷锋全集》，华文出版社，2012 年版，第 21—22 页。
② 陈广生：《一位默默无闻的大"伯乐"——韩万金政委发现、培养雷锋始末》，《党史纵横》，1994 年第 3 期。

同志们"①。雷锋记录了自己在党的培养教育下提升觉悟的心路历程："1958 年入厂时候，我只是一个抱着感恩的思想埋头苦干的工人，在生产上只能做到完成自己的任务和达到每天的定额。后来，在党的教育下，特别是受到党的社会主义建设总路线和全国人民冲天干劲的鼓舞，才使我的思想和眼界变得更加开朗和远大，才使我的干劲越来越高涨。由于党的教育，我懂得了这个道理：一朵鲜花打扮不出美丽的春天，一个人先进总是单枪匹马，众人先进才能移山填海。"②

雷锋成为一名共产党员后，政治思想觉悟进一步提高，在各项工作中都取得了好成绩。在雷锋看来，自己只是尽了本身应尽的义务，但是党和人民给予他很大荣誉，他在日记中多次提醒自己，做出成绩是应该的，不能满足，要更加虚心，坚决不能骄傲，必须注意培养自己的道德品质，处处为党的利益、为人民的利益着想，具有大公无私、舍己为人的风格。"我要坚决听党的话，一辈子跟着党走……我要全心全意为人民服务，永生为伟大的共产主义事业奋斗。"③如果说雷锋此前的努力更多是源于他对党朴素的感激之情，那么从他入党到因公殉职的近两年时间里，在党组织的培养和教育下，雷锋真正完成了从一名工人到成长为一名伟大的共产主义战士的深刻转变。

---

① 雷锋：《雷锋全集》，华文出版社，2012 年版，第 24 页。
② 雷锋：《雷锋全集》，华文出版社，2012 年版，第 7 页。
③ 雷锋：《雷锋全集》，华文出版社，2012 年版，第 49 页。

对雷锋的宣传报道

从雷锋、雷锋事迹到雷锋精神，媒体的宣传报道起到了重要的推动作用。在雷锋被授予"模范共青团员"称号的同时，沈阳军区发出号召在部队中开展学雷锋活动。军区《前进》报总编辑嵇炳前看到了一份材料《解放后我有了家，我的母亲就是党》，这是陈广生等人以雷锋自述形式整理的雷锋事迹，还有一封表扬雷锋为辽阳灾区捐款100元的读者来信。嵇炳前与沈阳军区工程兵政治部联系，得知雷锋是工程兵部队评出的"节约标兵"，并且还是团里"忆苦思甜"的典型。当时部队正按照中央军委的统一布置，准备在全区部队进行"两忆三查"活动（两忆：忆阶级苦、忆民族苦；三查：查思想、查斗志、查工作）。嵇炳前对这些情况十分重视，认为这个典型可能很不简单，很有宣传价值。于是与新华社驻辽宁分社的军事记者佟希文和李健羽一起到工程兵机关进一步调查了解。

大约在1960年10月底，嵇炳前带领佟希文和李健羽访问了沈阳军区工程兵政治部主任王寄语和政治部宣传处的负责同志。王寄语说，他很喜爱雷锋，他相信只要我们与雷锋一接触，也会感到雷锋的可爱。他从领导者的角度，简要地讲了雷锋的故事，特别是列举了许多体现雷锋很高的无产阶级觉悟的事例。正好沈阳师范学院（今沈阳师范大学）等几所院校要请雷锋作忆苦思甜的报告，王寄语请他们也一起听听感受一下。两位记者在沈阳师范学院听了雷锋的报告，与现场观众一样，被雷锋的苦难史和忘我奉献精神深深感动，听完之后急切地跑回沈阳军区向嵇炳前作了汇报。"嵇炳前听了我们的汇报后，也激动得泪花在眼圈里打转。他站起来对我们说：'好！好！论当前的形势，很需要雷锋这种典型，你们就干吧！'我们表示一定要完成这次采写任务。但还必须对雷锋、雷锋所在部队的干部战士以及相关的群众深入采访，材料要尽量地占有，认识才能更加清楚。嵇炳前完全同意我们的想法。接着，我们回到新华社辽宁分社又向鲁蛮社长作了汇报。鲁蛮听了也很感动，说：'这个战士分外好。你们要把这个典型抓好，别的事情都可以放下不干。'" [①]

佟希文和李健羽在雷锋下榻的沈阳军区第一招待所第一次采访雷锋，然后又从沈阳跟随雷锋坐火车到抚顺驻地，在火车上一路交谈，到部队后又与雷锋同班以及与他同时入伍的战友座谈，还听取了团政委韩万金、连队指导员高士祥的介绍。附近小学的少先队大队辅导员、人民公社干部、建筑公司工会干部，知道记者采访后，都主动前来介绍情况。记者们被雷锋平凡而伟大的事迹和精神所感动，"写了改，改了重写。写到动情处免不了鼻酸眼湿，吃不好饭，睡不好觉，几个日夜脑海里净是雷锋" [②]。记者们完成的稿件经嵇炳前审阅和沈阳军区副政委杜平审定，按杜平的意见，将题目《党的好后生》改为《毛主席的好战士》（张峻、赵志华、佟希文、李健羽集体采写），1960年11月26日在《前进》报一版和二版上发表，一版还登载了报社社论《不忘过去，发愤图强》和沈阳军区副政委杜平的批示："雷锋同志的苦难是整个阶级的、民族的苦难。在解放前有过像雷锋同志那样遭遇的人比比皆是。他只是千千万万受苦受难人中的一

---

①②佟希文、李健羽：《我们参与了宣传雷锋的报道》，《百年潮》，2008年第11期。

个。解放后，全国人民在党和毛主席的领导下彻底翻了身，正为建设美好、幸福的生活而忘我地劳动。可是，有的人竟在短短的 11 年中忘了本，身在福中不知福。因此，雷锋同志这种精神显得十分重要，值得学习。现将此材料印发军区部队，结合'两忆三查'运动进行教育。"在一版还同时刊登了沈阳军区工程兵党委决定授予雷锋同志"模范共青团员"称号的报道，副标题是"军区工程兵党委作出决定号召大家向雷锋同志学习"。这期《前进》报发到部队之后，一场大规模宣传学习雷锋的活动，便在沈阳军区范围内逐步展开了。同年 12 月 13 日《辽宁日报》以《红色的战士雷锋》为题发表了这篇通讯。年底《人民日报》《中国青年报》刊登了新华社播发的通稿《苦孩子成为优秀人民战士》，《解放军报》

· 1960 年 11 月 26 日《前进报》对雷锋的宣传报道

也发表了这篇通讯，题目是《一棵茁壮的新苗》，并配发了照片和短评。雷锋事迹和雷锋精神开始走出辽宁被全军和全国熟知。

1962 年 8 月 15 日，年仅 22 岁的雷锋因公殉职。1963 年 1 月，《辽宁日报》发表了陈广生撰写的介绍雷锋事迹的报告文学《永生的

·《辽宁日报》对雷锋的宣传报道

战士》，沈阳军区《前进》报全文转载。《辽宁日报》头版刊登了《辽宁省军区、共青团辽宁省委联合发出通知号召全省民兵和青少年学习雷锋事迹》的长篇报道，并同时刊发了《学习无产阶级革命战士雷锋的高尚品德》的社论。《辽宁日报》仅1月份就用了9个版面刊登雷锋事迹、日记、社论、消息等134篇。①

雷锋牺牲后，他生前作为校外辅导员关心、辅导过的两所学校的孩子们非常悲痛，他们在辅导员的率领下一次次来到团部，要求亲眼再看一次雷锋叔叔生前用过的所有遗物。这是一种不能拒绝的请求，感动了雷锋所在的工兵十团的所有官兵，并启发了该团举办展览的灵感。团里决定办一个小型展览室，展出雷锋生前的所有遗物。展室设于雷锋生前所在连营房一侧，1962年10月22日正式开展。抚顺市委书记沈越率市党政机关，工、青、妇各界前来参观。沈阳部队工程兵主任王良太则早已参观了预展。此后，抚顺市组织了大规模的参观活动，整整一个月车水马

---

① 殷允岭：《雷锋传》，人民出版社，2018年版，第320页。

龙，人声如潮。10 月 23 日，共青团抚顺市委下发了《关于组织全市广大青少年参观雷锋烈士展览室、开展好阶级教育的通知》，12 万官兵、工人、干部、学生参观了展览。一个多月之后，部队展览室拟转至军事博物馆和其他部队展出，市委书记沈越亲自筹划将展品复制了两套，一套留于市文化宫内，供抚顺市党员干部和各界人民群众继续参观，另一套拿到市辖清原、新宾、抚顺县巡回展出，三个月内参观人数达 28 万。此后，又由沈阳军区政治部承办了"雷锋烈士生前事迹展览"，此展览一直举办到 1963 年 3 月 5 日毛泽东等老一辈无产阶级革命家为雷锋题词之后，3 月 6 日《辽宁日报》在一篇报道中宣称："事迹展览，令人有如见其人、如闻其声的真实感。鉴于效果显著和群众要求，全省十个市有九个市和一部分县已经复制了。十二个县已经复制十二个大型展览和一千一百多个小型展览室进行展出。"①

辽宁宣传和学习雷锋活动在全国范围产生了影响，《人民日报》为此做了专题报道："辽宁广大青年热烈学习雷锋事迹受到深刻教育。""为了开展这一教育活动，在共青团辽宁省委和辽宁省军区的组织领导下，辽宁省许多县、市举办了雷锋生平事迹展览室，并由雷锋生前的战友组成了雷锋烈士事迹报告团，广泛开展了宣传教育活动。这一活动在去年十月下旬首先在雷锋生前驻地抚顺市开始，相继在全省展开。……报告团已在沈阳、抚顺、营口、本溪、安东（今丹东）等市和新宾县报告近百场，有二十八万多人听了报告。""截至目前，听到雷锋事迹报告和看到雷锋事迹展览的已有五十多万人。"②从辽宁

① 殷允岭：《雷锋传》，人民出版社，2018 年版，第 317—319 页。
② 《爱憎分明立场坚定　毫不利己专门利人　像雷锋那样忠于革命事业　辽宁广大青年热烈学习雷锋事迹受到深刻教育》，《人民日报》，1963 年 2 月 7 日第 1 版。

展开的雷锋精神宣传和学习雷锋活动轰轰烈烈开展起来，经久不衰。

雷锋日记的发表

　　沈阳军区《前进》报发表的《雷锋日记》，进一步推动了雷锋事迹和雷锋精神的宣传。据沈阳军区工程兵政治部原副主任王寄语回忆，在熟悉雷锋的过程中得知他经常记日记，为进一步从思想上了解这个先进人物的成长过程，王寄语给工程兵十团政委韩万金打电话，让他转告雷锋在来沈阳作忆苦报告时把日记带来。雷锋就带了四五本日记来到军区第一招待所。王寄语被日记的内容所打动，安排摘抄分发给党委常委们阅读，大家都对雷锋的日记极为赞赏。"一天，《前进》报总编辑嵇炳前带新华社军事记者佟希文、李健羽到机关来找我，对雷锋作进一步的了解。他们来到雷锋在沈阳作报告期间临时住的办公室，从床上见到几个本子，嵇炳前拿起翻了一下，发现是雷锋的日记，又看了几段，觉得很好，便问我能否借去看看，我当即表示同意。嵇炳前又看了一下，原来这几个本子不全是日记本，还有工作或学习的笔记本。他挑了一下把日记本带走了。后来知道，嵇炳前回去后把雷锋的日记交给了董祖修编辑。就是这一次，促成了雷锋日记于1960年12月1日在《前进》报上首次以一个版的篇幅摘录发表。"[1]《前进》报以《听党的话，把青春献给祖国》为栏题，刊登了《雷锋同志日记摘抄》，共摘发了雷锋从1959年8月30日至1960年11月

---

[1] 王寄语：《沈阳军区发现和宣传雷锋始末》，《秘书工作》，2012年第3期。

15 日的日记 15 篇，并配发了"编者的话"。12 月 11 日，《抚顺日报》也刊载了《把青春献给祖国——雷锋同志日记摘抄》。雷锋日记发表后引起了很大的反响，为广泛开展向雷锋同志学习的活动提供了宝贵的资料。

1963 年 1 月 20 日，《前进》报再次发表了经董祖修和冯荆育整理摘录的 32 篇雷锋日记，并很快被《人民日报》《解放军报》《中国青年报》等转载。雷锋日记在产生广泛影响的同时也带来了一些问题。当年担任人民日报社社长的吴冷西，在仔细读过雷锋日记后也曾有过质疑：一个普通的士兵，怎么会写下这么多富于哲理的日记？怎么会有如此崇高的境界？他通过相关渠道转告沈阳军区，希望能看一看雷锋日记的原件。与此同时，全国各大媒体记者也涌向沈阳，都希望能够查看雷锋日记的原件。日记原件只有一份，折腾太多有可能损坏这份宝贵的文物。左思右想，董祖修请示报社领导：可以将雷锋日记分拆开，组织人手将原文抄写下来，既可供各媒体记者查阅，也可以在此基础上进一步整理修订，抄写完毕再将日记重新装订。可报社领导担心，这样做会不会损坏原件？曾长期在军区印刷厂值班、对装订技术十分了解的董祖修细心作了解释后，社领导终于同意了……之后，董祖修带着雷锋日记的原件与抄件，赶到北京向解放军总政治部汇报。当吴冷西看过雷锋日记的原件后，疑虑顿消，更重视对雷锋事迹的宣传。而雷锋日记的原件，最终被北京军事博物馆收藏。①

雷锋牺牲后，1963 年 1 月 9 日、10 日，《辽宁日报》以 4 个版的篇幅发表了《雷锋日记》摘抄并加按语。按语说："雷锋无心于写作，

---

① 贾昭衡：《前进报社与学雷锋活动》，《百年潮》，2019 年第 2 期。

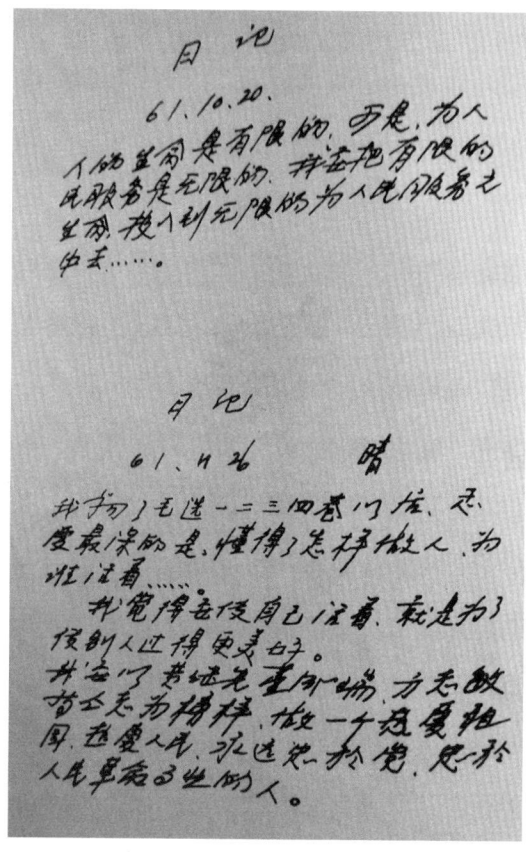

· 雷锋日记

他写日记是给自己看的，是自己内心世界的驰骋，他想不到这些生前用来鼓励自己的东西，今天会是鼓励他人的教材。……作为无产阶级革命战士的雷锋，不是用笔，而是用他全部身心，用他自己的行动写下了他短促的革命的一生。"1963 年 4 月，经总政治部审阅的 115 篇 4.5 万字的《雷锋日记》，由解放军文艺出版社正式出版，成为助推全国学雷锋活动的及时雨。①

雷锋生前的 100 多篇日记，大多是在辽宁时期写下的。透过雷锋日记，展现在人们面前的是一个鲜活立体的、朝气蓬勃的雷锋，雷锋追求至善，但雷锋不是完人，雷锋日记是雷锋成长历程的记录，从中恰能看到雷锋不断提升自我、改掉缺点的成长历程。在 1961 年 9 月 10 日的日记中，雷锋记录了排长找自己谈话的经过："排长谈到，据同事们反映说，我工作主观，其事实是：到浑河农场拉菜，我看农场里的同志们都已经吃晚饭了，心想战友艾起福、何国良出了一天

① 贾昭衡：《前进报社与学雷锋活动》，《百年潮》，2019 年第 2 期。

车，比较累，再说午饭吃的早，也可能饿了。我和农场的管理员联系了一下，准备好了饭，叫他们两位司机吃，可是他们硬不吃，说天快黑了，车没有灯，要赶紧回队，我想回去也要吃饭，现在这里饭已准备好，在哪吃还不一样吗？再三劝他俩吃，最后他俩还是没吃，我也就和他俩一块拉菜归队了。事后他俩说我办事主观。今天排长给我指出，要我今后办事多和群众商量，注意工作方法，我觉得很好，一定改进。至于其他方面的小缺点，我也要特别注意加以纠正。……今天我是一个班长，对于战士的反映和意见，丝毫不能轻视，一定要坚决克服缺点，做好工作。"①

1962 年，雷锋已经成为被广泛宣传的典型，但他在 3 月 24 日的日记中如实记下了自己所犯的错误，虽然在今天看来这只是一个小错误，但年轻的雷锋却认真反思并承认了自己的错误："今天吃早饭，我看到炊事班的饭盆里有很多锅巴，便随手拿了一块吃，炊事员同志说：'自觉点儿啊！'我听了这句话，心里很难受，觉得吃一块锅巴有什么？赌气把那块锅巴放到饭盆里，走了出来。这时通讯员送来了一张报纸，我接过来就看，首先看到报纸上毛主席的语录：'因为我们是为人民服务的，所以我们如果有缺点，就不怕别人批评指出。不管什么人，谁向我们指出都行。只要你说的对，我们就改正。'我一口气把这段话念了十多遍，越念越感到自己不对，越念越感到毛主席的这些话好像是专门对我说的，越念越后悔不该和炊事员赌气，我自己问自己：'你多不虚心呀，人家批评重一点，你就受不了啦！'想来想去，我还是硬着头皮跑到炊事班，承认了自己拿锅巴吃不对，并

---

① 雷锋：《雷锋全集》，华文出版社，2012 年版，第 50—51 页。

检查了自己的缺点。炊事员感动地说，你对自己要求这么严，真是好同志……"①

雷锋日记中留下了许多宝贵的金句，至今仍然广为流传：

> 对待同志要像春天般的温暖，
>
> 对待工作要像夏天一样的火热，
>
> 对待个人主义要像秋风扫落叶一样，
>
> 对待敌人要像严冬一样残酷无情。②

一个人的作用，对于革命事业来说，就如一架机器上的一颗螺丝钉，机器由于有许许多多的螺丝钉的连接和固定，才成了一个坚实的整体，才能够运转自己，发挥它巨大的工作能力。螺丝钉虽小，其作用是不可估量的，我愿永远做一个螺丝钉。

螺丝钉要经常保养和清洗，才不会生锈。人的思想也是这样，要经常检查才不会出毛病。

我要不断的加强学习，提高自己的思想觉悟，坚决听党和毛主席的话，经常开展批评与自我批评，随时清除思想上的毛病，在伟大的革命事业中做一个永不生锈的螺丝钉。③

半个多世纪过去了，雷锋日记中所体现的雷锋精神，与社会主义

---

① 雷锋：《雷锋全集》，华文出版社，2012年版，第76—77页。
② 雷锋：《雷锋全集》，华文出版社，2012年版，第20页。
③ 雷锋：《雷锋全集》，华文出版社，2012年版，第77—78页。

核心价值观相契合，在新时代仍然具有新的历史意义和时代价值。雷锋所提倡的螺丝钉精神没有过时，新时代的奋斗者要不忘初心、牢记使命，发扬螺丝钉精神，爱岗敬业，无私奉献。2018 年习近平总书记参观抚顺雷锋纪念馆时强调，学习雷锋精神，就要把崇高的理想信念和道德品质追求融入日常的工作生活，在自己的岗位上做一颗永不生锈的螺丝钉。

雷锋精神走向全国

雷锋生前已经成为全国的榜样和时代楷模，在他牺牲后由辽宁开启的学习雷锋热潮迅速推至全军和全国。1963 年 2 月 7 日，《人民日报》刊登了记载雷锋生平事迹的长篇通讯《毛主席的好战士——雷锋》，并配发了评论员文章《伟大的普通一兵》和《雷锋日记摘抄》，详细介绍了雷锋事迹和雷锋日记中的闪光思想。中国人民解放军总政治部、共青团中央、全国总工会和全国妇联相继做出决定，号召全军和全国广泛开展学习雷锋活动。

雷锋精神走出辽宁走向全国，离不开宣传媒体工作者的辛勤付出，雷锋生前战友陈广生是其中的典型代表之一。雷锋生前陈广生就曾跟踪采访他，跟雷锋一起出车，熟悉雷锋工作、学习和生活的方方面面，并写出了长篇报告文学《向阳坡上长劲苗》。雷锋牺牲后，宣传践行雷锋精神就成为陈广生毕生的事业。在发表毛泽东"向雷锋同志学习"亲笔题词的 1963 年 3 月号《中国青年》"学习雷锋"专辑中，刊登了由陈广生、崔家俊合作撰写的《共产主义战士雷锋》。为了写好雷锋，从 1964 年秋到 1996 年春，陈广生先后 11 次赴湖南，并多次到雷锋生活过的鞍山、营口、抚顺等地搞调查，采访雷锋的老师、同学、亲戚、邻居 30 多人，掌握了有关雷锋生平大量弥足珍贵的第一手资料，写出《雷锋的故事》和《雷锋轶事》两本书，得到了解放军总政治部、共青团中央、沈阳军区、解放军文艺出版社的表彰和奖励。但陈广生没有就此满足，他的创作形式包括了通讯、散文、报告文学、评论等多种体裁，但是主题只有一个，那就是宣传雷锋精神。2002 年，年逾古稀的陈广生决心再把雷锋的事迹编写成电视连续剧，"他和著名诗人胡世宗一道，从雷锋 16 岁写起，洋洋洒洒，一路写下来，一直写到雷锋 22 岁……经过历时一年的艰苦跋涉、奋战，《雷锋》这部电视连续剧剧本和长篇纪实报告文学诞生了，在春风文艺出版社的支持下，成为献给纪念学雷锋 40 周年的一份厚礼"①。

文艺工作者的创作也对雷锋精神的传播和弘扬起到了重要作用，歌曲《学习雷锋好榜样》的广泛传唱就是典型事例。"学习雷锋好榜样，忠于革命忠于党，爱憎分明不忘本，立场坚定斗志强；学习雷锋好榜样，艰苦朴素永不忘，愿做革命的螺丝钉，集体主义思想放光芒；学习雷锋好榜样，毛主席的教导记心上，全心全意为人民，共产主义品德多高尚……" 1963 年 3 月 5 日，毛泽东"向雷锋同志学习"的题词在各大报刊发表，为配合北京军区战友文工团上街宣传学习雷锋，两位军人词作家吴洪源、曲作家生茂只用了几个小时写就的歌曲，演唱后大受欢迎。《人民日报》《红旗》杂志等都发表了这首歌曲，词曲也在《解放军歌曲》上发表，战友文工团首唱的录音在中央

---

① 孟红：《雷锋被树为典型始末》，《党史文苑》，2014 年第 3 期。

及各地广播电台播放。从此这首歌唱响在大江南北，成为一个时代的最强音，至今仍然广为传唱。一方面是歌曲的旋律朗朗上口，而最重要的原因则是雷锋精神深入人心，全国人民以真情实感唱响了"学习雷锋好榜样"的旋律。

继《学习雷锋好榜样》流行之后，广大文艺工作者又创作了一批歌唱雷锋精神的歌曲，如《接过雷锋的枪》《千万个雷锋在成长》《雷锋，我们的战友》《做一颗永不生锈的螺丝钉》等。著名诗人贺敬之创作了《雷锋之歌》：

......

啊！这就是

这就是

一个叫做

"雷锋"的

中国革命战士的

英雄姿态！

这就是

我们的大地

我们的母亲

以雷锋的名义

给历史的

回应——

人啊，

应该

这样生!

路啊,

应该

这样行!……

　　雷锋事迹也引起了党和国家领导人的重视。1963年春节，周恩来在人民大会堂接见文艺界人士时指出："你们这些作家，应该大量地反映我们时代的英雄人物。东北有一个战士叫雷锋，他的事迹可以写一写……"[1] 1963年文艺界元宵晚会上，周恩来提议文艺界应当把雷锋的形象搬到舞台上，用舞台形象来宣传雷锋。沈阳军区抗敌话剧团接受了这一重大任务，创作和演职人员仅用了7天7夜的时间，一边创作剧本一边进行舞台排练。1963年7月，《雷锋》剧组到北京为首都人民和驻京部队汇报演出。党和国家领导人毛泽东、周恩来等均看过此剧并给予高度评价，并且还接见了全体演职人员。毛泽东观看话剧后，走向舞台，与剧组人员合影留念。雷锋生前非常渴望能够见到毛主席，扮演雷锋的张玉敏终于替雷锋实现了这一心愿。1965年，八一电影制片厂摄制的故事片《雷锋》在全国上映；1979年，电影《雷锋之歌》上映；1996年，电影《离开雷锋的日子》在全国上映，该片获评精神文明建设"五个一工程"奖、大众电影百花奖的最佳故事片奖。文艺作品在弘扬雷锋精神和学雷锋活动中以人民群众喜闻乐见的形式发挥了宣传教育作用。

　　党和国家领导人为雷锋题词，将学习雷锋精神和学雷锋活动推向

---

① 单辉：《周恩来、邓小平与学习雷锋活动》，《福建党史月刊》，2002年第6期。

高潮。1963年2月，《中国青年》杂志准备出版一期"学习雷锋"专辑，并请毛泽东为学雷锋题词。曾任毛泽东秘书的林克回忆，毛主席让先拟几个题词供他参考。林克拟了"学习雷锋同志全心全意为人民服务的思想""学习雷锋同志鲜明的阶级立场""学习雷锋同志大公无私的共产主义风格""学习雷锋同志艰苦朴素的作风"等十来个题词。毛泽东最终没有选用林克拟好的题词，而是写下了"向雷锋同志学习"七个字。毛泽东解释说："学雷锋不是学他哪一两件先进事迹，也不只是学他的某一方面的优点，而是要学他的好思想、好作风、好品德；学习他长期一贯地做好事，而不做坏事；学习他一切从人民的利益出发，全心全意为人民服务的精神。当然，学雷锋要实事求是，扎扎实实，讲究实效，不要搞形式主义。不但普通干部、群众学雷锋，领导干部也要带头学，才能形成好风气。"①毛泽东的话既道出了雷锋精神的本质，也指明了学雷锋的方向和方法。

　　1963年3月2日，《中国青年》杂志首先刊登了毛泽东"向雷锋同志学习"的题词。3月5日，《人民日报》《解放军报》《光明日报》《中国青年报》等都在头版显著位置刊登了毛泽东的题词手迹。毛泽东一生只为三个人题过词——白求恩、刘胡兰和雷锋，而新中国成立以后，只有雷锋获此殊荣。第二天，《解

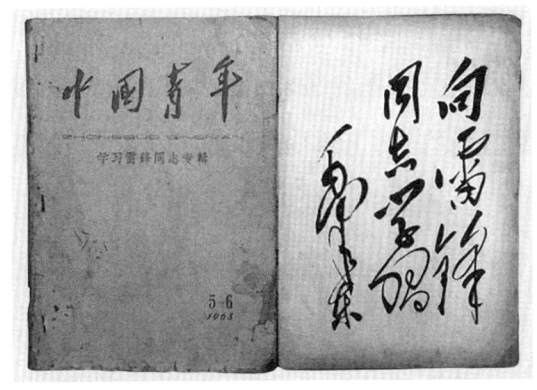

·1963年第5—6期《中国青年》

---

① 林克：《毛泽东同志为雷锋题词经过》，《人民日报》，1993年3月5日第2版。

· 1963 年 3 月 5 日《人民日报》

放军报》又首次刊登了周恩来、刘少奇、朱德、邓小平等的题词，其中周恩来的四句题词广为人知："向雷锋同志学习憎爱分明的阶级立场，言行一致的革命精神，公而忘私的共产主义风格，奋不顾身的无产阶级斗志。"刘少奇的题词是："学习雷锋同志平凡而伟大的共产主义精神。"朱德的题词是："学习雷锋，做毛主席的好战士。"邓小平的题词

是："谁愿做一个真正的共产主义者，就应该向雷锋同志的品德和风格学习。"由于毛泽东和其他老一辈领导人的积极倡导，学习雷锋的热潮在全国蓬勃兴起。各行各业和各条战线都涌现出成千上万雷锋式的先进人物，全社会呈现出一种奋发图强、积极向上的精神风貌，进一步形成了一种良好的社会新风气。学习雷锋活动在全国范围开展起来，从雷锋、雷锋事迹到雷锋精神的转化得以完成。雷锋精神从辽宁走向了全国，影响深远绵长；雷锋精神成为新中国社会风尚的标志，历久弥新。

雷锋精神薪火相传

雷锋精神在辽宁锻造生成并成为辽宁独特的红色文化标识。"雷锋文化资源，漫延在辽沈大地之上，处处可见。"① 这里有"全国第一个学雷锋小组、全国第一座雷锋纪念馆、全国第一所以雷锋名字命名的学校……近 40 项的'全国第一'都产生在辽宁。"② 雷锋精神从辽宁走向全国，哺育和激励了一代又一代人成长。

1963 年 1 月 7 日，雷锋生前所在部队运输连四班被国防部批准命名为"雷锋班"。至今，辽宁以"雷锋"命名的雷锋团、雷锋储蓄所、雷锋小学、雷锋岗、雷锋路等地名和机构数不胜数。据"辽宁学雷锋大数据普查"结果显示，辽宁省 14 座城市中，沈阳、鞍山、抚顺、辽阳、营口、铁岭 6 座城市有雷锋遗迹，几乎所有城市都有以雷锋为主题的展馆、展室。同时有省级学雷锋标兵 2000 多人、学雷锋志愿者 330 多万人。在"雷锋城"抚顺，具有首创意义的全国学雷锋活动形式多达 30 余项。③ 2005 年 11 月，抚顺市雷锋精神研究所正式成立，2006 年 3 月 5 日，雷锋精神研究所创办的《雷锋精神研究》季刊杂志正式发刊，这是全国第一家雷锋精神研究所和第一本雷锋精神研究杂志。2019 年 2 月，"雷锋学院"在辽宁省抚顺雷锋纪念馆揭牌。

辽宁抚顺的乔安山是雷锋的生前战友。1959 年，乔安山和雷锋在

---

①③ 中共辽宁省委宣传部：《雷锋地图——辽宁雷锋文化资源大数据可视化读本》，辽宁人民出版社，2020 年版，第 3 页。
② 陈博雅：《沃野黑土育楷模 雷锋精神代代传》，《辽宁日报》，2021 年 8 月 29 日第 1 版。

鞍钢结识，1960年从鞍钢一同参军到部队，雷锋成为乔安山的班长，两个年纪相仿的年轻人一起工作和学习，度过了最美好的青春时光。雷锋忠诚于党和人民、无私奉献舍己为人的精神，深深感染和影响了乔安山的一生。雷锋牺牲后，乔安山一直在用实际行动延续着雷锋的生命，默默地传承着雷锋精神。1996年，电影《离开雷锋的日子》与观众见面，取得了当年上座人次和票房两项冠军。乔安山正是这部电影主人公的原型，这对他本人有很大的鼓舞和鞭策，也是他人生的转折点。在此之前，他只想默默无闻地自己学雷锋、做雷锋，这部电影公映后，他认识到大众需要学雷锋，社会需要雷锋精神，开始致力于面向全国宣传雷锋。1997年乔安山退休后，第二年他就参加了关工委队伍，担任抚顺市关工委革命传统报告团特约报告员，2003年任市关工委弘扬雷锋精神报告团副团长。特殊的生活经历使他宣传雷锋具有独特的影响力和感召力。他担任全国160多所学校的校外辅导员，白山黑水、大江南北、东海之滨、雪域天山，处处留下了他的足迹。1997年7月，乔安山在新疆作报告，历时15天，冒着45℃的高温，一天作3场报告。2009年2月，他连续9天到北京、石家庄等4个城市，一路作了10场报告。由于长期作报告怕上厕所，不敢多喝水，他患上了高血压、高血糖、结石病，在讲台上晕倒过3次。医生要求他多休息。他说："在我的余生，只要我腿还能走，嘴还能说，我就一定坚持为青少年宣讲雷锋。让他们了解雷锋，学习雷锋。"近些年来，他每年在家里的时间仅有2个月左右，其余10个月都活跃在全国各地宣传雷锋精神的讲台上，20多年从未停歇，足迹遍布了祖国的大江南北，如今 81 岁的乔安山宣讲雷锋的次数已经超过 4000 场次。①
在爷爷的耳濡目染下，孙女乔婷娇也一直从事弘扬雷锋精神的工作，
并立志与时俱进地学习雷锋精神，做一个肩负时代使命的雷锋传人。

· 乔安山夫妇和孙女乔婷娇在雷锋墓前祭奠雷锋

　　张峻是沈阳军区工程兵政治部的报道干事，雷锋生前的 300 多张
照片中，有 223 张是张峻为他拍摄的。张峻在听到雷锋的先进事迹后
下到连队采访，多次陪同雷锋到部队和外地作忆苦思甜报告及跟踪采
访。随着雷锋事迹的不断丰富，荣誉不断增多，张峻给雷锋摄影的次
数也多了起来。自 1960 年 9 月给雷锋拍摄第一张照片以后，直到雷锋
入党、荣立二等功、参加军区首届团代会、被选为抚顺市第四届人民
代表大会代表、被评为优秀校外辅导员等，张峻先后 7 次和雷锋生活
在一起。雷锋走到哪里他跟到哪里，雷锋的好事做到哪里他就把照相

---

① 乔安山：《雷锋好友一辈子学雷锋一辈子讲好"雷锋故事"》，http://www.chinahaoren.
cn/Articlebody-detail-id-73641.html。

机背到哪里。在与雷锋朝夕相处中，张峻看到了雷锋金子般的心灵，雷锋的精神也深深感染了他，使张峻对人生有了新的认识和感悟。

雷锋牺牲后，张峻做了一个决定，用照片留住永恒的"雷锋"，以独特的方式传承和发扬雷锋精神。他协助中国人民革命军事博物馆、沈阳军区和抚顺市雷锋纪念馆，筹办了雷锋事迹图片展览。此后，他把自己的焦距对准了雷锋的传人，采访拍摄了雷锋班20任班长、雷锋辅导过的学生以及沈阳军区学雷锋先进单位和个人，等等。50年间，张峻用手中的相机记录了全国各行各业341名"学雷锋"先进模范。"走进他家十几平方米的客厅时，4万多张照片被整整齐齐地放在那些装修简单却数量极多的木质壁柜里。这些照片让雷锋的微笑永远定格在张峻与雷锋接触的79天岁月里，让一个个雷锋传承者的足迹记录在镜头中。在过去的50年里，张峻拍摄'雷锋'的相机

· 2013年3月5日，张峻在沈阳军区学雷锋座谈会会场拍摄，这是他一生中最后一次按下快门

始终没有放下，他用镜头记录了陈观玉、徐洪刚、韩素云、徐虎、郭明义、雷锋班官兵等'学雷锋'的先进模范；他将宣传雷锋所得的30多万元稿费与照片版权费全部用在追踪雷锋传人和弘扬雷锋精神上，他扩印5万张雷锋照片，制作10万张雷锋书签，免费发放给人们。"①2013年3月5日，是毛泽东等老一辈无产阶级革命家为雷锋同志题词发表50周年纪念日。当天下午，张峻在沈阳军区学雷锋座谈会上发言时，突发心脏病不幸去世，成为用毕生精力践行和传承雷锋精神的报道者。

辽宁不仅有"当代雷锋"郭明义和他带领的爱心团队，有"最美奋斗者"罗阳，有"时代楷模"中船重工抗灾抢险英雄群体，成百上千的"辽宁好人"，他们以实际行动书写新时代的雷锋故事，使雷锋精神在辽宁大地熠熠生辉。2013年全国两会期间，习近平总书记在参加辽宁代表团审议时说："雷锋、郭明义、罗阳身上所具有的信念的能量、大爱的胸怀、忘我的精神、进取的锐气，正是我们民族精神的最好写照，他们都是我们'民族的脊梁'。要充分发挥各方面英模人物的榜样作用，大力激发社会正能量。"②2014年3月，习近平总书记又亲自给"郭明义爱心团队"回信，高度赞扬了团队用爱心温暖需要帮助的人，在服务社会、助人为乐、爱岗敬业中提升人生境界的做法，特别强调"雷锋精神，人人可学；奉献爱心，处处可为。积小善为大善，善莫大焉。当有人需要帮助时，大家搭把手、出份力，社会将变得更加美好"。雷锋已不仅是一个响亮的名字，更是一种向上向

---

① 张峻：《用照片留住永恒的"雷锋"》，《光明日报》，2013年3月13日第16版。
② 《习近平 李克强 俞正声分别参加全国两会一些团组审议讨论》，《光明日报》，2013年3月7日第1版。

善的力量，一种永恒的精神，在一代又一代人中传承弘扬。

进入新时代，辽宁高擎雷锋精神旗帜，赓续红色文化，持续深入推进学雷锋活动蓬勃开展，着力推进学雷锋活动常态化。通过出台《中共辽宁省委关于深入开展新时代学雷锋活动的意见》和 2019 年、2020 年辽宁省学雷锋活动工作方案等文件，不断丰富拓展学雷锋活动的深度和广度，确保学雷锋活动各项工作落到实处、取得实效。坚持全员学雷锋、全面学雷锋、全年学雷锋。雷锋精神的种子在辽宁遍地开花，学习雷锋的热潮在辽宁从未停歇。新时代辽宁全省和各城市，充分利用已有的雷锋文化资源，创新学雷锋活动的形式和载体，通过在"学习强国"辽宁学习平台开设"@雷锋"频道等多种方式和渠道，让学雷锋活动"天天见、天天新、天天深"，将新时代学雷锋活动常态化。

2021 年国庆节前夕，中国共产党人精神谱系第一批伟大精神正式发布，雷锋精神位列其中。雷锋精神在岁月流逝中彰显其永恒价值。习近平总书记多次强调雷锋精神的永恒价值，号召我们既要学习雷锋的精神，也要学习雷锋的做法，把崇高理想信念和道德品质追求转化为具体行动，体现在平凡的工作生活中，作出自己应有的贡献，把雷锋精神代代传承下去。[1]雷锋生前只是一个普通的士兵，但是正如一生书写雷锋、宣传雷锋的陈广生所说："在当代中国，没有哪一个普通人能像雷锋这样具有超越时空的广泛影响；没有哪一个普通人能像雷锋这样家喻户晓、深入人心；没有哪一个普通人能像雷锋这样持续

---

[1]《习近平在东北三省考察并主持召开深入推进东北振兴座谈会时强调：解放思想　锐意进取　深化改革　破解矛盾　以新气象新担当新作为推进东北振兴》，《光明日报》，2018 年 9 月 29 日第 1 版。

不断地宣传这么久远。"① 雷锋精神所展现的坚定的理想信念、无私的奉献精神、崇高的敬业精神、卓越的创新精神和伟大的创业精神，将在新时代绽放出新的光芒，为一代又一代人指明前进的方向，提供奋进的力量，激发出实现中华民族伟大复兴的强大精神力量。

---

① 陈广生：《感悟雷锋，学习雷锋——在学习贯彻"三个代表"重要思想，与时俱进学雷锋理论研讨会上的发言》，《下一代》，2004 年第 3 期。

参考文献

［1］汤重南.日本侵华密电　九一八事变［M］.北京：线装书局，2015.

［2］中国抗日战争史编写组.中国抗日战争史［M］.北京：人民出版社，2011.

［3］军事科学院军事历史研究部.中国抗日战争史［M］.北京：解放军出版社，2015.

［4］中共中央党史研究室第一研究部.抗日战争新论［M］.北京：中共党史出版社，2016.

［5］胡德坤.中国抗战与世界历史进程［M］.北京：社会科学文献出版社，2015.

［6］刘庭华.中国抗日战争与第二次世界大战统计［M］.北京：解放军出版社，2012.

［7］中共辽宁省委党史研究室.辽宁省抗战时期人口伤亡和财产损失［M］.北京：中共党史出版社，2011.

［8］荆绍福.北大营［M］.沈阳：沈阳出版社，2020.

［9］赵杰.血肉长城——义勇军抗日斗争实录［M］.沈阳：辽宁人民出版社，2001.

［10］政协全国委员会办公厅.中华人民共和国国旗国歌国徽诞生［M］.北京：中国文史出版社，2019.

［11］张正泽.国歌原创素材地［M］.北京：文史出版社，2009.

［12］赵杰.国歌的故事［M］.沈阳：辽宁美术出版社，1999.

［13］张洁.《义勇军进行曲》源流叙事［M］.沈阳：沈阳出版社，2018.

［14］中共中央党校党史教研室.中共党史参考资料（三）［M］.北京：人民出版社，1981.

［15］李剑白.东北抗日救亡运动资料［M］.哈尔滨：黑龙江人民出版社，1991.

［16］中共东北军党史组.东北军与民众抗日救亡运动［M］.北京：中共党史出版社，1995.

［17］军事科学院历史研究所.抗美援朝战争史［M］.北京：军事科学出版社，2014.

［18］《当代中国》丛书编辑部.抗美援朝战争［M］.北京：中国社会科学出版社，1990.

［19］空军司令部编研室.中国人民解放军军兵种历史丛书——空军史［M］.北京：解放军出版社，1989.

［20］《中国人民志愿军铁道工程总队抗美援朝抢修铁路史》编委

会.中国人民志愿军铁道工程总队抗美援朝抢修铁路史［M］.北京：中国铁道出版社，2004.

［21］中共辽宁省委党史研究室，丹东抗美援朝纪念馆.保家卫国的奉献［M］.沈阳：辽宁大学出版社，2000.

［22］中国人民政治协商会议，辽宁省委文史资料委员会，丹东市委文史资料委员会.鸭绿江畔的丰碑［M］.沈阳：辽宁人民出版社，1990.

［23］刘仲文.江城之光［M］.沈阳：辽宁大学出版社，1990.

［24］张校瑛.抗美援朝丹东遗址寻踪［M］.北京：人民出版社，2017.

［25］鞍钢史志编纂委员会.鞍钢志［M］.北京：人民出版社，1994.

［26］中共中央文献研究室.建国以来重要文献选编（第14册）［M］.北京：中央文献出版社，1997.

［27］全树仁.展望与回眸——辽宁五十年经济发展变革的思考［M］.沈阳：辽海出版社，1999.

［28］高伯文.中国共产党与中国特色工业化道路［M］.北京：中央编译出版社，2008.

［29］辽宁省档案局（馆）.辽河儿女的丰碑：历经90载栉风沐雨　创造新中国工业第一［M］.沈阳：辽宁民族出版社，2011.

［30］第十二届全国运动会组委会新闻宣传部.辽宁工业文化

［M］.沈阳：辽宁人民出版社，2013.

　　［31］鲍振东，李向平等.辽宁工业经济史［M］.北京：社会科学文献出版社，2014.

　　［32］石建国.从开埠设厂到"共和国长子"：东北工业百年简史［M］.北京：中国人民大学出版社，2016.

　　［33］辽宁省文化交流协会等.辽宁工业文化遗产［M］.沈阳：辽宁人民出版社，2021.

　　［34］王海峰.保证淮海战役胜利的"大炮弹"是如何造出来的？［J］.党史纵横，2010（8）.

　　［35］郭宝平，王岩頔.近代史中的共和国工业长子［J］.今日辽宁，2011（4）.

　　［36］习近平在上海考察时强调　深入学习贯彻党的十九届四中全会精神　提高社会主义现代化国际大都市治理能力和水平［J］.时事报告，2019（11）.

　　［37］张明.毛泽东与新中国钢铁工业的发展［J］.党史博览，2021（8）.

　　［38］雷锋.雷锋全集［M］.北京：华文出版社，2012.

　　［39］殷允岭.雷锋传［M］.北京：人民出版社，2018.

　　［40］中共辽宁省委宣传组.雷锋地图——辽宁雷锋文化资源大数据可视化读本［M］.沈阳：辽宁人民出版社，2020.

　　［41］雷锋.雷锋日记［M］.沈阳：辽宁人民出版社，2020.

［42］陶克.告诉你一个真实的雷锋［M］.西安：陕西人民出版社，2013.

［43］邢德铭.雷锋在辽宁［M］.北京：中国财政经济出版社，2013.

后 记

　　本书由中共辽宁省委宣传部组织编写，旨在深刻阐发辽宁作为"抗日战争起始地""解放战争转折地""新中国国歌素材地""抗美援朝出征地""共和国工业奠基地""雷锋精神发祥地"的深刻内涵和时代价值。

　　参加本书编写的有：辽宁社会科学院历史研究所研究员张洁（抗日战争起始地），省委党校党史教研部主任、教授李波（解放战争转折地），辽宁大学历史学部教授、博士研究生导师焦润明（新中国国歌素材地），抗美援朝纪念馆副馆长、研究馆员张校瑛（抗美援朝出征地），东北大学马克思主义学院教授、博士研究生导师张志元（共和国工业奠基地），大连理工大学马克思主义学院教授、博士研究生导师刘宏伟（雷锋精神发祥地）。辽宁人民出版社在编撰出版过程中做了大量工作，一些单位和个人提供了相关照片、图片等资料，在此一并表示感谢！

2023 年 8 月